AF125301

William Shakespeare

## Schauspiele: Antonius und Cleopatra. Timon von Athen

William Shakespeare

**Schauspiele: Antonius und Cleopatra. Timon von Athen**

ISBN/EAN: 9783743324053

Hergestellt in Europa, USA, Kanada, Australien, Japan

Cover: Foto ©Thomas Meinert / pixelio.de

Manufactured and distributed by brebook publishing software
(www.brebook.com)

William Shakespeare

**Schauspiele: Antonius und Cleopatra. Timon von Athen**

# Wilhelm Shakespears

# Schauspiele.

Neue verbesserte Auflage

Sechster Band.

Mit allerhöchstem kaiserlichem Privilegio.

Mannheim, und Straßburg,
1778,

# Antonius

## und

# Kleopatra.

# Personen.

Markus Antonius ⎫
Oktavius Cäsar ⎬ Triumvire.
Aemilius Lepidus ⎭

Sertus Pompejus.

Domitius Enobarbus,
Ventidius,
Kanidius,
Eros,
Skarus,
Dercetas,
Demetrius,
Philo.
⎬ Freunde des Antonius.

Mecänas,
Agrippa,
Dolabella,
Prokulejus,
Thyreus,
⎬ Freunde Cäsars.

Gallus,
Menas,
Menekrates,
Verrius.
⎬ Freunde des Pompejus.

Silius, ein Hauptmann bey dem Heer des Ventidius.

Taurus, Cäsars Oberbefehlshaber.

Alexas — Mardian — Diomedes, Kleopatra's Bediente.

Ein Wahrsager.

Ein Bauer.

Kleopatra, Königinn von Aegypten.

Octavia, Cäsars Schwester, und Gemahlinn des Antonius.

Charmian, und Jras, Kammerfrauen der Kleopatra.

Gesandte vom Antonius an Cäsar, Hauptleute, Soldaten, Boten, und anders Gefolge.

Der Schauplatz ist in verschiedenen Gegenden des Römischen Reichs.

# Antonius und Kleopatra.

## Erster Aufzug.

### Erster Auftritt.

Kleopatra's Pallast zu Alexandrien.

**Demetrius Philo.**

Philo. Nein, die verliebte Schwärmerey unsers Feldherrn geht gar zu weit; diese seine männliche Augen, die sonst über die Reihen und Schlachtordnungen seines Heers, gleich dem geharnischten Mars, herabfunkelten, neigen itzt, kehren itzt die Richtung und die innige Verehrung ihrer Blicke auf eine braungelbe Stirn; sein Heldenherz, das im Gedränge grosser Gefechte die Schnallen seines Brustharnisches auffsprengte, entsagt nun al-

lem Edelmuth, und ist der Blasebalg und der Fä=
cher worden, die Lust einer Zigeunerinn zu küh=
len. *)   Sieh, da kommen sie.

Trompetenschall.   Antonius und Kleopatra,
mit ihrem Gefolge; Verschnittne, die
ihr Luft zufächeln.

Philo.   Gieb nur Acht; du wirst in ihm ei=
nen den drey Grundpfeilern der Welt **) in den
Hofnarren einer Buhlerinn verwandelt sehen.
Merk auf, und sieh!

Kleopatra.   Ist das wirklich Liebe, so sage
mir, wie viel ist ihrer?

Antonius.   Mit der Liebe ists Betteley, die
sich berechnen läßt.

Kleopatra.   Ich will eine Gränze setzen, wie
weit ich geliebt seyn will.

---

*) Dr. Johnson vermuthet hier eine Auslassung,
weil Fächer und Blasebalg von entgegenstehender Wir=
kung sind, und glaubt, Shakespeare habe vielleicht
gesagt: „Er ist ein Blasebalg und ein Fächer worden,
um ihre Lust anzufachen und abzukühlen.„ — Eine
Zigeunerinn (a Gypsy) heißt Kleopatra als Aegypte=
rinn (wie im Französischen Egyptienne) und als eine
schlechte ungesittete Frau.

**) Eine Anspielung auf das Triumvirat.

**Antonius.** So mußt du erst einen neuen Himmel und eine neue Erde ausfündig machen. *

(Es kömmt ein Bote.)

**Bote.** Neuigkeiten von Rom, werther Antonius.

**Antonius.** Sehr widerlich für mich! — Machs kurz!

**Kleopatra.** Höre sie doch an, Antonius. Fulvia ist vielleicht böse; oder wer weiß, ob der dünnbärtige Cäsar dir nicht vielleicht den mächtigen Befehl zusendet: „Thu dies, oder das; nimm dieß Reich ein, und setze jenes in Freyheit; thu das, oder du bist verworfen.„

**Antonius.** Wie, meine Liebe! —

**Kleopatra.** Vielleicht, und in der That, allem Vermuthen nach, darfst du nicht länger hier bleiben; Cäsar schickt dir deine Zurückberufung; höre sie also, Antonius. Wo ist Fulvia's Klagschrift? — Cäsars, wollt ich sagen! — Beyder! — Ruft die Boten herein — So wahr ich Aegyptens Königinn bin, du wirst roth, Antonius,

---

*) d. i. Du mußt die Gränzen meiner Liebe weiter hinaus setzen, als der Umfang der itzigen sichtbaren Welt reicht. **Johnson.**

und dieß dein Blut erkennt Cäsarn für seinen Ober=
herrn; oder deine Wange schämt sich so, weil die
lautschreyende Fulvia keift.   Die Boten! —

Antonius.   Rom mag in der Tiber zerschmel=
zen, und der weite Triumphbogen des neu errich=
teten Reichs mag einstürzen! Hier ist mein Wohn=
sitz! — Königreiche sind Erdklöße; unser gedüng=
tes Erdreich nährt das Vieh so gut, als den Men=
schen; dieß allein ist werth, Leben zu heissen, so
zu thun; (Er umarmt sie) wenn solch ein gleich zärt=
liches Zwillingspaar es thun kann.   Hierinn —
das wisse die ganze Welt, bey höchster Strafe! —
haben wir nicht unsers Gleichen.

Kleopatra. (beyseite) Ueber die herrliche Falsch=
heit! — Heyrathete er denn Fulvia, ohne sie zu
lieben? — Ich werde eine Thörinn scheinen, ohne
es zu seyn.   Antonius wird Er selbst seyn.

Antonius.   Wenn ihn Kleopatra nicht aus der
Fassung brächte! — Aber um unsrer Liebe und
ihren süssen Stunden willen, laß uns die Zeit
nicht mit unangenehmen Reden verschwenden; kei=
ne Minute unsers Lebens sollt' itzt ohne Freude
dahin eilen.   Was haben wir auf den Abend für
Zeitvertreib?

**Kleopatra.** Höre die Abgesandten.

**Antonius.** Pfui! zänkische Königinn! — Wiewohl, dich kleidet alles, Schelten, Lachen, Weinen; jede Leidenschaft bestrebt sich in dir, sich schön und bewundernswerth zu machen! — Keinen Boten, als von dir! — Ganz allein wollen wir diesen Abend durch die Strassen gehn, und auf das Betragen der Leute Acht geben. Komm, meine Königin; gestern Abend hattest du Lust dazu — (zu den Abgesandten) Sagt uns nichts! —

(Sie gehn mit ihrem Gefolge ab.)

**Demetrius.** Hat denn Antonius so wenig Achtung für Cäsarn?

**Philo.** Es giebt Augenblicke, wo er nicht Antonius ist, und jene grossen Eigenschaften sehr verläugnet, die Antonius beständig an sich haben sollte.

**Demetrius.** Es thut mir sehr leid, daß er jenen gewöhnlichen Lügner, den gemeinen Ruf, rechtfertigt, der ihn zu Rom so beschreibt. Aber ich hoffe, morgen beträgt er sich besser. Gute Nacht. (Sie gehn ab.)

## Zweyter Auftritt.

*Ein anderer Theil des Pallastes.*

**Carmian, Iras, Alexas, und ein Wahr-
sager.**

**Charmian.** Alexas, liebster Alexas, du, alles Alexas, du fast allervollkommenster Alexas, wo
ist der Wahrsager, den du der Königinn so sehr
anpriesest? Ich möchte doch gar zu gern den Ehe-
mann kennen, der, wie du sagst, seine Hörner
mit Blumen schmücken muß.

**Alexas.** Wahrsager! —

**Wahrsager.** Was willst du?

**Charmian.** Ist er das? — Bist du's, Freund,
der so viel Dinge weiß?

**Wahrsager.** In der Natur unendlichem, ge-
heimnißvollem Buche kann ich ein wenig lesen.

**Alexas.** Zeig ihm deine Hand.

(Enobarbus kömmt.)

**Enobarbus.** Bring geschwinde das Essen herein, und Wein genug, um auf Kleopatras Gesundheit zu trinken.

**Charmian.** Guter Freund, gieb mir gut Glück.

**Wahrsager.** Ich mache nichts; ich weissage
nur.

**Charmian.** So sey so gut, und weissage mir's.

**Wahrsager.** Du wirst noch schöner werden, als du bist.

**Charmian.** Er meynt, fetter.

**Iras.** Nein, du wirst dich schminken, wenn du alt wirst.

**Charmian.** Gott behüte mich vor Runzeln!

**Alexas.** Stört ihn nicht im Wahrsagen; seyd stille!

**Charmian.** Husch!

**Wahrsager.** Du wirst mehr lieben, als geliebt werden.

**Charmian.** Lieber möcht' ich meine Leber durch den Trunk heiß machen! *)

**Alexas.** Hör' ihn doch an.

**Charmian.** Nun, gut Glück, recht was hübsches! Laß mich an Einem Vormittage drey Könige heyrathen, und sie alle begraben; laß mich in meinem funfzigsten Jahr ein Kind bekommen, dem Herodes in Judäa zinsbar werden muß; **) oder

---

*) Man hält nemlich dafür, eine heisse Leber verursache ein rothes, finniges Gesicht.   Johnson.

**) Herodes wurde den Römern zinsbar, um das Königreich Judäa zu erhalten. Steevens.

sieh es vorher, daß ich den Oktavius Cäsar heyra=
then, und gleichen Rang mit meiner Königinn erhal=
ten werde.

**Wahrsager.** Du wirst länger leben, als die
Königinn, der du dienest.

**Charmian.** O! vortreflich! Langes Leben lieb'
ich noch mehr, als Feigen.

**Wahrsager.** Du hast vorhen schon ein bes=
sers Glück erlebt, als dir noch bevorsteht.

**Charmian.** So werden vermuthlich wohl
meine Kinder keine Namen haben *) — Sage
mir doch, wie viel Jungen und Mädchen werd'
ich bekommen.

**Wahrsager.** Könnte jeder deiner Wünsche
gebähren, und ich sollte dir jeden Wunsch weissa=
gen **, so weissagt' ich dir eine Million.

---

*) Nach Steevens's Erklärung ist, in des Wahr=
sagers Rede, ein bessers Glück, a *fairer fortune*, so
viel, als ein anständigers; und diese Antwort will
dann sagen, ihre Kinder werden also vermuthlich Ba=
starde seyn.

**) So erklärt Johnson die alte Lesart; obgleich
die Warburtonsche, *fertil für foretold*, sehr sinn=
reich ist.

**Charmian.** Geh, du Narr! — Ich glaube, du kannst hexen.

**Alexas.** Du meynst, daß Niemand um deine Wünsche weiß, als deine Bettücher.

**Charmian.** Nun komm, und sag' auch der Iras gut Glück.

**Alexas.** Wir wollen alle unser Schicksal wissen.

**Enobarbus.** Mein und fast unser aller Schicksal auf diesen Abend wird seyn — betrunken ins Bette!

**Iras.** Da ist eine Hand, die Keuschheit ausdeutet, wenns auch sonst nichts ist.

**Charmian.** Gerade so, wie der überfliessende Nil Hunger andeutet.

**Iras.** Geh, du wilde Kameradin, was verstehst du vom Wahrsagen?

**Charmian.** Ich? — Wenn eine schmierige Hand kein Anzeichen der Fruchtbarkeit ist, so kann ich mir nicht hinter den Ohren kratzen — Ich bitte dich, sag' ihr nur ein Alltagsglück.

**Wahrsager.** Euer Glück ist einerley.

**Iras.** Aber wie, aber wie? Sage mir nähere Umstände davon.

**Wahrsager.** Ich hab' alles gesagt.

**Iras.** Soll ich denn nicht einen Zollbreit mehr Glück haben, als sie?

**Charmian.** Nun, wenn du nur einen Zollbreit Glück mehr haben solltest, als ich, wo wolltest du dirs nehmen?

**Iras.** Nicht von meines Mannes Nase.

**Charmian.** Der Himmel verhüte alle bösen Vorbedeutungen! Alexas! — komm, Wahrsager; sein gut Glück! sein gut Glück! — O! laß ihn eine Frau kriegen, die nicht gehen kann, liebe Isis, ich bitte dich! und laß sie sterben, und gieb ihm eine, die noch ärger ist; und laß auf die ärgste immer eine noch ärgere folgen, bis die ärgste von allen ihn lachend zu Grabe trägt, funfzigmal zum Hahnrey gemacht! Gute Isis, erhöre mir dieß Gebet, wenn du mir auch dafür eine wichtigere Bitte abschlägst; gute Isis, ich bitte dich darum!

**Iras.** O! ja, liebe Göttin, erhöre dieß Gebet des Volks. Denn, wie es herzbrechend ist einen hübschen Mann mit einem liederlichen Weibe zu sehen; so möchte man sich zu tode ärgern, wenn man einen häßlichen Kerl sieht, der keine Hörner trägt. Thu also, was sich gehört, liebe Isis, und gieb ihm das verdiente Schicksal.

**Charmian.** Amen!

**Alexas.** Seht doch! stünd' es bey ihnen, mich zum Hahnrey zu machen, sie würden eher Huren werden, eh sies nicht thäten.

(Kleopatra kömmt.)

**Enobarbus.** Stille! da kömmt Antonius.

**Charmian.** Nicht doch; es ist die Königinn.

**Kleopatra.** Habt ihr den Antonius nicht gesehen?

**Enobarbus.** Nein, meine Königinn.

**Kleopatra.** Ist er nicht hier gewesen?

**Charmian.** Nein, theure Gebieterinn.

**Kleopatra.** Er war ganz aufgeräumt; aber auf Einmal hat ihn ein Gedanke an Rom ganz irre gemacht. Enobarbus —

**Enobarbus.** Meine Königinn —

**Kleopatra.** Such' ihn auf, und bring ihn hieher — Wo ist Alexas?

**Alexas.** Hier, zu deinem Befehl — Antonius kömmt.

**Antonius. Ein Bote. Gefolge.**

**Kleopatra.** Wir wollen ihn nicht ansehen. Geht mit uns.

(Sie gehn ab.)

**Bote.** Deine Gemahlin Fulvia erschien zuerst im Felde.

**Antonius.** Gegen meinen Bruder, Lucius?

**Bote.** Ja. Aber dieser Krieg hatte bald ein Ende, und die Umstände machten sie wieder zu Freunden, um ihre Macht wider Cäsarn zu vereinigen, dessen besseres Kriegsglück sie aber bey dem ersten Angriff aus Italien hinaus trieb.

**Antonius.** Gut; und was ist nun das Aergste?

**Bote.** Verhaßte Nachrichten machen auch den verhaßt, der sie meldet.

**Antonius.** Freylich, wenn sie einen Narren oder eine feige Memme betreffen — Nur weiter! — Geschehne Dinge sind für mich vorbey — Ganz gewiß; sagt mir einer nur die Wahrheit, und wär' auch Tod in dem, was er sagt, so hör' ich ihn an, als ob er mir schmeichelte.

**Bote.** Labienus — eine schlimme Nachricht! — hat mit seiner Parthischen Macht ganz Asien erobert, und sein siegreiches Panier vom Eu=

phrat und Syrien bis in Lydien und Jonien aus-
gebreitet, indeß = = =

Antonius.   Antonius, willst du sagen — —

Bote.   Ach! —

Antonius.   Rede offenherzig mit mir; sprich
nicht weniger, als das Gerücht; nenne Kleopatra,
wie man sie in Rom nennt.   Schmähl' auf mich,
wie Fulvia schmählen würde, und schilt meine
Vergehungen mit so ungebundener Freyheit, als
beydes Wahrheit und Bosheit nur immer brauchen
können.   O! wir bringen lauter Unkraut hervor,
wenn uns keine Winde des Tadels durchwehen;
uns unser Böses sagen, ist eben so gut, als uns
umpflügen — Auf eine Weile lebe wohl.

Bote.   Wie dirs beliebt.

Antonius. Was giebts Neues von Sicyon? —
Ist Niemand von Sicyon da?

Bote.   Einer von Sicyon — Ist keiner da?

(Geht ab.)

Bedienter.  Er erwartet deinen Befehl.

Antonius.   Laß ihn kommen — Ich muß diese starken Aegyptischen Fesseln zerbrechen, oder
meine thörichte Liebe wird mich zu Grunde richten — (Es kömmt ein anderer Bote.) Wer bist du?

**2. Bote.** Fulvia, dein Weib, ist todt.

**Antonius.** Wo starb sie?

**Bote.** In Sicyon. Ihre langwierige Krankheit, und was dir sonst noch zu wissen nöthig ist, enthält dieser Brief.

**Antonius.** Laß mich allein! —

(Der Bote geht ab.)

In ihr verließ eine grosse Seele die Welt! — Das hab' ich gewollt! — Was wir mit Verachtung von uns stossen, das wünschen wir oft wieder in unsern Besitz zurück; das gegenwärtige Vergnügen wird durch beständige Wiederkehr *) das Gegentheil von sich selbst. Nun ist sie gut, nun sie dahin ist; eben die Hand, die sie fortstieß, möchte sie itzt wieder zurück ziehen. Ich muß mich

von

---

*) So verstehe ich das: by revolution lowring im Original. Warburtons Erklärung, die eine Anspielung auf den Sonnenlauf voraussetzt, scheint mir zu sinnreich; und Johnson's Meynung, es bedeute die öftere Erinnerung an das Vergnügen, nicht treffend genug zu seyn. Der Dichter scheint mir sagen zu wollen: Das gegenwärtige Vergnügen, dessen wir geniessen, verliert durch seine öftere Wiederkehr, d. i. dadurch, daß wir es immer haben, und wird dadurch endlich zum Mißvergnügen.

von dieser bezaubernden Königin losreissen. Mein
müßiges Leben brütet noch zehntausend Uebel mehr
aus, als mir schon bekannt sind — He! Enobarbus!

(Enobarbus kömmt.)

**Enobarbus.** Was ist zu deinem Befehl?

**Antonius.** Ich muß eilends hinweg.

**Enobarbus.** So werden wir alle unsre Weiber hier ums Leben bringen; wir sehen ja, wie
todtkrank sie die kleinste Unfreundlichkeit macht;
wenn sie die Marter unsrer Abreise ausstehen müssen, so sterben sie daran; das ist ausgemacht.

**Antonius.** Ich muß gehen.

**Enobarbus.** Wenn's denn so dringend ist,
so mögen die Weiber sterben. Es wäre unbarm-
herzig, sie um Nichts dahin zu geben; hat man
aber zwischen ihnen und einer Sache von Wich-
tigkeit zu wählen, so muß man sie für Nichts rechnen. Kleopatra stirbt den Augenblick, so bald sie
nur den geringsten Laut davon auffängt; ich habe sie schon zwanzig mal bey weit geringern Anläs-
sen sterben sehen. Ich glaube fast, der Tod hat
ein gewisses Feuer, das einen verliebten Einfluß
auf sie hat, weil sie mit solcher Leichtigkeit stirbt.

**Antonius.** Sie ist unbegreiflich schlau.

B

**Enobarbus.** Ach nein! werther Antonius; alle ihre Triebe sind aus nichts anders, als aus den feinsten Theilen der reinsten Liebe zusammen ge=webt. Man kann ihre Seufzer und Thränen nicht Wind und Wasser nennen; es sind grös=sere Stürme und Ungewitter, als man sie in irgend einem Almanach findet. Das ist nicht blos=se Schlauigkeit an ihr; ist sie's, so kann sie eben so gut einen Regenguß hervorbringen, als Jupiter.

**Antonius.** Ich wollt', ich hätte sie nie gesehen!

**Enobarbus.** O! da hättest du ja ein wun=dervolles Kunststück ungesehn gelassen, und wärst du so glücklich nicht gewesen, so hätte dir deine Reise nicht viel Ehre gemacht.

**Antonius.** Fulvia ist todt.

**Enobarbus.** Herr! —

**Antonius.** Fulvia ist todt.

**Enobarbus.** Fulvia?

**Antonius.** Todt.

**Enobarbus.** Nun, so bringe den Göttern ein Dankopfer. Wenn es ihren himmlischen Gott=heiten beliebt, einem Manne sein Weib zu neh=men, so lassen sie ihm doch den Trost, daß, wenn alte Kleider abgetragen sind, der Schneider noch

lebt, der neue machen kann. Gäb' es keine and=
re Weiber mehr, als Fulvia, so wärst du freylich
schlimm daran, und dein Schicksal wäre beklagens=
werth; aber dieser Gram ist noch mit Trost be=
krönt; aus deinem alten Nachthemde bekömmst du
einen neuen Unterrock — und wahrhaftig, um
diesen Kummer zu beweinen, müßte man die Thrä=
nen erst aus einer Zwiebel hervorholen.

**Antonius.** Die Händel, die sie im Staat an=
gefangen hat, leiden meine Abwesenheit nicht.

**Enobarbus.** Und die Liebeshändel, die du
hier angefangen hast, leiden sie eben so wenig; vor=
nehmlich die mit Kleopatra, die ganz von deinem
Aufenthalt abhängen.

**Antonius.** Keine leichtsinnige Antworten
mehr!*) Laß mein Gefolge mein Vorhaben wiß
sen; ich will der Königinn die Ursachen unsers
Abzugs eröffnen, und um ihre Einwilligung da=
zu bitten. Denn nicht nur Fulvia's Tod, und
andre noch dringendere Gründe fodern mich nach=
drücklich dazu auf; sondern auch die Briefe vieler

---

*) Dieß bezieht sich im Original auf das in den beyden
vorigen Reden gebrauchte Wort *to broach,* dessen sich
Enobarbus mit einer zweydeutigen Anspielung bediente.

meiner eifrigsten Freunde in Rom wünschen mich
zurück. Sextus Pompejus hat Cäsarn Trotz ge=
boten, und ist Meister von der See. Unser un=
beständiges Volk, welches den Verdienstvollen nicht
eher liebt, bis seine Verdienste aufhören, fängt
an, Pompejus den Grossen in seinem Sohn zu
vergöttern, und ihn mit allen seinen Ehrenstellen
zu überhäufen; Schon sein Name und sein An=
sehen machen ihn groß; und noch grösser, als
beyde, sein lebhaftes feuriges Blut, welches in
ihm einen grossen Krieger erwarten läßt. Sein
Ruhm kann, wenn er weiter so fortgeht, die
ganze Welt in Furcht setzen. Es wird vieles aus=
gebrütet, das, gleich dem Haar des Rosses, *) nur
noch Leben und kein Schlangengift hat. Sag'
allen, die von uns abhangen, es sey unser Wille,
schleunig von hier zu reisen.

   **Enobarbus.** Sehr wohl.

                       (Sie gehn ab.)

---

   *) Eine Anspielung auf einen alten Aberglauben, daß
das Pferdehaar, wenn es in faules Wasser fällt, in
Thiere verwandelt werde. **Pope.**

## Dritter Auftritt.

Kleopatra, Charmian, Alexas, und Iras.

**Kleopatra.** Wo ist er?

**Charmian.** Ich hab' ihn seitdem nicht gesehen.

**Kleopatra.** Sieh zu, wo er ist, wer bey ihm ist, was er thut — Aber thu nicht, als ob ich dich abgeschickt hätte — Findest du ihn traurig, so sag', ich tanze; ist er aufgeräumt, so sag' ihm, ich sey plötzlich krank geworden. Hurtig, damit du bald wieder da bist.

**Charmian.** Meine theure Königinn, mich dünkt, wenn du ihn zärtlich liebst, so fängst du es nicht recht an, ihn zur Gegenliebe zu nöthigen.

**Kleopatra.** Was soll ich denn mehr thun, als ich thue?

**Charmian.** Ihm in allem freye Hand lassen; niemals ihm zuwider seyn.

**Kleopatra.** Du Närrinn! das wäre gerade der Weg, ihn zu verlieren.

**Charmian.** Reitz' ihn nur nicht zu sehr; thu das ja nicht; mit der Zeit hassen wir das, was wir oft haben fürchten müssen. Aber da kömmt Antonius.　(Antonius kömmt.)

**Kleopatra.** Ich bin krank und verdrießlich.

**Antonius.** Ich weiß nicht, wie ich ihr mein Vorhaben anbringen soll.

**Kleopatra.** Hilf mir weg, liebe Charmian, oder ich falle um. Das kann nicht lange so bleiben; die Natur ist zu schwach, es auszuhalten.

**Antonius.** Wie, meine theuerste Königinn! —

**Kleopatra.** O! ich bitte, tritt weiter von mir weg!

**Antonius.** Was ist denn?

**Kleopatra.** Ich les' es in deinen Augen, du hast herrliche Nachrichten von Rom aus! — Was sagt die Ehefrau? — Du kannst gehn; ich wünschte, sie hätte dir nie erlaubt, herzukommen! Sie soll nicht sagen, ich sey es, die dich hier aufhält; ich habe keine Gewalt über dich — du bist nur in ihrer Gewalt!

**Antonius.** Die Götter wissens am besten. —

**Kleopatra.** O! niemals ward eine Königinn so schrecklich verrathen! — Wiewohl, ich sah es gleich Anfangs, daß man Verrätherey anlegte.

**Antonius.** Kleopatra —

**Kleopatra.** Wie konnt' ich glauben, du werdest der Meinige und mir treu seyn, wenn

du gleich mit deinen Schwüren die Sitze der
Götter erschüttertest, du, der gegen Fulvia treu-
los war? — Welch ein ausschweifender Wahnwitz, sich durch dergleichen Schwüre bestricken zu
lassen, die erst auf den Lippen entstehen, und unterm Schwören sich selbst brechen!

**Antonius.** Meine theuerste Königinn — —

**Kleopatra.** O! ich bitte, nur keinen Vorwand wegen deiner Abreise! nimm Abschied, und
geh! — Als du batst, da bleiben zu dürfen, da
war es Zeit, viel zu reden; da ward an kein Weggehen gedacht — Ewigkeit war in unsern Lippen
und Augen; Götterlust in jedem Gesichtszug;
kein Theilchen unsers Wesens war so arm, daß
es nicht von Wonne des Himmels überfloß. — So
muß es noch seyn; oder du bist aus dem größten
Helden von der Welt der größte Lügner worden.

**Antonius.** Wie, meine Königinn? — —

**Kleopatra.** Ich wollt', ich hätte deine herkulische Bildung; du solltest sehen, daß Aegyptens
Königinn noch Herz hätte!

**Antonius.** Höre mich an, Königinn. Die
dringende Nothwendigkeit der itzigen Umstände

fodert auf eine Zeitlang meine Dienste; aber mein ganzes Herz bleibt bey dir zurück. Durch ganz Italien blinken bürgerliche Schwerter; Sextus Pompejus nähert sich schon dem Römischen Hafen. Die gleiche Stärke von zwey einheimischen Partheyen brütet gefährliche Unruhen; die sonst verhaßt waren, sind mächtig, und nun dadurch auch beliebt worden. Der sonst verurtheilte Pompejus, geschmückt mit dem Ansehen seines Vaters, schleicht sich in die Herzen aller derer ein, die bey der gegenwärtigen Regierung nichts gewonnen haben, und deren grosse Anzahl Gefahr droht; und der friedsame Staat, von lauter Ruhe krank geworden, wünscht itzt, durch irgend eine gewaltsame Veränderung, seines Uebels los zu werden. Eine andre Ursache, die mich noch näher angeht, und mein Weggehen am meisten bey dir entschuldigen muß, ist Fulvia's Tod.

**Kleopatra.** Ich bin zwar so alt noch nicht, um ohne Thorheit zu seyn, aber doch alt genug, um nicht mehr kindisch zu seyn — Kann Fulvia sterben?

**Antonius.** Sie ist todt, meine Königinn. Sieh hier, und lies, wenn es dir beliebt, wie viel

Unruhen sie erregt hat; lies hier, was sie zuletzt, und aufs beste, that, wenn und wo sie starb.

**Kleopatra.** O! der äusserst treulosen Liebe! Wo sind die geweihten Gefässe *), die du mit trauervollen Thränen füllen solltest? — Nun seh ichs, an Fulvia's Tod seh ichs, wie der meinige wird aufgenommen werden.

**Antonius.** Mache mir keine Vorwürfe mehr, sondern höre lieber, was ich für Absichten habe; sie sollen ausgeführt werden, oder nicht, nachdem du es gut finden wirst. Bey dem Feuer, das den Schlamm des Nils befruchtet! ich geh als dein Krieger und Diener hinweg, und mache Frieden oder Krieg, wie du's gerne siehst.

**Kleopatra.** Komm, Charmian, schneide mir meine Schnürbrust auf — Laß es nur — Ich befinde mich in Einem Augenblick wohl und übel — So liebt Antonius!

**Antonius.** Halt ein, meine unschätzbare Kö-

---

*) Eine Anspielung auf die Thränengefässe oder Thränenflaschen, welche die Römer zuweilen in den Aschenkrug eines Freundes legten. Johnson.

niginn, und laß seiner Liebe mehr Gerechtigkeit
widerfahren, die alle Proben aushalten wird.

**Kleopatra.** Das sagte mir Fulvia! — O!
ich bitte, dreh dich um, und weine um sie; und
dann nimm Abschied von mir, und sage, diese
Thränen gehören der Königinn von Aegypten.
Komm, lieber Mann, spiel' einmal eine Scene
herrlicher Verstellung, und laß sie der vollkom-
mensten Rechtschaffenheit gleich sehen.

**Antonius.** Du wirst mich böse machen —
Nichts mehr!

**Kleopatra.** Du kannst es noch besser machen; aber auch das ist schon ganz gut gespielt!

**Antonius.** Nun bey meinem Schwerte! —

**Kleopatra.** Und meiner Tartsche! — Es
geht immer Besser; aber sein bestes ist es noch
nicht! — Sieh doch einmal, Charmian, wie die
Wuth diesem Römischen Herkules so schön steht!

**Antonius.** Ich werde dich verlassen, Königinn.

**Kleopatra.** Mein höflicher Herr, nur Ein
Wort! — Du und ich, wir müssen uns scheiden — aber das ists nicht — Du und ich, wir
liebten einander — aber das ists auch nicht, das

weißt du wohl. — es ist, was anders, was ich sa=
gen wollte! — O! meine Vergessenheit ist ein
rechter Antonius; und ich bin durchaus vergeß=
sen! *)

**Antonius.** Wenn du, Königinn, nicht die
Thorheit zu deiner Sklavinn hättest, so würd'
ich dich für die Thorheit selbst halten. **)

**Kleopatra.** Es ist eine Arbeit zum Schwit=
zen, solch eine Thorheit so nah an seinem Herzen
zu tragen, wie Kleopatra diese trägt. Doch ver=
gieb mir, Antonius; denn mein Betragen ist
mein Tod, wenn es nicht deinen Beyfall hat.
Deine Ehre ruft dich von hier; sey also taub ge=
gen meine des Mitleids unwürdige Thorheit, und
alle Götter begleiten dich! Auf deinem Schwerte
trage den Lorbeer des Sieges; und dein Weg sey
vor deinen Füssen mit lauter Glück bestreut!

---

*) d. i. Diese Fertigkeit, die ich habe, das zu ver=
gessen, was mich nahe angeht, gleicht gar zu sehr dem
Antonius, oder, ist ein Antonius, und mein Wohl
wird auf gleiche Art von ihm und von mir selbst ver=
gessen. Steevens.

**) d. i. Wenn deine Reize mich, der ich der größte
Thor auf Erden bin, nicht fesselten, so würd' ich dich
für die größte Thörinn halten. Warburton.

**Antonius.** Laßt uns gehn — Nein; unfre Trennung selbst kann uns nicht trennen; sie ist Aufenthalt und Flucht zugleich; du bleibst hier, und gehst doch mit; und ich segle von hier, und bleibe doch hier bey dir — Nur fort!

(Sie gehn ab.)

## Vierter Auftritt.
### Cäsars Pallast in Rom.

**Oktavius Cäsar, Lepidus, und Gefolge.**

**Cäsar.** Du siehst nun, Lepidus, und weißt es fürs Künftige, daß Cäsar nicht von Natur so boshaft ist, einen grossen Nebenbuhler zu hassen. Von Alexandrien haben wir die Nachricht: Er fischt, trinkt, und bringt die ganze Nacht mit schwärmenden Ergötzungen hin. Er ist nicht männlicher, als Kleopatra, noch die Gemahlinn des Ptolomäus weibischer, als er. Kaum gab er meinen Abgesandten Gehör, und geruhte kaum daran zu denken, daß er Mitwerber hat. An ihm findest du einen Mann, der das Urbild aller Fehler ist, denen alle Menschen nachhängen.

**Lepidus.** Ich denke doch nicht, daß er Böses genug an sich hat, um seine gute Seite ganz

zu verdunkeln. Seine Fehler scheinen an ihm
nur mehr in die Augen, wie die Sterne am Himmel, welche durch die Schwärze der Nacht noch
feuriger glänzen; sie sind mehr erblich, als erworben; mehr Schwachheiten, die er nicht vermei-
den kann, als Thorheiten, die er aus freyer Wahl
begeht.

Cäsar. Du bist zu nachsichtig. Gesetzt auch,
es sey nicht unrecht, sich auf Ptolomäens Bette
herum zu wälzen, ein Königreich für eine Kurz-
weil dahin zu geben, da zu sitzen, und sich mit
einem Sklaven in die Wette zu betrinken, am
hellen Mittage durch die Strassen zu taumeln,
und sich mit den gemeinsten Schurken zu balgen;
gesetzt, das steh ihm an — und doch, wie auß-
serordentlich muß sich der in Ansehen erhalten können, den dergleichen Dinge nicht entehren! — so
kann doch Antonius auf keine Weise seine Fehler
entschuldigen, wenn sein Leichtsinn *) unsre Last
verdoppelt. Wenn er bloß seine müßigen Stunden mit wollüstigen Ausschweifungen hinbrächte,

---

*) Abermals das Spiel mit dem Worte *lightness,*
welches Leichtigkeit und Leichtsinn oder Leichtfertigkeit
bedeuten kann.

so würden Eckel und Auszehrung ihn dafür zur
Rechenschaft ziehen. Aber eine solche Zeit zu verderben, da ihn die Trommel von seinen Spielen ab-
ruft, und sein eignes Bestes samt dem unsrigem
ihn so laut auffodert, dafür verdient er ausge-
scholten zu werden, wie wir Knaben schelten, die
schon Verstand genug haben, aber doch ihre Erfahrung ihrem gegenwärtigen Vergnügen verpfän-
den, und sich gegen alle Vernunft empören.

(Es kömmt ein Bote.)

**Lepidus.** Da kommen neue Nachrichten.

**Bote.** Deine Befehle sind vollzogen, grosser
Cäsar, und du wirst alle Stunden Nachricht bekommen, wie es auswärts geht. Pompejus hat
eine starke Seemacht, und wird, wie es scheint,
von allen geliebt, die Cäsarn nur aus Furcht an-
hiengen. Die Mißvergnügten sammeln sich bey
dem Hafen, und, dem gemeinen Gerüchte nach,
ist ihm grosses Unrecht geschehen.

**Cäsar.** Das hätt' ich alles vorher wissen können. Von jeher lehrt uns die Geschichte, daß
derjenige, der itzt der Erste ist, so lange alle
Wünsche für sich hatte, bis er es war; und daß
der unglückliche Mann, nie geliebt bis er kein

Liebe mehr verdient, erst dann theuer wird, wenn
man ihn vermißt. Jener gemeine Pöbel fährt,
gleich einem herumirrenden Nachen auf einem
Strom, auf und nieder, und schlentert hinter
der veränderlichen Fluth her, um sich selbst durch
seine Bewegung aufzureiben.

**Bote.** Cäsar, ich muß dir melden, daß Menekrates und Menas, zwey berüchtigte Seeräuber,
sich das Meer unterthan machen, welches sie mit
Fahrzeugen von allerley Art pflügen und verwun-
den. Sie thun viele hitzige Anfälle auf die Kü-
sten von Italien, deren Bewohner schon zittern,
wenn sie nur daran denken; und die wehrhafte
junge Mannschaft empört sich. Kein Schiff darf
sich sehen lassen, ohne sogleich weggenommen zu
werden; denn der blosse Name des Pompejus
schadet mehr, als alle seine Macht schaden könnte,
wenn sie Widerstand fände.

**Cäsar.** O! Antonius, verlaß deine üppigen
Schmäuse! — Als du einst von Mutina wegge-
schlagen wurdest, wo die Konsule Hirtius und
Pansa durch dich fielen, da folgte dir der Hunger
auf dem Fuße, und du bekämpftest ihn, ungeachtet deiner zärtlichen Erziehung, mit einer Geduld,

deren kaum ein Wilder fähig wäre. Du trankst
Pferdeharn, und aus grünen Pfützen, wovor
dem Viehe selbst geeckelt hätte; die herbesten Beeren an den rauhesten Zäunen waren damals deinem Gaum nicht zu schlecht; ja, gleich dem Hir-
sche, wenn Schnee seine Weide bedeckt, assest
du die Rinden der Bäume! — Auf den Alpen,
sagt man, assest du so widerliches Fleisch, daß
einige von dessen blossen Anblick starben; und alles dieß — zur Schande deiner itzigen Weichlichkeit sey es gesagt! — ertrugst du, wie ein Soldat, mit solcher Gleichgültigkeit, daß deine Wangen nicht einmal davon einfielen.

Lepidus. Es ist Schad' um ihn!

Cäsar. Trieb' ihn doch seine Schande schleunig nach Rom zurück! — Es ist hohe Zeit, daß
wir beyden mit einander im Feld' erscheinen;
und, in dieser Absicht wollen wir unverzüglich
den Senat versammeln. Pompejus zieht Vortheil von unsrer Saumseligkeit.

Lepidus. Morgen, Cäsar, werd' ich im
Stande seyn, dir genau zu sagen, was ich zu
Land' und zu Wasser aufbringen kann, um der
drohenden Gefahr die Stirne zu bieten.

Cäsar.

**Cäfar.** Eben damit werd' ich mich bis zu unsrer morgenden Zusammenkunft beschäftigen. Lebe wohl.

**Lepidus.** Lebe wohl, Cäsar. Was du indeß von auswärtigen Vorfällen Neues erfährst, das bitt ich mir mitzutheilen.

**Cäfar.** Ganz gewiß, Freund; das halt' ich für meine Schuldigkeit.

(Sie gehn ab.)

## Fünfter Auftritt.

### Der Pallaſt in Alexandria.

**Kleopatra, Charmian, Iras, Mardian.**

**Kleopatra.** Charmian —

**Charmian.** Königinn —

**Kleopatra.** Höre doch — gieb mir Mandragora *) zu trinken.

**Charmian.** Warum das, meine Königinn?

**Kleopatra.** Damit ich dieſe ganze Kluft von

---

*) Eine Pflanze, woraus man einen Trank bereitete, dem man eine schlafbringende Kraft zuschrieb. Percy zeigt durch einige Stellen alter englischer Schriftsteller, daß dieſe Meynung damals ſehr geläufig war.

C

Zeit, in der mein Antonius abwesend ist, hinweg
schlafe.

**Charmian.** Du denkst zu viel an ihn.

**Kleopatra.** O! es ist Verrätherey —

**Charmian.** Das glaub' ich nicht, Königinn.

**Kleopatra.** Du Verschnittner, Mardian!

**Mardian.** Was befiehlst du, meine Königinn?

**Kleopatra.** Nicht, dich itzt singen zu hören.
Ich finde kein Gefallen an irgend etwas, das ein
Verschnittner hat. Es ist gut für dich, daß du
ohne Zeugungskraft bist, und daß deine freyern
Gedanken nicht aus Aegypten hinaus fliegen kön-
nen. Hast du Triebe?

**Mardian.** Ja, gnädige Königinn.

**Kleopatra.** In der That?

**Mardian.** Nicht in der That; denn ich kann
nichts thun, als was in der That mit Anstand
kann gethan werden. Und doch hab' ich starke
Triebe, und denke mir oft, was Venus und Mars
mit einander thaten.

**Kleopatra.** O! Charmian, wo sollt' er itzt
wohl seyn? Steht er, oder sitzt er? Oder geht
er? oder ist er zu Pferde? O! glückliches Pferd,
das die Last des Antonius trägt! Halte dich brav,

Pferd!, denn weißt du auch wohl, wen du trägst?
Den halben Atlas dieser Erde, den Arm und
Helm des menschlichen Geschlechts! — Itzt sagt
er, oder murmelt: „Wo ist meine Schlange des
alten Nils?„ denn so nennt er mich. Itzt weid'
ich mich selbst an dem allersüssesten Gift — Denk'
an mich, ob ich gleich von des Phöbus verliebten
Stichen schwarz, und von der Zeit gerunzelt bin!
Breitstirniger Cäsar! *) als du hier warst, da
war ich ein Bissen für einen Monarchen; da
pflegte der grosse Pompejus da zu stehen und ließ
seine Augen in meine Stirn einwachsen; dort an-
kerte sein Blick; und dann schien er vom Anschaun
seines Lebens zu sterben.

( Alexas kömmt. )

Alexas. Heil dir, Beherrscherin von Aegypten!

Kleopatra. Wie ungleich bist du dem Markus Antonius! Doch, daß du von ihm kömmst,
diese grosse Tinktur hat dich übergüldet **) —
Wie gehts meinem heldenmüthigen Antonius?

---

*) Hr. Seyward ist der Meynung, der Dichter
habe kahlstirniger *bald-fronted* geschrieben. Steevens.

**) Eine Anspielung auf den Stein der Weisen,
dessen Berührung schlechtes Metall in Gold verwandelt. Johnson.

Alexas. Das letzte, was er that, theure Königinn, war, daß er mit dem letzten vieler ver-
doppelter Küsse diese morgenländische Perle küß-
te — Seine Rede trag' ich im Herzen.

Kleopatra. Mein Ohr muß sie dort heraus-
ziehen.

Alexas. Guter Freund, sprach er, sage, der
standhafte Römer sende der grossen Aegyptischen
Königinn diesen Schatz einer Muschel; und, um
dem geringen Geschenk mehr Werth zu geben, so
sag' ihr, ich wolle einen Thron aufrichten, von
dem jede Stufe ein Königreich seyn soll. Der
ganze Osten, sag' ihr, soll sie Königinn nennen.
Drauf winkte er, und bestieg ein schmächtiges
Pferd *), welches so laut wieherte, daß alles,
was ich etwa noch hätte sagen können, durch dieß
wichern stumm wie ein Vieh geworden wäre.

Kleopatra. War er finster, oder aufgeräumt?
Alexas. Gleich der Jahrszeit zwischen der größ-

---

*) Das Beywort arm-gaunt erklärt Seyward, in
seiner Vorrede zum Beaumont und Fletcher umständ-
lich aus dem deutschen Wort, arm, daß es so viel, als
hager von Schultern, nicht wohl genährt, bedeute.

ten Hitze und Kälte, war er weder finster, noch aufgeräumt.

Kleopatra. Wie weislich er seine Laune zu stimmen weiß! — Gieb Acht, gieb Acht, liebe Charmian — Das heiß' ich einen Mann! — Gieb Acht auf ihn. Er war nicht finster; denn das hätte sich auf diejenigen verbreitet, deren Miene sich nach der seinigen zu richten pflegt; er war nicht aufgeräumt, damit sie sehen sollten, seine Gedanken und seine Freude wären in Aegypten; sondern zwischen beyden. O! der himmlischen Mischung! — Du magst finster, oder aufgeräumt seyn, so läßt dir der äusserste Grad von beyden so gut, wie sonst Niemand auf der Welt! — Sind dir meine Boten begegnet?

Alexas. Ja, Königinn, zwanzig verschiedne Boten. Warum sendest du solch eine Menge?

Kleopatra. Wer an dem Tage geboren wird, an dem ichs vergesse, dem Antonius einen Boten zu schicken, stirbt als ein Bettler! — Dint' und Feder, Charmian! — Willkommen, mein lieber Alexas — Charmian, hab ich je Cäsarn so sehr geliebt?

Charmian. O! der wackre Cäsar!

C 3

**Kleopatra.** Daß dir bey einer zweyten Aus-
rufung von der Art die Zunge lahm würde! – Sage: der wackre Antonius!

**Charmian.** Der tapfre Cäsar!

**Kleopatra.** Bey der Isis! ich mache dir
blutende Zähne, wenn du dich noch einmal un-
terstehst, meinen Mann der Männer mit Cäsarn
zu vergleichen!

**Charmian.** Mit gnädigster Erlaubniß, ich
singe dir nur nach.

**Kleopatra.** Das sagt' ich in meiner Sallat-
zeit, als mein Verstand eben erst aufkeimte. Du
mußt sehr kaltes Blut haben, wenn du itzt noch
sprichst, wie ich damals sprach — Aber komm
mit mir; hole mir Dinte und Papier; er soll
alle Tage etlichemal von mir begrüßt werden,
und sollt' ich ganz Aegypten darüber entvölkern!

(Sie gehn ab.)

# Zweyter Aufzug.

## Erster Auftritt.

Meßina. Des Pompejus Haus.

**Pompejus, Menekrates, Menas.**

**Pompejus.** Sind die grossen Götter gerecht,
so werden sie die Unternehmungen der gerechtesten
Menschen gelingen lassen.

**Menas.** Wisse, würdiger Pompejus, daß sie
das nicht versagen, was sie aufschieben.

**Pompejus.** Indeß wir vor ihrem Throne
stehn und bitten, verliert das, warum wir bitten, seinen Werth.

**Menas.** Unwissend, was uns gut ist, bitten
wir oft um unser eignes Unglück, welches uns
die weisen Mächte, um unsers Besten willen, versagen; und so ist es unser Vortheil, daß wir umsonst gebetet haben.

**Pompejus.** Ich verspreche mir einen guten
Erfolg; das Volk liebt mich, und die See ist
mein. Meine Macht ist noch im Zunehmen, und
meine weissagende Hoffnung verspricht mir, sie

werde voll werden. *) Markus Antonius sitzt in
Aegypten beym Schmause, und wird auswärts
keinen Krieg erregen. Cäsar gewinnt Geld, und
verliert indeß die Herzen. Lepidus schmeichelt
beyden, und von beyden wird ihm geschmeichelt;
aber im Grunde liebt er keinen, und keiner von
ihnen bekümmert sich um ihn.

Menas. Cäsar und Lepidus sind mit einer
grossen Macht ins Feld gerückt.

Pompejus. Woher hast du das? Es ist
falsch.

Menas. Von Silvius.

Pompejus. Er träumt. Ich weiß, sie sind
zusammen in Rom, und warten auf Antonius;
aber, o! üppige Kleopatra, daß alle Reizungen
der Liebe deine bleiche Lippe verschönern möchten!
Zauberey vereinige sich mit Schönheit, und üppige Lust mit beyden! Halte den Schwelger mit einer ganzen Reihe von Schmäusen auf; sein Gehirn bleib' immer umnebelt; und ihr, ihr epiku-
rischen Köche, schärft mit nie sättigenden Brühen
seine Eßbegier, daß Schlaf und Essen ihn bis zur

---

*) Eine Anspielung auf den Mond.

letheiſchen Betäubung einſchläfern, und ſeine Ehre nie wieder aufwachen laſſen! — (Varrius kömmt.) Was giebts, Varrius?

**Varrius.** Was ich ſagen werde, iſt völlig gewiß; Markus Antonius wird alle Stunden in Rom erwartet. Da er ſich aus Aegypten hat losreiſſen können, ſo ſteht zu vermuthen, daß er noch weiter gehen werde.

**Pompejus.** Eine weniger bedeutende Nachricht wäre meinem Ohr willkommner geweſen. Menas, ich hätte nicht geglaubt, daß dieſer verliebte Praſſer um eines ſo kleinen Krieges willen ſeinen Kopf in einen Helm ſtecken würde; er iſt ein zweymal ſo guter Krieger, als die andern beyde. Aber das muß uns noch eine gröſſere Meynung von uns ſelbſt beybringen, daß die Furcht vor uns fähig iſt, den nie von Wolluſt ſatten Antonius aus dem Schooß der Aegyptiſchen Witwe zu reiſſen.

**Menas.** Ich kann nicht glauben, daß Cäſar und Antonius als gute Freunde zuſammen kommen werden. Sein Weib, die nun todt iſt, beleidigte Cäſarn auf allerley Art; und ſein Bruder zog wider ihn zu Felde, obgleich, wie ich denke, nicht auf Anſtiften des Antonius.

Pompejus. Ich weiß nicht, Menas, ob kleinere Feindseligkeiten zu grössern Anlaß geben werden. Stünden wir nicht gegen sie alle, so ist sehr zu vermuthen, daß sie sich entzweyen würden; denn sie haben einander Ursache genug gegeben, ihre Schwerdter zu ziehen; aber ob nicht die Furcht vor uns ihren Zwist vergleichen und jene nichtsbedeutende Uneinigkeit aufheben werde, das wissen wir noch nicht. Es gehe, wie es die Götter haben wollen! Unser Leben beruht darauf, daß wir alle unsre Kräfte aufbieten. Komm, Menas.

(Sie gehn ab.)

## Zweyter Auftritt.
### Rom.

#### Enobarbus. Lepidus.

Lepidus. Mein lieber Enobarbus, du würdest edel handeln, und Ehre davon haben, wenn du deinen Feldherrn zu einer gütlichen Unterredung bewegen wolltest.

Enobarbus. Ich werd' ihn bitten, zu reden, wie es ihm anständig ist. Wenn Cäsar ihn reizt, so mag Antonius dem Cäsar über den Kopf wegsehen, und so laut reden, als Mars.

Beym Jupiter! trüg' ich des Antonius Bart,
so ließ ich ihn heute nicht abscherren. *)

Lepidus. Itzt ist keine Zeit zu Privatge-
zänken.

Enobarbus. Jede Zeit schickt sich für das,
was darin gebohren wird.

Lepidus. Aber Kleinigkeiten müssen wichti-
gen Dingen nachstehen.

Enobarbus. Nicht, wenn Kleinigkeiten zuerst kommen.

Lepidus. Das ist sehr hitzig gesprochen.
Aber, ich bitte dich, störe kein Feuer in der
Asche. Da kömmt der edle Antonius!

Antonius und Ventidius.

Enobarbus. Und dort kömmt Cäsar.

Cäsar, Mecänas, und Agrippa.

Antonius. Können wir hier einen guten
Vergleich machen, dann nach Parthia. — Höre,
Ventidius!

Cäsar. Ich weiß es nicht, Mecänas; frage
den Agrippa.

---

*) d. i. nach Johnsons Erklärung: so würd' ich
ihm ohne Schmuck, ohne Zeichen der Ehrerbietung,
entgegen gehn.

Lepidus. Ihr edeln Freunde, was uns ver-
einigte, war sehr groß; laßt also keine Kleinigkeit uns trennen. Was etwa nicht recht ist, werde von beyden Seiten freundlich vernommen.
Fangen wir über unsern nichtsbedeutenden Zwist
lauten Streit an, so begehen wir einen Mord,
in dem wir Wunden heilen wollen. Ich bitt'
euch also inständig, meine edeln Mitgenossen, berührt die unangenehmsten Dinge mit den sanfte-
sten Worten, und verschlimmert die Sache selbst
nicht noch mehr durch ein hitziges Betragen.

Antonius. Gut gesagt! Stünden wir vor
unsern Heeren, um zu fechten, so würd' ich so
handeln.

Cäsar. Willkommen in Rom!

Antonius. Ich danke dir.

Cäsar. Setze dich.

Antonius. Setze dich, Cäsar!

Cäsar. Nun, wenn's so *) ===

---

*) Steevens erklärt diese abgebrochene Rede auf
folgende Art. Antonius wird darüber empfindlich,
daß Cäsar ihm erst die Erlaubniß, sich zu setzen, erthei-
len will; und Cäsar will antworten: wenn das so an-
fängt, so wird wohl aus unserm Vergleich nichts.

Antonius. Ich sehe wohl, du nimmst Dinge übel, die nicht so gemeynt sind, oder, wenn sie es sind, dich doch nicht angehen.

Cäsar. Ich wärd lächerlich, wenn ich mich durch Nichts, oder durch eine Kleinigkeit, zumal von dir, wollte beleidigt halten; und noch lächerlicher wär' ich, wenn ich deinen Namen mit einiger Verkleinerung nennen wollte, wenn es mich nichts angeht, ihn zu nennen.

Antonius. Was gieng dich mein Aufenthalt in Aegypten an, Cäsar?

Cäsar. Nicht mehr, als mein Aufenthalt hier in Rom dich in Aegypten angehen konnte. Wiewohl, wenn du dort mein Glück zu untergraben suchtest, so konnt' ich mich wohl um deinen Aufenthalt in Aegypten bekümmern.

Antonius. Untergraben? — Wie verstehst du das?

Cäsar. Was ich darunter verstehe kannst du, wenn dirs beliebt, aus dem, was hier vorgefallen ist, leicht errathen. Dein Weib und dein Bruder zogen wider mich zu Felde; und dein Name war dabey der Vorwand; er war die Losung des Krieges.

**Antonius.** Du irrst dich; mein Bruder hat sich in dem, was er vornahm, nie auf mich beru: fen. Ich habe mich darnach erkundigt; und meine Nachrichten kommen von glaubwürdigen Leuten, die ihre Schwerter mit dir zogen. Griff er nicht vielmehr mein Ansehen eben so wohl an, als das deinige, und führte er nicht den Krieg ganz wider meinen Willen, und haßte uns beyde, gleich stark? *) Meine Briefe hätten dich hierüber schon beruhigen sollen. Willst du also Händel zusammenflicken — denn aus dem Ganzen kannst du sie, aus Mangel des Stofs, nicht machen — so mußt du wenigstens dieses nicht zum Vorwand brauchen.

**Cäsar.** Du lobst dich selbst, indem du mir Fehler der Ueberlegung vorwirfst; deine Entschuldigungen aber waren zusammengeflickt.

**Antonius.** Das nicht, das nicht. Ich weiß gewiß, du mußt nothwendig davon überzeugt seyn, daß ich, dein Mitgenoß in der Sache, wogegen

---

*) Die gewöhnliche Leseart *having alike your cause* giebt keinen guten Sinn; Johnson schlägt vor, zu lesen: *hating alike our cause.*

er stritt, diesen Krieg, der meine eigne Ruhe an-
focht, nicht mit zufriednen Augen ansehen konnte.
Was mein Weib betrifft, so wünscht ich, du hättest eine, in die ihr Geist führe. Der dritte Theil
der Welt ist dein; und du kannst ihn mit dem
schwächsten Zügel nach Gefallen lenken, aber nicht
ein solches Weib.

Enobarbus. Ich wollte, wir hätten alle solche Weiber; so könnten die Männer mit ihren
Weibern in den Krieg gehn!

Antonius. Ich gesteh es mit Bedauren, sie
war so unbiegsam, daß die Händel, die ihr un-
ruhiger Geist anzettelte, dir, Cäsar, nur allzu-
viel Unruhe machten; aber du mußt doch selbst gestehen, daß ich dafür nicht konnte.

Cäsar. Ich schrieb dir nach Alexandria; aber
da schwelgtest du, und stecktest meine Briefe un-
gelesen bey; da foppteft du meinen Gesandten mit
Schmähungen hinweg, um ihm kein Gehör zu
geben.

Antonius. Er überfiel mich, ohne sich melden zu lassen, es war gerade zu einer Zeit, da ich
drey Königen ein Gastmahl gegeben hatte, und
nicht mehr das war, was ich am Morgen gewesen;

allein den folgenden Tag sagt' ich ihm das; und das war eben so gut, als ob ich ihn um Vergebung gebeten hätte. Laß diesen Menschen nicht Schuld an unserm Streite seyn; und wollen wir ja streiten, so laß ihn wenigstens aus dem Spiele.

**Cäsar.** Du hast einen Artickel deines Eides gebrochen; ein Vorwurf, den du mir nimmermehr wirst machen können.

**Lepidus.** Sachte, Cäsar —

**Antonius.** Nein, Lepidus, laß ihn reden. Die Ehre ist unverletzt, von der er spricht, und glaubt, daß ich sie verletzt habe. Nur weiter, Cäsar; der Artickel meines Endes — —

**Cäsar.** Mir Waffen und Beystand zu leihen, wenn ich sie verlangte; beydes hast du mir versagt.

**Antonius.** Versäumt hab' ichs vielmehr; und zu einer Zeit, da vergiftete Stunden mir mein eignes Bewußtseyn genommen hatten. So weit es mir möglich ist, will ich gern dir meine Reue bezeigen; aber meine Rechtschaffenheit soll meiner Würde nichts entziehen, noch meine Gewalt ohne sie wirksam seyn. So viel ist wahr, daß Fulvia, um mich aus Aegypten wegzubringen,

gen, hier Krieg anfieng; weswegen ich, die un-
wiſſende Triebfeder, in ſo weit um Verzeihung
bitte, als es meine Ehre in ſolchem Falle verſtat-
ten kann.

**Lepidus.** Das iſt edel geſprochen.

**Mecänas.** Laßt es euch doch gefallen, den
Zwiſt unter euch nicht weiter zu treiben. Um ihn
ganz zu vergeſſen, dürftet ihr nur daran denken,
daß die dringende Noth eure Ausſöhnung
fodert.

**Lepidus.** Vortreflich geſprochen, Mecänas.

**Enobarbus.** Oder, wenn ihr nur einander
eure Freundſchaft für itzt leihen wolltet, ſo könntet ihr, wenn ihr nichts mehr vom Pompejus
hörtet, ſie immer wieder zurück nehmen. Ihr
werdet noch Zeit genug finden, mit einander zu
hadern, wenn ihr ſonſt nichts mehr zu thun habt.

**Antonius.** Du biſt bloß Krieger; rede nichts
mehr.

**Enobarbus.** Faſt hätt' ichs vergeſſen, daß
die Wahrheit nicht mehr reden darf.

**Antonius.** Du vergiſſeſt die Achtung, die
dieſer Verſammlung gebührt; drum ſage nichts
weiter.

D

**Enobarbus.** So geht denn; ich bin euer Ge-
dankenvoller Stein *) —

**Cäsar.** Ich mißbillige nicht sowohl den Inhalt, als die Art seiner Rede. Es ist nicht möglich, daß wir Freunde bleiben, da unsre Neigungen auf ganz verschiedne Zwecke gerichtet sind.
Wenn ich aber wüßte, daß es einen Reif gäbe,
der unsre Freundschaft fest bände, so wollt' ich
ihn von einem Ende der Welt bis zum andern aufsuchen.

**Agrippa.** Laß mich reden, Cäsar.

**Cäsar.** Rede, Agrippa.

**Agrippa.** Du hast eine Schwester von müt-
terlicher Seite, die gepriesene Oktavia; der grosse Markus Antonius ist itzt Witwer.

**Cäsar.** Sage das nicht, Agrippa; wenn Kleopatra das hörte, so hättest du wohl einen Ver-
weis über deine Voreiligkeit verdient.

---

*) Der Ausdruck: Your considerate stone ist hier
sehr abgebrochen und dunkel. Nach Steevens's Erklärung wäre der Sinn dieser: „Wenn man auf mich
schmählen will, so werde ich von nun an so stumm
seyn, wie eine marmorne Bildsäule, die zu denken
scheint, wenn sie gleich nichts sagen kan.„

**Antonius.** Ich bin nicht verheyrathet, Cäsar; laß mich hören, was Agrippa weiter zu sagen hat.

**Agrippa.** Eurer Freundschaft eine ewige Dauer zu geben, euch zu verbrüdern, und eure Herzen durch einen unauflöslichen Knoten zu verknüpfen, vermähle sich Antonius mit Oktavia, deren Schönheit keinen geringern, als den besten der Männer verdient, und deren Vollkommenheiten mehr für sie reden, als sonst Jemand thun kann. Durch diese Heyrath würden alle die kleinen Mißhelligkeiten, die itzt groß scheinen, und alle die grossen Besorgnisse, die itzt gefährlich sind, auf einmal vernichtet werden. Wahrheiten würden dann Mährchen seyn, da itzt halbe Mährchen schon Wahrheiten sind. Ihre Liebe zu beyden würde die Liebe des Einen zu dem Andern, und allgemeine Liebe für beyde nach sich ziehen. Vergebt, was ich gesprochen habe; denn es ist ein wohl überlegter, kein ungefährer Gedanke; mein Diensteifer hat ihn schon lange im Sinn gehabt.

**Antonius.** Will Cäsar reden?

**Cäsar.** Nicht eher, bis er hört, wie Antonius das aufgenommen hat, was itzt gesagt ist.

**Antonius.** Wenn ich nun sagen wollte: Es mag so seyn; was hat Agrippa für Macht, seinen Vorschlag auszuführen?

**Cäsar.** Die Macht Cäsars, und seine Macht über Oktavia.

**Antonius.** Fern sey es von mir, mir irgend ein Hinderniß dieses Vorschlages, dessen Ansehn so schön ist, auch nur träumen zu lassen! Gieb mir deine Hand darauf; beförbre diese wohlthätige Handlung; und von dieser Stunde an müsse brüderliche Gesinnung unsre Freundschaft regieren, und unsre grossen Zwecke beleben!

**Cäsar.** Da ist meine Hand. Ich überlasse dir eine Schwester, die ich so sehr liebe, als nie ein Bruder seine Schwester liebte. Sie müsse leben, um unsre Reiche und Herzen zu vereinigen, und nie entfließ unsre Freundschaft wieder.

**Lepidus.** Glück zu!

**Antonius.** Ich dachte nicht mein Schwert wider Pompejus zu ziehen; denn er hat mir seit einiger Zeit grosse und seltne Gefälligkeiten erzeigt — Ich muß ihm wenigstens dafür danken, damit ich nicht für unerkenntlich gehalten werde; und gleich hernach werd' ich ihn zum Kampf auffodern.

**Lepidus.** Wir haben keine Zeit zu verlieren; Pompejus muß entweder sogleich von uns aufgesucht werden, oder er sucht uns auf.

**Antonius.** Wo ist er denn?

**Cäsar.** An dem Misenischen Vorgebirge.

**Antonius.** Wie stark ist er zu Lande?

**Cäsar.** Sein Heer ist groß, und wird immer grösser; aber von der See ist er völlig Herr.

**Antonius.** So heißt es. Ich wollte, wir hätten mit einander gesprochen! Wir müssen eilen. Aber ehe wir die Waffen anlegen, laßt uns die Sache zu Stande bringen, die wir verabredet haben.

**Cäsar.** Mit vielem Vergnügen. Ich lade dich ein, meine Schwester zu sehen, und will dich alsbald zu ihr führen.

**Antonius.** Entzieh uns deine Gesellschaft nicht, Lepidus.

**Lepidus.** Edler Antonius, selbst Krankheit würde mich nicht zurück halten.

(Sie gehn ab.)

Enobarbus, Agrippa, Mecänas, bleiben.

**Mecänas.** Willkommen aus Aegypten, Freund.

**Enobarbus.** Hälfte von Cäsars Herzen,

D 3

würdiger Mecänas! — mein theurer Freund,
Agrippa! —

**Agrippa.** Werther Enobarbus!

**Mecänas.** Wir haben Ursach uns zu freuen,
daß alles so gut abgelaufen ist. Du hast dich,
wie es scheint, in Aegypten wohl befunden.

**Enobarbus.** O! ja, Freund; den ganzen
langen Tag hindurch schliefen wir, und tranken
die ganze Nacht durch.

**Mecänas.** Acht wilde Schweine, ganz am
Spieß gebraten, und das nur zum Frühstück für
zwölf Personen — ist das wahr?

**Enobarbus.** Gegen das Uebrige war das
nur eine Fliege gegen einen Adler. Wir hatten
weit mehr ungeheure Trachten bey unsern Gastmahlen, die vorzüglich merkwürdig waren.

**Mecänas.** Sie muß eine ganz unwidersteh-
liche Frau seyn, wenn das Gerücht von ihr die
Wahrheit sagt.

**Enobarbus.** Als sie Antonius zum erstenmal
sah, stahl sie ihm sein Herz; es war auf dem Flus-
se Cydnus.

**Agrippa.** Ganz recht, da zeigte sie sich, oder

mein Erzähler ist zu ihrem Vortheil sehr erfinderisch gewesen.

Enobarbus. Ich muß dirs doch erzählen. Das Lustschiff, worinn sie saß, brannte wie ein feuriger Thron im Wasser daher; das Hindertheil des Schiffs war von geschlagnem Golde, die Segel von Purpur, und so voll Wohlgeruch, daß die Winde mit ihnen buhlten; die Ruder waren Silber; sie hielten beym Schall der Flöten den Takt, und machten, daß die Wellen, die sie schlugen, ihnen nur desto schneller folgten, als ob sie in ihre Schläge verliebt wären. Ihre eigne Person machte alle Beschreibung bettelarm; sie lag unter einem Thronhimmel von goldgewebten Teppichen, und stellte den Augen ein Gemählde dar, das selbst jene Venus*) übertraf, wobey wir die Einbildungskraft über die Natur triumphiren sehen. Zu beyden Seiten stanven schöne Knaben

---

*) Warburton glaubt, der Dichter habe hier die Venus des Protogenes im Sinn gehabt, deren Plinius XXXV, 10. Erwähnung thut. Wahrscheinlicher ist mir, daß Enobarbus auf irgend ein Kunstwerk deutet, das sich, nach des Dichters Voraussetzung, an dem Ort ihrer Unterredung befand.

mit Grübchen in den Wangen, gleich lächelnden
Liebesgöttern, mit bunten Fächern, deren We=
hen die Glut der zarten Wangen, die es kühlte,
nur noch mehr anzufachen schien, und die so das
hervorbrachten, was sie vernichten wollten.

**Agrippa.** Das war ein Schauspiel für An=
tonius!

**Enobarbus.** Ihre Mädchen, gleich den Ne=
reiden und Meernymphen, standen auf die Winke
ihrer Augen bereit, und erhielten neue Reitze,
wenn sie sich vor ihr beugten. Am Steuerruder
saß, wie es schien, eine Sirene; und die seidnen
Segeltaue, schwollen von der Berührung jener
blumenweichen Hände, die sich in die Wette be=
eiferten, ihr zu dienen. Ein wundervoller, un=
sichtbarer Wohlgeruch duftete aus dem Schiff über
beyde umliegende Ufer aus. Die Stadt goß ihr
Volk auf sie zu; und Antonius, der auf dem
Marktplatz in einem Thron saß, blieb allein zu=
rück, und pfiff in die Luft, die, wenn sie das Lee=
re nicht haßte, auch mitgegangen wäre, Kleopa=
tra anzustaunen, und einen gähnenden Schlund
in der Natur gemacht hätte.

**Agrippa.** Zaubrische Aegypterinn!

**Enobarbus.** Nachdem sie ans Land gestiegen war, schickte Antonius zu ihr, und ließ sie zum Abendessen einladen; sie erwiederte, es würde beßer seyn, wenn er ihr Gast seyn wollte, und darum bäte sie ihn. Unser gefällige Antonius, den ein Frauenzimmer noch nie das Wort Nein aussprechen hörte, ließ sich zehnmal hinter einander barbieren, gieng zu ihrem Gastmahl, und bezahlte, zu seiner Zeche, sein Herz für das, was bloß seine Augen verzehrt hatten.

**Agrippa.** Die buhlerische Königinn! — Sie beredte den grossen Cäsar selbst, sein Schwert zu Bette zu legen; er pflügte sie, und sie erndtete.

**Enobarbus.** Ich sah sie einst vierzig Schritte durch die öffentliche Gasse hüpfen; und da sie darüber ganz ausser Athem kam, hatte selbst ihr Stottern und Keuchen einen so zaubrischen Reitz, daß sie den Mangel zur Vollkommenheit zu machen, und athemlos lauter belebende Kraft zu athmen schien.

**Mecänas.** Itzt muß Antonius sie doch durchaus verlassen.

**Enobarbus.** Nimmermehr; das wird er nicht; das Alter kann sie nicht welk machen, noch

Gewohnheit ihre unendliche Mannichfaltigkeit des
Reißes der Neuheit berauben.    Andre Weiber er-
sättigen die Begierde, die sie stillen; aber sie
macht desto hungriger, je mehr sie befriedigt.
Denn die schlechtesten Dinge gewinnen in ihr solch
einen Anstand, daß die heiligen Priester sie segnen,
wenn sie verbuhlt ist.

**Mecänas.** Wenn Schönheit, Weisheit, Sitt-
samkeit, das Herz des Antonius beständig machen
können, so ist Oktavia ein glückliches Loos für ihn.

**Agrippa.** Laß uns gehn. Lieber Enobarbus,
sey mein Gast, so lange du dich hier aufhältst.

**Enobarbus.** Ich danke dir recht sehr.

( Sie gehn ab. )

## Dritter Auftritt.

**Antonius, Cäsar, Oktavia zwischen ihnen,
Gefolge, und ein Wahrsager.**

**Antonius.** Die Welt und meine grossen
Pflichten werden mich zu Zeiten von deinem Busen trennen.

**Oktavia.** Und diese ganze Zeit werd' ich mein
Knie vor den Göttern beugen, und für dich zu
ihnen beten.

**Antonius.** Gute Nacht, Cäsar — — Oktavia, beurtheile meine Fehler nicht nach dem, was
die Welt davon sagt. Mein Leben war nicht re-
gelmäßig; aber künftig soll es ordentlicher seyn.
Gute Nacht, theure Oktavia.

**Oktavia.** Gute Nacht, Antonius.

**Cäsar.** Gute Nacht.

(Cäsar und Oktavia gehn ab.)

**Antonius.** Nun, Freund, wünschest du dich
wieder nach Aegypten?

**Wahrsager.** Ich wollt', ich wäre nie dort
weg, und du wärest nie dorthin gekommen.

**Antonius.** Und aus welcher Ursache, wenn
du's sagen kannst?

**Wahrsager.** Mein Wahrsagergeist sagt sie
mir; aber ich habe sie nicht auf der Zunge. Und
doch eile nur wieder nach Aegypten.

**Antonius.** Sage mir doch, wessen Glück
wird höher steigen, Cäsars Glück oder meins?

**Wahrsager.** Cäsars — Verweile dich also,
Antonius, nicht zu lange bey ihm. Dein Dä-
mon, jener Geist, der dich schützt, ist edel, kühn,
hoch, unnachahmlich; das ist Cäsars Geist nicht;
aber so bald du dich ihm näherst, wird dein

Schutzengel lauter Furcht *), weil r überwältigt wird; darum laß Raum genug zwischen euch beyden seyn.

**Antonius.** Sage das nicht mehr.

**Wahrsager.** Zu keinem, als zu dir, und nicht mehr, wenn ich dirs gesagt habe — Du magst mit ihm spielen, was du willst, so verlierst du gewiß allemal; und durch Hülfe seines natürlichen Glücks schlägt er dich immer, die Parthey sey noch so ungleich. Dein Glanz verdunkelt sich, wenn der seinige daneben scheint. Ich sag' es dir noch einmal, dein Geist verliert allen Muth, dich zu regieren, wenn Cäsar bey dir ist; nur wenn er weg ist, dann ist er edel.

**Antonius.** Geh fort. Sage dem Ventidius, ich möcht' ihn gern sprechen — (Der Wahrsager geht ab.) Er soll nach Parthien — Es sey nun Kunst, oder Zufall; genug, er hat Recht. Die Würfel sogar gehorchen ihm; und in allen un-

---

*) Im Englischen: thy angel becomes *a Fear*, „dein Engel wird eine Furcht.‚‚ Die Furcht war nämlich eine von den spielenden Personen in irgend einem der alten Englischen Schauspiele, der sogenannten **Moralities.**

fern Spielen macht sein ungefähres Glück meine
größre Geschicklichkeit zu Schanden. Ziehn wir
Loose, so gewinnt er; seine Hähne siegen im
Kampf allemal über die meinigen, wenn ihre
Stärke auch noch so ungleich ist; und seine Wach=
teln schlagen die meinigen, wenn sie mit einander
eingesperrt werden, obgleich die seinigen schwä=
cher sind. Ich will nach Aegypten; und bin ich
gleich diese Heyrath, bloß, meiner Ruhe wegen,
eingegangen, so wohnt alle meine Freude doch in
Osten. (Ventidius kömmt.) — O! komm, Ven=
tidius; du mußt nach Parthien; deine Aufträge
sind fertig; folge mir, um sie abzuholen.

(Sie gehn ab.)

## Vierter Auftritt.

### Lepidus, Mecänas, und Agrippa.

**Lepidus.** Sey nicht länger so unruhig; ich
bitte dich, eile deinen Feldherren nach.

**Agrippa.** Markus Antonius giebt der Okta=
via nur noch den Abschiedskuß; dann folgen wir
sogleich.

**Lepidus.** Lebt wohl, bis ich euch in eurer

Kriegskleidung sehe, die euch beyden so gut lassen wird.

Mecänas. So, wie ich mir die Reise vorstelle, werden wir eher auf dem Vorgebirge seyn, als du, Lepidus.

Lepidus. Euer Weg ist kürzer; mich nöthigt mein Vorhaben, einen Umweg zu nehmen; ihr werdet zwey Tage früher seyn, als ich.

Beyde. Guten Erfolg, Lepidus!

Lepidus. Lebt wohl.

(Sie gehn ab.)

## Fünfter Auftritt.

### Der Pallast in Alexandrien.

Kleopatra, Charmian, Iras, Alexas.

Kleopatra. Macht mir Musik! — Musik, die Seelenweide für uns, deren Gewerbe die Liebe ist!

Alle. He! die Musik!

(Mardian kömmt.)

Kleopatra. Laßt es gut seyn — zum Billiard! — komm, Charmian.

Charmian. Mein Arm thut mir weh; spiele lieber mit Mardian.

**Kleopatra.** Ein Weib kann eben so gut mit einem Verschnittnen spielen, als mit einem andern Weibe — Komm, Freund, spielst du mit mir?

**Mardian.** So gut, als ich kann, Königinn.

**Kleopatra.** Wenn man nur guten Willen sieht, so kann der Spieler leicht Vergebung erhalten, wenn er gleich zu kurz kömmt. Itzt will ich nicht spielen — Gebt mir meinen Angel; wir wollen an den Fluß; dort will ich, indeß meine Musik von fern uns entgegen tönt, gelb beschwinzte Fische betriegen. Mein gekrümmter Angel soll in ihre schleimichten Rachen eindringen, und, indem ich sie in die Höhe ziehe, will ich denken, jeder von ihnen sey ein Antonius, und sagen: Ah ha! du bist gefangen!

**Charmian.** Das war noch ein Spaß, wie du einst eine Wette des Angelns wegen mit ihm anstelltest, und dein Taucher ihm einen eingesalznen Fisch an seinen Angel hieng, den er mit großem Eifer herauf zog.

**Kleopatra.** Das war noch eine Zeit! — O! Zeiten! — Ich lacht' ihn aus aller Geduld heraus; und die Nacht drauf lachte ich ihn wie

der in die Geduld hinein; und den folgenden
Morgen, noch vor der neunten Stunde, trank
ich ihn in sein Bette; drauf legt' ich ihm meine
Röcke und meine Schleyer an, und umgürtete
mich indeß mit seinem Philippischen Schwerte. \*) —
Ha! Nachricht aus Italien! — (Es kömmt ein
Bote.) Eile, deine fruchtbare Botschaft in meine
Ohren zu giessen, die lange schon brach gelegen
haben.

Bote.  Königinn! Königinn! —

Kleopatra.  Antonius ist todt? — Sagst du
das, Bösewicht, so mordest du deine Königinn;
aber meldest du mir, er sey gesund und frey, so
ist da Gold, und hier Erlaubniß, meine blaue-
sten Adern zu küssen; eine Hand, die Könige mit ihren Lippen berührt, und beym Küssen gezittert haben.

Bote.  Fürs erste Königinn, ist er wohl.

Kleopatra.  Gut; da hast du noch mehr Gold.
Aber nimm dich in Acht, Freund; man pflegt auch
zu sagen, die Todten sind wohl.  Meynst du's
so,

---

\*) d. i. Das Schwert, das Antonius in der Schlacht
bey Philippi gebraucht hatte, deren er hernach selbst
erwähnt.

so, so will ich das Gold, das ich dir gebe, schmel=
zen, und dirs in deinen unseligen Rachen giessen.

**Bote.** Höre mich an, gnädigste Königinn.

**Kleopatra.** Gut, nur weiter; ich höre. Aber
dein Gesicht sagt nichts gutes. Ist Antonius frey
und gesund, warum denn solch ein verdrießliches
Gesicht, um so gute Botschaft anzukündigen? Ist
er aber nicht wohl, so solltest du in Gestalt einer
mit Schlangen gekrönten Furie kommen, und
nicht, wie einer, der seiner Sinnen noch mächtig ist.

**Bote.** Gefällt dirs, mich anzuhören?

**Kleopatra.** Ich hätte Lust, dich zu schla=
gen, ehe du sprichst. Und doch, wenn du sagst,
Antonius lebt, ist wohl, oder Cäsars Freund,
oder doch nicht sein Gefangener, so will ich dich
mit Gold beregnen, und mit reichen Perlen be=
hageln. *)

---

*) d. i. „Ich will dir ein Königreich geben.„ Denn
es war eine gewöhnliche Feyerlichkeit bey der Krönung
der Morgenländischen Könige, sie mit Goldstaub und
kleinen Perlen zu pudern. Im Leben des Timur Beg
oder Tamerlan, welches ein Persischer Autor, sein Zeit=
genoß, schrieb; finden sich folgende Worte, in der Er=
zählung von seiner Krönung, nach der Uebersetzung des

**Bote.** Königinn, er ist wohl.

**Kleopatra.** Wohl gesprochen!

**Bote.** Und Freund mit Cäsar.

**Kleopatra.** Du bist ein braver Mann!

**Bote.** Cäsar und er sind grössere Freunde, als jemals.

**Kleopatra.** Dein Glück ist gemacht.

**Bote.** Aber doch, Königinn = =

**Kleopatra.** Ich kann kein aber doch leiden; es verderbt alles vorhergehende Gute. Pfui deinem aber doch! — Aber doch ist wie ein Kerkermeister, der irgend einen abscheulichen Missethäter mit sich bringt. Ich bitte dich, Freund, schütte alle deine Botschaften auf einmal in mein Ohr, die guten und bösen mit einander. Er ist, Freund mit Cäsar, sagst du; er ist wohl auf; und du sagst auch, er ist frey.

**Bote.** Frey, Königinn? — Nein, das sagt' ich nicht. Er ist in Oktaviens Banden. †)

---

Petit de la Croix L. 2. Ch. 1. Les princes du sang royal & les Emirs repandirent à pleines mains sur la tête quantité d'or & de pierreries, selon la coutume.

Warburton.

†) Zwey hier folgende kleine Reden sind, des Wort-

**Kleopatra.** Ich werde blaß, Charmian.

**Bote.** Königinn, er ist mit Oktavia vermählt.

**Kleopatra.** Daß dich die ansteckendste Pest —
(Sie schlägt ihn zu Boden.)

**Bote.** Geduld, meine Königinn.

**Kleopatra.** Was sagst du? — (Sie schlägt ihn.) Hinweg, abscheulicher Bösewicht! oder ich will deine Augen wie Kugeln vor mir hinstossen; ich will dir alle Haare aus dem Kopf reissen; (Sie zieht ihn bey den Haaren herum.) Du sollst mit Drath gepeitscht, und in Salzlauge gesiedet werden, von langsamer Marter gepeinigt.

**Bote.** Gnädigste Königinn, ich habe die Heyrath nicht gemacht; ich kündige sie nur an.

**Kleopatra.** Sag', es sey nicht wahr; so will ich dir ein ganzes Land geben, und das reichste Vermögen oben drein; der Schlag, den du bekamst, soll mich dafür aussöhnen, daß du mich in Wuth brachtest; und jede Gabe will ich dir schenken, die deine Bescheidenheit nur immer verlangen kann.

---

spiels wegen, nicht zu übersetzen, und verdienen, einer anstößigen Zweydeutigkeit wegen, nicht bedaurt zu werden.

**Bote.** Er ist vermählt, Königinn.

**Kleopatra.** Hund! du hast zu lange gelebt!

(Sie zieht einen Dolch.)

**Bote.** Nein, so lauf ich davon — Was willst du, Königinn? Ich bin unschuldig.

(Er läuft fort.)

**Charmian.** Theure Königinn, vergiß dich nicht so ganz; der Mann ist unschuldig.

**Kleopatra.** Nicht alle Unschuldige entgehen dem Donnerkeil — Daß Aegypten in den Nil zerschmölze, und alle zahmen Geschöpfe zu Drachen und Schlangen würden! — Ruft den Buben zurück! Bin ich gleich rasend, so werd' ich ihn doch nicht beissen — Ruf ihn!

**Charmian.** Er fürchtet sich zu kommen.

**Kleopatra.** Ich will ihm nichts zu Leide thun. Diese Hände haben sich entadelt, daß sie einen Geringern, als ich bin, geschlagen haben *), da ich mir selbst Anlaß dazu gab — Komm her, Freund. (Der Bote kömmt zurück.) Es ist zwar

---

*) Dieser Gedanke scheint von den Gesetzen der Ritterschaft entlehnt zu seyn, nach welchen es einem Ritter verboten war, sich mit einem Geringern einzulassen. **Steevens.**

ehrlich, aber niemals gut, böse Botschaft zu bringen. Einer angenehmen Nachricht gebe man ein
Heer von Zungen; aber böse Zeitungen mögen
sich selbst erzählen, indem sie gefühlt werden!

Bote. Ich that meine Schuldigkeit.

Kleopatra. Ist er verheyrathet? Ich kann
dich nicht stärker hassen, als ich schon thue, wenn
du noch einmal Ja sagst.

Bote. Er ist verheyrathet, Königinn.

Kleopatra. Die Götter strafen dich! bleibst
du noch immer dabey?

Bote. Sollt' ich denn lügen, Königinn?

Kleopatra. O! ich wollte, du thätst es;
müßte gleich mein halbes Aegypten dafür unter-
gehn, und ein Pfuhl für schuppichte Schlangen
werden! — Geh, packe dich! Hättest du ein
Antlitz, wie Narcissus; in meinen Augen wärst
du doch ein Ungeheuer! — Er ist verheyrathet?

Bote. Vergieb mir, gnädigste Königinn.

Kleopatra. Er ist verheyrathet?

Bote. Sey nicht böse drüber, daß ich dich
nicht gern böse machen will, und strafe mich nicht
wegen etwas, wozu du mich nöthigst. Das wäre
sehr unbillig. Er ist mit Oktavia verheyrathet.

**Kleopatra.** O! daß du seines Vergehens wegen zum Schelm werden mußtest! — Du bist — was bist du nicht? — Du weißt es also gewiß? *) — Geh hinweg; die Waaren, die du aus Rom mitgebracht hast, sind alle zu theuer für mich; sie müssen dir auf dem Halse bleiben, und dich zu Grunde richten!

(Der Bote geht ab.)

**Charmian.** Geduld, theure Königinn.

**Kleopatra.** Ich erhob den Antonius auf Cäsars Kosten.

**Charmian.** Sehr oft, Königinn.

**Kleopatra.** Nun werd' ich dafür bezahlt! — Führt mich hinweg; ich werd' ohnmächtig — Oh! Jras, Charmian! — Es hat nichts auf sich — Geh zu dem Boten hin, Alexas; laß dir von ihm erzählen, wie Oktavia außsieht, ihr Alter, ihre Gemüthsart; frag' alles aus, bis auf die Farbe ihres Haars — Bringe mir dann gleich Bescheid — Auf ewig mag er gehn — nein, das soll er nicht — Charmian — sieht er gleich auf der einen Seite so häßlich aus, wie eine Gorgone, so ist er doch

---

*) Nach Johnson's Interpunktion.

von der andern Seite ein Mars. Sage dem
Alexas, er soll mir melden, wie groß sie ist —
Bedaure mich Charmian; aber sage mir nichts —
Führe mich in mein Zimmer.

(Sie gehn ab.)

## Sechster Auftritt.

### Nahe bey Misenum.

Pompejus und Menas von der einen Seite,
mit Trommeln und Trompeten; von der
andern Cäsar, Lepidus, Antonius, Enobarbus, Mecänas, mit Soldaten
im Marsch.

Pompejus. Ich habe eure Geiseln, und ihr
die meinigen; wir wollen uns unterreden, ehe
wir fechten.

Cäsar. Sehr gut, daß wir uns vorher bespre-
chen können; und deswegen haben wir dir unsre
schriftlichen Vorschläge voraus geschickt. Hast du
sie erwogen, so laß uns wissen, ob sie dich dahin
bringen können, dein mißvergnügtes Schwerdt
wieder einzustecken, und diese schöne Anzahl blü-
hender Jünglinge, die sonst hier umkommen müßten, nach Sicilien zurück zu führen.

E 4

**Pompejus.** Hört mich, ihr drey, ihr einzi=
gen Regenten dieser Grossen Welt, ihr vornehm=
sten Statthalter der Götter! — Ich weiß nicht,
warum es meinem Vater an Rächern fehlen sollte,
da er einen Sohn und Freunde hat; da doch Ju=
lius Cäsar, dessen Geist bey Philippi den guten
Brutus schreckte, euch dort für ihn kämpfen sah.
Was war es, das den bleichen Kaßius zur Ver=
schwörung bewog? Und was trieb dich an, du
ehrenvoller, redlicher Römer, Brutus, mit den
übrigen bewaffneten Freunden der holden Frey=
heit, das Kapitol mit Blut zu netzen, als, weil
ihr nicht leiden wolltet, daß ein einzeluer Mensch
mehr als ein Mensch seyn sollte? Eben das ist es,
was mich bewogen hat, meine Flotte auszurüsten,
unter deren Last das unwillige Weltmeer schäumt,
und womit ich die Undankbarkeit zu züchtigen
dachte, die das hohnvolle Rom meinem edeln Va=
ter zuwarf.

**Cäsar.** Thu, was dir gefällt.

**Antonius.** Du kannst uns mit deinen Schif=
fen keine Furcht einjagen, Pompejus. Wir wol=
len auf der See mit dir sprechen; zu Lande weißt
du schon, wie sehr wir dir überlegen sind.

Pompejus. Freylich zu Lande bist du mir in dein Besitz von meines Vaters Hause überlegen. Aber der Kukuk baut also nicht für sich selbst; bleib immer darin, so lange du kannst.

Lepidus. Sag uns, wenn dirs beliebt — denn darum sind wir itzt hier — wie dir die Vorschläge gefallen, die wir dir zugesandt haben.

Cäsar. Davon ist die Rede.

Antonius. Laß dich eben nicht dazu bitten, sondern erwäge selbst, wie viel sie werth sind, wenn du sie annimmst.

Cäsar. Und was daraus entstehen kann, wenn du die Probe machst, ein grössers Glück zu erhalten.

Pompejus. Ihr habt mir Sicilien und Sardinien angeboten; dagegen soll ich die See von allen Raubschiffen reinigen; soll jährlich einen gewissen Vorrath von Getraide nach Rom senden; und wenn ich dieß eingehe, sollen wir mit Schwertern ohne Scharten, und mit Schildern ohne Beulen wieder abziehen.

Alle. Das sind unsre Vorschläge.

Pompejus. Wißt also; ich kam vor euch hieher, mit dem Entschluß, diesen Antrag anzu-

nehmen; aber Markus Antonius machte mich et=
was unwillig — Verlier' ich gleich den Ruhm da=
von, wenn ichs sage, so mußt du doch wissen, An=
tonius, als Cäsar und dein Bruder gegen einan=
der zu Felde lagen, kam deine Mutter nach Si=
cilien, und fand eine freundschaftliche Aufnahme.

**Antonius.** Ich hab' es gehört, Pompejus,
und bin auf eine edle Erkenntlichkeit bedacht, die
ich dir schuldig zu seyn glaube.

**Pompejus.** Gieb mir deine Hand, Anto=
nius — Ich dachte dich nicht hier anzutreffen.

**Antonius.** Die Betten im Morgenlande sind
weich; indeß dank' ichs dir, daß du mich eher hie=
her gerufen hast, als ich kommen wollte; denn ich
habe dabey gewonnen.

**Cäsar.** Du hast dich verändert, seitdem ich
dich zum letztenmal sah.

**Pompejus.** Es mag seyn. Ich weiß nicht,
was für Züge das widrige Schicksal in mein Ge=
sicht mag gezeichnet haben; aber das weiß ich, daß
es nie in meine Brust dringen soll, um sich auch
mein Herz zu unterwerfen.

**Lepidus.** Willkommen hier!

Pompejus. Ich hoff' es, Lepidus — So hätten wir uns denn verglichen; itzt wirds nöthig seyn, unsern Vertrag aufzuschreiben, und von beyden Seiten zu unterzeichnen.

Cäsar. Das soll gleich geschehen.

Pompejus. Wir wollen, ehe wir scheiden, einander bewirthen, und Loose ziehen, wer den Anfang machen soll.

Antonius. Das will ich thun, Pompejus.

Pompejus. Nein, Antonius, ziehe das Loos. Du magst nun der erste oder der letzte seyn, so wird deine herrliche Aegyptische Kocherey doch den Preis behalten. Ich habe gehört, Julius Cäsar sey von den dortigen Schmäusen fett worden.

Antonius. Du hast viel gehört.

Pompejus. Ich meyn' es gut, Antonius.

Antonius. Und weißt dich auch gut auszudrücken.

Pompejus. Das hab' ich also gehört — Auch hört' ich, Apollodorus trug = = =

Enobarbus. Nichts mehr davon — er hats gethan.

Pompejus. Was denn, wenn ich bitten darf?

**Enobarbus.** Er trug eine gewiſſe Königinn dem Cäſar in einer Matraze ins Zimmer.

**Pompejus.** Ist kenn' ich dich; wie gehts dir, Kriegsmann?

**Enobarbus.** Gut; und wahrſcheinlich wird mirs auch ferner gut gehen; denn ich merke, wir haben vier Schmäuſe vor uns.

**Pompejus.** Gieb mir deine Hand; ich haßte dich nie. Ich habe dich fechten ſehen, und dich beneidet.

**Enobarbus.** Pompejus, ich bin dir nie ſonderlich gut geweſen; indeß lobt' ich dich bey Gelegenheiten, da du zehnmal mehr Lob verdienteſt, als ich dir beylegte.

**Pompejus.** Behalte deine Freymüthigkeit; ſie läßt dir nicht übel — Ich lad' euch alle an Bord meiner Galeere ein; wollt ihr voran gehen, ihr Freunde?

**Alle.** Zeig uns den Weg, Pompejus.

**Pompejus.** Kommt.

(Sie gehn ab; Enobarbus und Menas bleiben.)

**Menas.** (beyſeite) Dein Vater, Pompejus, hätte nimmermehr ſolch einen Vergleich gemacht. — Wir haben einander ſchon geſehn, Enobarbus.

**Enobarbus.** Zur See, denk' ich.

**Menas.** Ganz recht.

**Enobarbus.** Du hast dich zu Wasser gut gehalten.

**Menas.** Und du zu Lande.

**Enobarbus.** Ich lobe immer den gerne, der mich lobt, wenn gleich das nicht zu leugnen steht, was ich zu Lande gethan habe.

**Menas.** Noch, was ich zu Wasser that.

**Enobarbus.** O! ja, etwas könntest du doch, um deiner Sicherheit willen, leugnen; du bist ein grosser Dieb zur See gewesen.

**Menas.** Und du zu Lande.

**Enobarbus.** Darin leugn' ich meine Land-dienste. Aber gieb mir deine Hand, Menas. Wenn unsre Augen Vollmacht dazu hätten, so könnten sie hier zwey sich küssende Diebe ertappen.

**Menas.** Aller Leute Gesichter sind aufrichtig, was auch immer ihre Hände seyn mögen.

**Enobarbus.** Aber ein schönes Frauenzimmer hat doch niemals ein aufrichtiges Gesicht.

**Menas.** Das ist keine Verläumdung; sie steh-len Herzen.

Enobarbus. Wir kamen hieher, mit euch zu
fechten.

Menas. Mir für mein Theil ists leid, daß
ein Trinkgelag daraus worden ist. Pompejus
lacht heute sein Glück hinweg.

Enobarbus. Thut er das, so kann ers ge=
wiß nicht wieder zurück weinen.

Menas. Du hast recht, Freund. Wir dach=
ten nicht den Markus Antonius hier anzutreffen.
Sage mir doch, ist er mit Kleopatra verheyra=
thet?

Enobarbus. Cäsars Schwester heißt Ok=
tavia.

Menas. Ganz recht; sie war die Gemahlinn
des Kajus Marcellus.

Enobarbus. Aber nun ist sie des Markus
Antonius Gemahlinn.

Menas. Das wäre!

Enobarbus. Ganz gewiß.

Menas. So ist Cäsar und er auf ewig mit
einander vereint.

Enobarbus. Wär' ich verbunden, über die=
se Vereinigung zu weissagen, so würd' ich was
anders prophezeyen.

**Menas.** Ich glaube, die Politik bey dieser Sache hatte mehr Antheil an der Heyrath, als die Liebe der beyden Partheyen.

**Enobarbus.** Das glaub' ich auch. Aber du wirst sehen, das Band, das ihre Freundschaft zu verknüpfen scheint, wird zu nichts anders dienen, als sie zu erwürgen. Oktavia ist von einer ernsten, kalten, und sanften Denkungsart.

**Menas.** Wer wollte sich sein Weib anders wünschen?

**Enobarbus.** Der, der selbst nicht so ist; und das ist Markus Antonius. Er wird zu seinen Aegyptischen Leckereyen zurückkehren; dann werden Oktaviens Seufzer das Feuer beym Cäsar anfachen; und, wie ich vorhin sagte, das, was itzt die Stärke ihrer Freundschaft ist, wird dann die unmittelbare Ursach ihres Zwistes werden. Antonius wird seine Liebe da zeigen, wo er ist; hier heyrathete er bloß seinen Vortheil.

**Menas.** Das kann leicht geschehen. Komm, Freund, willst du an Bord? Ich habe dir eine Gesundheit zuzutrinken.

**Enobarbus.** Ich werde sie annehmen, Freund

Wir haben unsre Kehlen in Aegypten ziemlich in Uebung gebracht.

Menas. Komm, laß uns gehen.

(Sie gehn ab.)

## Siebenter Auftritt.

### Am Bord von der Galeere des Pompejus.

Man hört Musik. Es kommen zwey oder drey Bediente, die eine Mahlzeit auftragen.

1. Bedienter. Sie werden gleich hier seyn, Kamrad. Einige stehn schon auf schwachen Füſsen *); der kleinste Wind von der Welt kann sie niederwehen.

2. Bedienter. Lepidus hat schon eine hohe Farbe.

1. Bedienter. Das glaub' ich; er muß immer die Hälfte von der andern ihren Bechern austrinken. **)

2. Be

---

*) Im Englischen ein Spiel mit dem Worte *plants*, welches Pflanzen und Fußsohlen bedeuten kann.

**) They have made him drink *alms-drink*, wörtlich: sie haben ihm den Almosentrank zu trinken ge

2. Bedienter. Wenn sie einander die Geschwüre aufdrücken, so schreyt er gleich: nicht mehr! nicht mehr! verföhnt sie wieder mit einander, und sich mit dem Weine.

1. Bedienter. Aber dadurch erregt er dann einen grössern Krieg zwischen sich und seinem Verstande.

2. Bedienter. Da siehst du, was es ist, einen Namen in grosser Männer Gesellschaft haben. Eben so gern hätt' ich ein Schilfrohr, das mir keine Dienste thun kann, als eine Hellebarte, die ich nicht heben könnte.

1. Bedienter. Wenn einer in eine grosse Sphäre berufen ist, und sich nicht darin bewegen kann, das kömmt eben so heraus, wie ein Paar Löcher, wo ein Paar Augen seyn sollten; es entstellt ganz erbärmlich die Wangen.

---

geben. So nennt man den Theil von der einem zukommenden Portion im Trinken, die ein andrer austrinkt, um ihm es leichter zu machen. Zugleich wird darauf angespielt, daß Antonius und Cäsar den Lepidus mit ins Triumvirat nahmen, um die Bürde des Hasses von sich abzuwälzen. Warburton.

F

**Trompeten.** Cåsar, Antonius, Pompejus,
Lepidus, Agrippa, Mecånas, Enobarbus,
Menas, und andere Offiziere.

**Antonius.** So macht man es; man mißt
den Strom des Nils nach einem gewissen Maaß-
stabe an der Pyramide; man erkennt an seiner
Höhe oder Niedrigkeit, ob Fruchtbarkeit oder
Dürre bevorsteht. Je höher der Nil anschwillt,
desto mehr verspricht er; wenn er wieder abgelaufen ist, so streut' der Såemann seinen Saa-
men über den Schleim und Morast, den er zurückläßt, und macht in kurzer Zeit eine reiche
Erndte.

**Lepidus.** Ihr habt dort seltsame Schlangen.

**Antonius.** Ja, Lepidus.

**Lepidus.** Eure Aegyptische Schlange entsteht
aus eurer Mudde, durch die Wirkung eurer Sonne; und so auch euer Krokodil.

**Antonius.** Ganz recht.

**Pompejus.** Noch Wein her! — Eine Gesundheit für Lepidus.

**Lepidus.** Ich bin nicht ganz so wohl, wie
ich seyn sollte; aber ich will doch nie aus dem
Zuge kommen.

**Enobarbus.** Nicht eher, bis du ausgeschlafen haſt; denn ſo lange, fürcht' ich, bleibſt du darinn.

**Lepidus.** Aber wahrhaftig, ich habe mir ſagen laſſen, die Pyramiſen der Ptolomäer ſollen ſehr artige Dinger ſeyn. Im ganzen Ernſt, ich habe mirs ſagen laſſen.

**Menas.** (leiſe) Ein Wort, Pompejus.

**Pompejus.** Sage mirs ins Ohr, was iſts?

**Menas.** (beiſeite) Steh von deinem Sitz auf, ich bitte dich, mein Feldherr, und höre mich auf Ein Wort.

**Pompejus.** Nur noch ein wenig Geduld — Den Wein hier für Lepidus.

**Lepidus.** Was für eine Art von Ding iſt euer Krokodil?

**Antonius.** Seiner Geſtalt nach ſieht es ſich ſelbſt ähnlich, iſt ſo breit, als ſeine Breite; und gerade ſo hoch, als es hoch iſt; es bewegt ſich auf ſeinen eignen Füſſen; es lebt von dem, womit es ſich nährt; und wenn ſeine Elemente aufgelöst ſind, ſo zieht es in einen andern Körper.

**Lepidus.** Was hat es für eine Farbe?

**Antonius.** Auch ſeine eigne Farbe.

F 2

**Lepidus.** Es ist ein seltsames Gewürm.

**Antonius.** Freylich; und seine Thränen sind naß.

**Cäsar.** Wird er mit der Beschreibung zufrieden seyn?

**Antonius.** Mit den Gesundheiten wohl, die ihm Pompejus dabey zubringt; sonst ist er ein wahrer Epikurer.

**Pompejus.** (Beiseite zu Menas) Geh von mir weg, sag' ich, geh! — Mir dergleichen vorzusagen? — Geh, und thu, was ich dich geheissen habe. Wo ist der Becher, den ich verlangte?

**Menas.** Wenn du um meiner treuen Dienste willen mich anhören willst, so steh von deinem Stuhl auf.

**Pompejus.** (indem er aufsteht, und beiseite geht) Ich glaube, du bist nicht klug; was willst du denn?

**Menas.** Dein Glück ist von jeher meine größte Sorge gewesen.

**Pompejus.** Du hast mir sehr treulich gedient. Was sonst noch? — Seyd lustig, ihr Freunde!

**Antonius.** Nimm dich vor dieser Sandbank in Acht, Lepidus, eh du zu Grunde sinkst.

**Menas.** Willst du Herr von der ganzen Welt seyn?

**Pompejus.** Was sagst du?

**Menas.** Willst du Herr von der ganzen Welt seyn? — Das war zweymal.

**Pompejus.** Wie soll das zugehn?

**Menas.** Laß dirs nur gefallen; und so arm ich dir auch vorkommen mag, so bin doch ich der Mann, der dir die ganze Welt geben wird.

**Pompejus.** Hast du einen Becher zuviel getrunken?

**Menas.** Nein, Pompejus, ich bin dem Becher aus dem Wege gegangen. Du bist, wenn du Herz hast, der irdische Jupiter; was nur der Ocean einschließt, oder der Himmel umwölbt, ist dein, wenn du's haben willst.

**Pompejus.** So sage mir, auf welche Art?

**Menas.** Die drey, die sich in die Welt getheilt haben, diese drey Nebenbuhler, sind in deinem Schiffe; laß mich das Ankerseil kappen, und wenn wir in der See sind, laß uns ihnen an die Gurgel fallen. Dann ist alles dein.

**Pompejus.** Ah! das hätteſt du thun, und mir nichts vorher ſagen ſollen! Von mir wär' es ſchändliche Verrätherey; von dir wär' es ein treuer Dienſt geweſen. Du mußt wiſſen, nicht mein Vortheil leitet meine Ehre, ſondern meine Ehre lenkt meinen Vortheil. Laß dichs reuen, daß deine Zunge an deiner That zur Verrätherinn geworden iſt. Hätteſt du's ohne mein Wiſſen ge= than, ſo hätt' ich es nachher für eine gute That erkannt; aber nun muß ichs verwerfen. Steh ab davon, und trink!

**Menas.** Das ſoll das letztemal ſeyn, daß ich mich um dein ſinkendes Glück bekümmern will. Wer was ſucht, und es nicht nehmen will, wenn man ihm's anbietet, der findet es nimmermehr.

**Pompejus.** Dieſe Geſundheit für Lepidus!

**Antonius.** Tragt ihn ans Land. Ich will dir in ſeinem Namen Beſcheid thun, Pompejus.

**Enobarbus.** Deine Geſundheit, Menas.

**Menas.** Willkommen, Enobarbus.

**Pompejus.** Füll' an, bis der Becher überfließt.

**Enobarbus.** (auf den Bedienten zeigend, der den Lepidus wegträgt.) Das iſt ein ſtarker Kerl, Menas.

Menas.  Warum?

Enobarbus.  Er trägt den dritten Theil der Welt, Freund.  Siehst du's nicht?

Menas.  So ist also der dritte Theil der Welt betrunken.  Ich wollte, sie wär es ganz, so gienge sie rund um.

Enobarbus.  Trink, so taumelt sie desto mehr.

Menas.  Komm!

Pompejus.  Das ist noch kein Alexandrinischer Schmaus.

Antonius.  Er kömmt ihm doch schon nahe. Stoßt an mit den Bechern.  Der hier ist für Cäsar.

Cäsar.  Ich möcht' es wohl verbitten.  Es ist ein verzweifeltes Stück Arbeit, wenn ich mir das Gehirn wasche; und es wird immer schmuziger darnach.

Antonius.  Schicke dich in die Zeit.

Cäsar.  Behalt es, ich will dir Bescheid thun; aber ich möchte lieber vier Tage nach einander fasten, als an Einem so viel trinken.

Enobarbus.  Ha, mein wackrer Feldherr! wollen wir nicht, um unsern Trunk feyerlicher zu machen, einen Aegyptischen Bachustanz tanzen?

**Pompejus.** Das laß uns, edler Krieger.

**Antonius.** Kommt, laßt uns alle einander bey der Hand fassen, und so lange tanzen, bis der siegreiche Wein unsre Sinne in den sanften und lieblichen Lethe taucht.

**Enobarbus.** Alle an den Reihen! — Bestürmt unsre Ohren mit lärmender Musik! Unterdeß will ich euch stellen. Hernach soll der Knabe da singen; und bey den Schlußzeilen des Liedes muß ein Jeder so laut aus dem Halse singen, als er kann.

( Musik. Enobarbus stellt sie in einen Reihen.)

### Lied.

Runder Bachus, Fürst der Reben,
Mit der Blinzelaugen Paar,
Laß dein Faß uns Freude geben,
Kränz' mit Trauben unser Haar!
Füll' uns, bis die Welt sich dreht!
Füll' uns, bis die Welt sich dreht!

**Cäsar.** Was wollt ihr mehr? — Gute Nacht, Pompejus. Mein lieber Bruder, laß dich erbitten, komm; unsre ernsthaften Angelegenheiten können diese leichtfertige Fröhlichkeit nicht wohl vertragen — Laßt uns aus einander gehn, ihr

Freunde; ihr seht, wir haben alle unsre Wangen verbrannt. Der starke Enobarbus selbst ist schwächer, als der Wein, meine eigne Zunge zerspaltet, was sie spricht, und der wilde Taumel hat uns beynah in Drathpuppen verwandelt. Was brauchts mehr Worte? Gute Nacht. Lieber Antonius, deine Hand.

**Pompejus.** Ich will sehen, daß ich euch ans Ufer bringe.

**Antonius.** Recht gut. Gieb uns deine Hand.

**Pompejus.** O! Antonius, du hast meines Vaters Haus — Doch, was macht das? Wir sind gute Freunde. Komm ins Boot hinunter.

**Enobarbus.** Nimm dich in Acht, daß du nicht fallest, Menas. Ich will nicht ans Land.

**Menas.** Nein, in meine Kajüte — He! Trommeln! Trompeten! Flöten! Neptun solls hören, daß wir diesen grossen Leuten ein lautes Lebewohl wünschen. So blast doch, zum Henker, blast zu! (Trompeten und Trommeln.)

**Enobarbus.** Ho! Das tönt! — Hier ist meine Mütze!

**Menas.** Ho! — edler Kriegsmann! komm!

(Sie gehn ab.)

# Dritter Aufzug.

## Erster Auftritt.

**Eine Ebene in Syrien.**

Ventidius, mit Siegsgepränge; mit ihm
Silius, und andre Römer. Der Leichnam
des Pakorus wird vor ihnen her-
getragen.

**Ventidius.** Nun, kriegrisches Parthia, liegst
du zu Boden, und nun hat es endlich der Göttinn des Glücks gefallen, mich zum Rächer von
Markus Krassus' Tode zu machen. Tragt die
Leiche des Königssohns vor unserm Zuge her;
dein Pakorus, Orodes! bezahlt itzt für Markus
Krassus.

**Silius.** Edler Ventidius, verfolge, weil noch
dein Schwert von Partherblut warm ist, verfolge die flüchtigen Parther; setze ihnen durch Medien, Mesopotamien, und alle die Freystädte nach,
wohin die Geschlagnen fliehen — Dann wird

dein groſſer Feldherr Antonius dich auf Triumph-
wagen ſetzen, und mit Lorbeern dein Haupt
kränzen.

**Ventidius.** O! Silius, Silius, ich habe genug
gethan. Merk es dir, ein Untergeordneter kann für
ſeinen Rang zu groß handeln. Beſſer iſts, etwas un-
gethan laſſen, als durch unſre That einen zu groſſen Ruhm erwerben, wenn der, dem wir dienen,
nicht dabey gegenwärtig iſt. Cäſar und Antonius
haben immer mehr durch ihre Krieger, als durch
ſich ſelbſt, gewonnen. Soſius, der vor mir ſein
Statthalter in Syrien war, verlor ſeine Gunſt
bloß dadurch, daß er durch Siege über Siege ſich
einen zu ſchnellen und zu glänzenden Ruhm er-
warb. Wer im Kriege mehr thut, als ſein Feldherr thun kann, der wird ſeines Feldherrn Feldherr; und Ehrgeitz, die Tugend des Kriegers, zieht
allemal Verluſt dem Gewinne vor, der ſeinen
Ruhm verdunkelt. Ich könnte noch mehr zum
Beſten des Antonius thun; aber es würde ihn beleidigen, und ich verlöre darüber die Früchte meiner Arbeit.

**Silius.** Ventidius, du beſitzeſt jene Klugheit,
ohne welche zwiſchen dem Kriegsmann und ſeinem

gegen kaum ein Unterschied ist — Schreibst du an den Antonius?

**Ventidius.** Ich werd' ihm unterthänigst melden, was wir durch seinen Namen, diese zaubrische Losung zum Treffen, für Thaten gethan, und wie wir mit seinen Fahnen und mit seinen wohlbezahlten Legionen die noch nie vorher geschlagene Reuterey der Parther ermüdet, und in keuchende Flucht getrieben haben.

**Silius.** Wo ist er itzt?

**Ventidius.** Er denkt nach Athen zu gehen. Wir wollen dort so schleunig vor ihm erscheinen, als es die Schwere unsers Zuges verstatten wird. Auf also! weiter fort!

(Sie gehn. ab.)

## Zweyter Auftritt.

### Rom.

**Agrippa,** von der einen Seite; **Enobarbus** von der andern.

**Agrippa.** Wie? sind die Brüder schon auseinander gegangen?

**Enobarbus.** Sie haben mit Pompejus Richtigkeit gemacht; er ist weggegangen. Die andern

drey unterfchreiben itzt. Oktavia weint, daß fie
Rom verlaffen foll; Cäfar ift traurig; und Lepi‐
dus hat, feit dem Gaftmahl des Pompejus, wie
Menas fagt, die Bleichfucht.

Agrippa. Das ift mir ein edler Lepidus!

Enobarbus. Ein feiner Mann! — O! wie
er Cäfarn lieb hat!

Agrippa. Freylich; und wie innig er den
Markus Antonius anbetet!

Enobarbus. Cäfar! — o! der ift der Ju‐
piter unter den Menfchen.

Agrippa. Und Antonius! — der Gott Ju‐
piters!

Enobarbus. Ift die Rede von Cäfar? —
O! der unvergleichliche Mann!

Agrippa. Oh! Antonius! — oh! du Phö‐
nix!

Enobarbus. Willft du Cäfarn loben, fo
fage: Cäfar! — weiter brauchts nichts.

Agrippa. In der That, er überhäufte fie
beyde mit aufferordentlichen Lobfprüchen.

Enobarbus. Aber Cäfarn liebt er am mei‐
ften; doch liebt er auch den Antonius. Nein!
Herzen, Zungen, Griffel, Schreiber, Barden,

Dichter, können nicht begreifen, aussprechen, abbilden, schreiben, singen, noch reimen, wie sehr er den Antonius liebt. Aber, was Cäsarn betrift — kniet, kniet, kniet nieder, und betet an!

**Agrippa.** Er liebt beyde.

**Enobarbus.** Sie sind seine Scherben, und er ihr Schröter. (Trompeten.) So! das heißt, zu Pferde! — Lebe wohl, edler Agrippa.

**Agrippa.** Glück zu, würdiger Krieger; lebe wohl.

**Cäsar, Antonius, Lepidus, und Oktavia.**

**Antonius.** Nicht weiter, Freund.

**Cäsar.** Du nimmst mir einen grossen Theil von mir selbst weg; begegne mir wohl in ihr — Schwester, verhalte dich als Frau so, wie ichs von dir erwarte, und wie ich, weil ich dich kenne, dafür bürgen wollte, daß du thun wirst — Edelster Antonius, laß dieß Gebäude von Tugend, welches zwischen uns errichtet ist, unsre Eintracht unzerstörbar zu machen, laß es nicht den Mauerbrecher werden, der ihre Befestigung einreisse. Denn vielleicht wären wir ohne dieß Mittel bessere Freunde gewesen, wenn es nicht auf beyden Seiten hochgeschätzt wird.

**Antonius.** Beleidige mich nicht durch dein Mißtrauen.

**Cäsar.** Ich habe alles gesagt.

**Antonius.** So bedenklich du auch hierüber thust, so wirst du doch nicht die geringste Ursache von dem finden, was du zu befürchten scheinst. Hier wollen wir scheiden. Die Götter beschützen dich, und machen die Herzen der Römer deinen Absichten dienstbar!

**Cäsar.** Lebe wohl, meine theuerste Schwester, lebe wohl! Es müssen die Elemente dir freundlich seyn, und dein Herz mit frohem Muth beleben! — Lebe wohl!

**Oktavia.** Mein edler Bruder!

**Antonius.** Der April ist in ihren Augen. Es ist der Frühling der Liebe; und dieß sind die milden Regengüsse, die ihn herbey bringen. Sey gutes Muths.

**Oktavia.** Bruder, laß dir meines Mannes Haus empfohlen seyn, und — —

**Cäsar.** Was, Oktavia?

**Oktavia.** Ich will dirs ins Ohr sagen.

**Antonius.** Ihre Zunge will ihrem Herzen nicht gehorchen, und ihr Herz kann nicht Meister

über ihre Zunge werden. So steht die Pflaum-
feder eines Schwans auf der hoch angeschwellten
Fluth, und wankt auf keine Seite.

Enobarbus. Will Cäsar weinen?

Agrippa. Sein Gesicht umwölkt sich.

Enobarbus. Das wär' ein Fehler an ihm,
wenn er ein Pferd wäre *); und ists um so
mehr, da er ein Mann ist.

Agrippa. Warum das, Enobarbus? — Als
Antonius den Julius Cäsar todt fand, schrie er
bis zum Heulen; auch weinte er, als er bey
Philippi den Brutus erschlagen fand.

Enobarbus. Freylich, in dem Jahre war
er mit Flüssen behaftet; was er mit Freuden zerstören half, beweinte er, glaube mirs, bis ich
auch weinte.

Cäsar. Nein, theuerste Oktavia, du sollst
immer Nachricht von mir bekommen; die Zeit
soll meine Erinnrung an dich nicht vertilgen.

An-

---

*) Von einem Pferde, dessen Augen trübe und
wolkigt sind, pflegt man zu vermuthen, daß es bald
erblinden werde. Steevens.

**Antonius.** Komm, Freund, komm; ich will in der Stärke meiner Liebe mit dir kämpfen, (Er umarmt ihn.) Sieh, da hab' ich dich; und nun laß ich dich gehn, und überlasse dich den Göttern.

**Cäsar.** Leb wohl; sey glücklich!

**Lepidus.** Alle Sterne des Himmels streuen ihr Licht auf deinen beglückten Weg!

**Cäsar.** Leb wohl, leb wohl!

**Antonius.** Leb wohl!

(Trompeten. Sie gehn ab.)

## Dritter Auftritt.

### Der Pallast zu Alexandrien.

**Kleopatra, Charmian, Iras, und Alexas.**

**Kleopatra.** Wo ist der Bote?

**Alexas.** Er traut sichs fast nicht, zu kommen.

**Kleopatra.** Nur her, nur her — tritt näher, Freund.

(Der Bote kömmt.)

**Alexas.** Gnädigste Königinn, Herodes von Judäa hat das Herz nicht, dich anzusehen, wenn du nicht bey guter Laune bist.

G

**Kleopatra.** Dieses Herodes Kopf will ich haben — Aber wie? da Antonius weg ist, der mir ihn holen könnte! — Komm näher her.

**Bote.** Meine gnädigste Königinn — —

**Kleopatra.** Hast du Oktavia gesehen?

**Bote.** Ja, mächtigste Fürstinn.

**Kleopatra.** Wo?

**Bote.** In Rom, meine Königinn. Ich saß ihr ins Gesicht; ich sah sie, da sie zwischen ihrem Bruder und Antonius gieng.

**Kleopatra.** Ist sie so lang, als ich? *)

**Bote.** Nein, gnädige Königinn.

**Kleopatra.** Hast du sie sprechen gehört? Hat sie eine helle oder tiefe Stimme?

**Bote.** Ich hörte sie sprechen, Königinn; sie hat eine tiefe Stimme.

**Kleopatra.** Das ist eben nicht gut. Sie kann ihm nicht lange gefallen.

---

*) Diese Scene ist eine offenbare Anspielung auf die Fragen, welche die Königinn Elisabeth dem Sir Jakob Melvil über seine Geliebte, die Königinn von Schottland, that. Wer sich Mühe geben will, seine Memoiren nachzusehen, wird finden, daß diese Aehnlichkeit mehr als bloß zufällig ist. Grey.

**Charmian.** Ihm gefallen? — O! Isis! das ist nicht möglich!

**Kleopatra.** Das denk' ich auch, Charmian. Eine dumpfige Stimme! und klein, wie ein Zwerg! — Was für Majestät ist in ihrem Gange? Besinne dich, wofern du jemals Majestät gesehen hast.

**Bote.** Sie schleicht; ihre Bewegung und ihr Stillstehn sind beynah einerley; sie zeigt mehr Körper als Leben, und scheint mehr Bildsäule, als beseelt zu seyn.

**Kleopatra.** Ist das gewiß?

**Bote.** Oder ich müßte nichts bemerken können.

**Charmian.** Drey andre Leute in Aegypten können nicht so richtig wahrnehmen, als er.

**Kleopatra.** Er hat Verstand, ich merk' es — Noch ist nichts an ihr — Der Mensch hat guten Verstand.

**Charmian.** Ganz herrlichen Verstand!

**Kleopatra.** Sage mir doch, wie alt mag sie wohl seyn?

**Bote.** Meine Königinn, sie war eine Wittwe.

**Kleopatra.** Wittwe? — Höre doch, Charmian!

**Bote.** Und ich denke, sie ist dreyßig.

**Kleopatra.** Erinnerst du dich ihres Gesichts? Ist es lang oder rund.

**Bote.** Ganz übertrieben rund.

**Kleopatra.** Dergleichen Leute haben mehrentheils nicht viel Verstand. Ihr Haar, was hats für Farbe?

**Bote.** Braun, Königinn; und ihre Stirn so niedrig, als sie's nur wünschen kann.

**Kleopatra.** Da hast du Gold. Nimm's nicht übel, daß ich vorhin so böse that — Ich werde dich wieder zurücksenden; ich finde, daß du zu Geschäften sehr brauchbar bist. Geh, mache dich fertig; unsre Briefe sind schon geschrieben.

**Charmian.** Ein brauchbarer Mensch!

**Kleopatra.** Wirklich, das ist er. Es reut mich sehr, daß ich ihm so unfreundlich begegnete. — Nun, seiner Beschreibung nach, dünkt mich, daß an der Kreatur nichts besondres ist.

**Charmian.** Gar nichts, Königinn.

**Kleopatra.** Der Mensch hat doch sonst Majestät gesehen, und kann davon urtheilen.

**Charmian.** Behüte mich Isis! was sollt' er keine Majestät gesehn haben, da er so lange schon in deinen Diensten ist?

**Kleopatra..** Ich hab' ihn noch um Eins zu fragen, gute Charmian — Doch, es hat nichts auf sich, du mußt ihn in mein Zimmer bringen, wo ich schreiben will. Es kann noch alles gut genug gehen.

**Charmian.** Dafür steh ich dir, Königinn.

(Sie gehn ab.)

## Vierter Auftritt.

#### Des Antonius Haus in Athen.

#### Antonius und Oktavia.

**Antonius.** Nein, nein, Oktavia, nicht bloß das; das ließe sich noch entschuldigen; das, und noch tausenderley dem ähnliches; aber er hat einen neuen Krieg gegen Pompejus angefangen; er hat sein Testament gemacht, und es dem Volke vorgelesen; hat spöttisch von mir gesprochen; und wenn er durchaus meiner nicht anders, als rühmlich, erwähnen konnte, so that ers doch kalt und schläfrig; wo er die beste Gelegenheit hatte, ließ er sie vorbeygehn, oder that es mit Widerwillen.

G 3

**Oktavia.** O! lieber Gemahl, glaube nicht
alles; oder, wenn du ja was glauben mußt, so
zürne doch nicht über alles. Wenn diese Trennung
vorgeht, so stand nie eine unglücklichere Frau mit
ten inne, und betete für beyde Partheyen. Die
Götter werden meiner spotten, wenn ich bete:
„O! segnet meinen Gemahl!„ und sogleich dieß
Gebet widerrufe, und eben so laut schreye; „O!
segnet meinen Bruder!„ Siege, Gemahl; siege,
Bruder! das heißt Wünschen, und den Wunsch
wieder vernichten; es ist durchaus kein Mittelweg
dazwischen.

**Antonius.** Liebste Oktavia, laß deine ganze
Liebe nur auf das gerichtet seyn, was sie am
meisten zu schützen sucht. Verlier' ich meine Ehre, so verlier' ich mich selbst; besser, ich wäre der
deinige gar nicht, als so entehrt der deine.
Doch magst du, weil du's verlangst, dich zwischen uns ins Mittel schlagen; indeß werd'
ich die Zurüstungen zu einem Kriege besorgen,
der deinen Bruder in die Enge treiben wird. Eile, so sehr du kannst; du hast nun, was du haben willst.

**Oktavia.** Ich danke dir, mein Gemahl

Der mächtige Jupiter mache mich, die ich so
schwach, so schwach bin, zum Werkzeug eurer
Aussöhnung! Krieg zwischen euch, beyden, wäre
eben das, als ob die Welt sich spaltete, und der
Riß mit erschlagnen Menschen wieder sollte ausge=
füllt werden.

Antonius. Wenn du siehst, wer von allem
der Urheber ist, so wende deinen Unwillen gegen
ihn; denn unsre Fehler können nimmermehr so
gleich seyn, daß deine Liebe zu beyden gleich stark
bleiben sollte. Veranstalte deine Abreise, wähle
dir deine Gesellschaft selbst, und mache so viel
Aufwand, als du Lust hast.

(Sie gehn ab.)

## Fünfter Auftritt.
### Enobarbus und Eros.

Enobarbus. Was giebts, Freund Eros?

Eros. Man hört sonderbare Neuigkeiten.

Enobarbus. Und was denn?

Eros. Cäsar und Lepidus haben den Pompe=
jus feindlich angegriffen.

Enobarbus. Das ist was altes; und wie
ists abgelaufen?

G 4

**Eros.** So bald Cäsar den Lepidus in seinem Kriege wider Pompejus gebraucht hatte, versagte er ihm sogleich allen Antheil an dem Ruhm und Vortheil des Sieges; und dabey läßt ers noch nicht, er beschuldigt ihn eines vormaligen Briefwechsels mit Pompejus, bemächtigt sich, bloß auf seine eigne Anklage, seiner Person; und nun ist es um den armen dritten Mann gethan; bis ihn der Tod in Freyheit setzt.

**Enobarbus.** So hast du, o Welt, *) nur noch ein Paar Rachen; und nun wirf zwischen sie alles Futter, was du hast; so werden sie doch noch einer den andern auffressen. Wo ist Antonius?

**Eros.** Er geht so im Garten auf und ab, und stößt die Binsen, die vor ihm liegen, mit den Füssen weg. Alberner Lepidus! ruft er, und droht der Gurgel desjenigen von seinen Leuten, der den Pompejus ermordet hat.

**Enobarbus.** Unsre grosse Flotte ist ausgerüstet.

---

*) Nach Hamner's Leseart.

Eros. Nach Italien und gegen Cäsar. Noch
eins, Domitius; mein Herr verlangt dich diesen Augenblick zu sprechen. Ich hätte meine
Neuigkeiten auch wohl bis hernach versparen
können.

Enobarbus. Es wird nichts seyn; doch, wir
wollen sehen — Führe mich zum Antonius.

Eros. Komm mit mir.

(Sie gehn ab.)

## Sechster Auftritt.

### Rom.

Cäsar, Agrippa und Mecänas.

Cäsar. Voll Verachtung gegen Rom hat er
das alles gethan, und noch mehr in Alexandrien.
Nur eins zum Beyspiel. Auf dem Markt, wo
ein silbernes Gerüste dazu errichtet war, sassen
Kleopatra und, er in goldnen Lehnsesseln thronend;
zu ihren Füssen saß Cäsarion, der meines Vaters
Sohn seyn soll, und alle die unächten Kinder,
die sie seitdem mit einander gezeugt haben. Er
gab ihr Aegypten zum Eigenthum, und machte
sie zur unbeschränkten Königinn über Niederfy-
rien, Cypern und Lydien.

Mecänas. Und das vor aller Leute Augen?

Cäsar. Auf dem öffentlichen Platz, wo die Kampfübungen gehalten werden. Dort erklärte er seine Söhne für Könige der Könige. Medien, Parthien, und Armenien gab er dem Alexander; dem Ptolemäus wies er Syrien, Phönizien, und Cilicien an. Sie erschien an dem Tage im Anzuge der Göttinn Isis, und soll schon oft vorher, auf diese Art, Gehör gegeben haben.

Mecänas. Das muß Rom erfahren.

Agrippa. Es ist seines Uebermuths so schon müde, und wird dadurch ihm vollends abgeneigt werden.

Cäsar. Das Volk weiß es, und hat itzt eine förmliche Klage von ihm erhalten.

Agrippa. Und wen klagt er an?

Cäsar. Cäsarn; und daß wir ihm nicht seinen Antheil an Sicilien gegeben haben, als wir dem Sextus Pompejus diese Insel abgenommen hatten. Ferner sagt er, er habe mir einige Schiffe geliehen, die ich ihm nicht zurück gegeben; endlich ist er darüber ergrimmt, daß Lepidus des Triumvirats entsetzt werden soll, und daß wir, wenn das geschehen ist, alle seine Einkünfte zurück halten.

Agrippa.  Das muß beantwortet werden.

Cäsar.  Es ist schon geschehen; und sein Abgesandter ist schon wieder fortgeschickt.  Ich sagte ihm, Lepidus sey zu tyrannisch worden, habe seine grosse Gewalt gemißbraucht, und sein Schicksal verdient.  Von meinen Eroberungen gesteh ich ihm seinen Antheil zu; dagegen aber verlang' ich auch den meinigen von seinem Armenien, und andern von ihm eroberten Königreichen.

Mecänas.  Dazu versteht er sich nimmermehr.

Cäsar.  Folglich werden auch wir uns nicht zu seinen Fodrungen verstehen.

(Oktavia kömmt.)

Oktavia.  Heil dir, Cäsar, mein Gebieter! Heil dir, theuerster Cäsar!

Cäsar.  O! daß ich dich jemals eine Verstoßne nennen mußte!

Oktavia.  So hast du mich nicht genannt, und hast auch keine Ursache dazu.

Cäsar.  Warum schleichst du dich so heimlich zu uns? Du kömmst nicht als Cäsars Schwester; des Antonius Gemahlinn sollte ein Heer zum Vorläufer haben, und lange vor ihrer Erscheinung sollte das Wiehern der Pferde ihre Ankunft mel-

den. Die Bäume am Wege hätten Menschen
tragen müssen; die Erwartung hätte vor Verlangen nach dem, was es nicht erhielt, verschmach-
ten sollen. Auch hätte der Staub, durch dein
zahlreiches Gefolg' erregt, bis ans Dach des Himmels hinan steigen müssen. Aber du kömmst nach
Rom, wie eine Magd zu Markte geht, du be-
raubst uns der Gelegenheit, dir unsre Liebe öffentlich zu zeigen; und Liebe, die ungezeigt bleibt,
bleibt auch oft ungeliebt. Wir hätten dich zu
Wasser und zu Lande eingeholt, und dich auf
jeder Station mit einer immer grössern Pracht
bewillkommt.

Oktavia. Mein theurer Bruder, ich war
nicht genöthigt, so zu kommen, sondern that es
aus eigner freyer Wahl. Mein Gemahl, Markus Antonius, hörte von deinen Kriegsrüstungen,
und gab mir die unangenehme Nachricht davon;
drauf bat ich ihn um Erlaubniß, nach Rom zurück zu gehen.

Cäsar. Und das gab er ohne Anstand zu, weil
er dich für ein Hinderniß zwischen ihm und seiner
Wollust ansieht.

Oktavia. Sage das nicht, Cäsar.

**Cäsar.** Ich habe ein wachsames Auge auf ihn, und seine Handlungen kommen zu mir auf den Flügeln des Windes. Wo ist er itzt?

**Oktavia.** In Athen, mein Gebieter.

**Cäsar.** Nicht doch, meine betrogne Schwester; Kleopatra hat ihn zu sich gewinkt. Er hat sein Reich einer Hure abgetreten, die nun mit ihm die Könige der Erde zum Feldzug aufbietet. Schon versammelt er den Bocchus, König von Lybien, Archelaus, König von Kappadozien, Philadelphus, König von Paphlagonien, den thracischen König Abullas, den König Malchus von Arabien, den König von Pontus, Herodes aus Judäa, Mithridates, den König von Komagene und die Könige Polemon und Amintas von Medien und Lykaonien, mit einer noch grössern Anzahl von Fürsten.

**Oktavia.** Weh mir Unglücklichen, deren Herz zwischen zwey Freunden getheilt ist, die einander so zuwider sind!

**Cäsar.** Sey mir willkommen. Deine Briefe hielten unsern Aufbruch immer zurück, bis wir endlich erfuhren, wie sehr du gekränkt wirst, und wie nachtheilig uns längrer Aufschub seyn würde.

Beruhige dich. Sey nicht über die Vorfälle bekümmert, die deine Zufriedenheit durch diese dringende Nothwendigkeit unterbrechen, sondern laß Dingen, die das Schicksal einmal beschlossen hat, unbeweint ihren Lauf. Willkommen in Rom; nichts ist mir theurer, als du. Man kränkt dich ärger, als sichs denken läßt, und die grossen Götter machen uns, und deine Freunde zu ihren Werkzeugen, um dir Gerechtigkeit zu verschaffen. Fasse guten Muth, und sey uns auf immer willkommen!

Agrippa. Willkommen, werthe Oktavia!

Mecänas. Willkommen, beste Frau; jedes Herz in Rom liebt und bedaurt dich. Bloß der ehebrechrische Antonius, dessen schändliche Ausschweifungen keine Schranken kennen, stößt dich von sich, und giebt sein mächtiges Reich einer Metze, die damit gegen uns sich empört.

Oktavia. Ist das wahr, Cäsar?

Cäsar. Es ist nur allzu gewiß. Sey willkommen, Schwester. Ich bitte dich, zeige deine gewöhnliche Standhaftigkeit, meine theuerste Schwester!

( Sie gehn ab. )

## Siebenter Auftritt.

Lager des Antonius beym Vorgebirge Aktium.

### Kleopatra, und Enobarbus.

**Kleopatra.** Ich will dirs gewiß nicht schuldig bleiben, verlaß dich darauf.

**Enobarbus.** Aber warum? warum?

**Kleopatra.** Du bist dawider gewesen, daß ich diesem Feldzuge persönlich beywohnen sollte, und hast gesagt, es schicke sich nicht.

**Enobarbus.** Nun gut; schickt sichs denn?

**Kleopatra.** Ist der Krieg nicht uns angekündigt? Warum sollten wir nicht in Person dabey zugegen seyn?

**Enobarbus.** (beiseite) Nun, darauf könnt ich wohl antworten: Wenn wir mit Hengsten und Stutten zusammen ins Feld ziehn müßten, so wären die Hengste völlig unnütz; denn die Stutten würden den Reuter und sein Roß zugleich tragen.

**Kleopatra.** Was sagst du da?

**Enobarbus.** Deine Gegenwart muß den Antonius nothwendig aus der Fassung bringen, und sein Herz, seinen Kopf, und sein Glück um alles das bringen, was er zu der Zeit am wenigsten entbehren kann. Er wird so schon des Leichtsinns beschuldigt; und es heißt in Rom, ein Verschnittner Photinus und deine Aufwärterinnen machen den Entwurf dieses Krieges.

**Kleopatra.** Rom müsse versinken, und deter Zungen verfaulen, die wider uns reden! Der Krieg betrift mich; und als das Haupt meines Königreichs will ich mich, wie ein Mann, darinn sehen lassen. Sage nichts dagegen; ich werde nicht zurück bleiben.

**Antonius und Kanidius.**

**Enobarbus.** Ich sage nichts weiter; da kömmt der Feldherr.

**Antonius.** Ist es nicht wunderbar, Kannidius, daß er von Tarent und Brundusium so schnell über das Jonische Meer setzen, und Torone einnehmen konnte? — Du hast doch schon davon gehört, meine Theure?

**Kleopatra.** Geschwindigkeit bewundert Niemand so sehr, als der Langsame.

**Antonius.** Ein guter Vorwurf unsrer Trägheit, der dem besten unter den Männern würde

Ehre

Ehre gemacht haben. Kanidius, wir wollen zur
See mit ihm fechten.

**Aleopatra.** Zur See! wie sonst?

**Kanidius.** Und warum zur See?

**Antonius.** Weil er uns dazu herausfodert.

**Enobarbus.** Auch hat ihn mein Gebieter
schon zum Zweykampf herausgefodert.

**Kanidius.** Freylich; und zu einer Schlacht
in der Pharsalischen Ebene, wo Cäsar mit Pompejus focht. Aber er schlägt beydes aus, weil er
seinen Vortheil nicht dabey sieht; und das solltest
du auch thun.

**Enobarbus.** Deine Schiffe sind schlecht be-
setzt; deine Seeleute sind Mauleseltreiber, Schnit-
ter, in der Eil zusammen gerafftes Volk. In
Cäsars Flotte sind die Männer, die gegen Pompejus gefochten haben. Ihre Schiffe sind leicht;
die deinigen schwer. Es wird dir keine Schande
seyn, wenn du dich in kein Seetreffen einlässest
da du zu Lande auf alles gefaßt bist.

**Antonius.** Zur See! Zur See!

**Enobarbus.** Mein theuerster Gebieter, du be-
giebst dich auf diese Art der vollkommnen Kriegs-
wissenschaft, die du zu Lande besitzest; du schwächst

H

dein Kriegsheer, das meistens in altem, versuchtem Fußvolk besteht, du versäumst den Anlaß, deine schon berühmten Einsichten zu zeigen, du gehst den Weg vorbey, der dich zu einem gewissen Siege führen würde, und überlässest dich, statt fester Sicherheit, einem blossen Zufall und blindem Glücke.

**Antonius.** Ich will zur See fechten.

**Kleopatra.** Ich habe sechszig Schiffe. Cäsar hat kein bessers.

**Antonius.** Was wir zu viel an Schiffen haben, wollen wir verbrennen, und mit den übrigen, die volle Mannzahl haben, den herannahenden Cäsarn von dem Vorgebirge von Aktium zurück schlagen. Fehlt es uns, so können wirs noch immer zu Lande thun. (Es kömmt ein Bote.) Was bringst du?

**Bote.** Die Nachricht ist wahr, mein Feldherr; er ist entdeckt; Cäsar hat Toryne eingenommen.

**Antonius.** Kann er in Person da seyn? Das ist unmöglich. Wunders genug, wenn sein Heer schon da ist — Kanidius, dir übergeb' ich unsre neunzehn Legionen zu Lande, und unsre zwölftau-

send Mann Reuterey. Wir wollen auf unser
Schiff — Komm mit, meine Thetis! — (Es
kömmt ein Soldat.) Was giebts, würdiger Krieger?

Soldat. O! grosser Feldherr, ficht ja nicht
zur See; traue verfaulten Brettern nicht. Hast
du ein Mißtrauen gegen dieß Schwert und gegen
diese meine Wunden? Laß die Phönizier und
Aegypter im Wasser herum plätschern; wir sind
gewohnt auf festem Boden zu stehen, und Fuß
für Fuß, fechtend zu siegen.

Antonius. Gut, gut; laßt uns gehen!
(Antonius, Kleopatra, und Enobarbus gehn ab.)

Soldat. Beym Herkules! ich denk', ich habe Recht.

Kanidius. Das hast du, Kamerad; aber
seine Handlungen werden nicht durch das, was
recht ist, bestimmt. So läßt sich unser Anführer
führen, und wir sind Weibersklaven.

Soldat. Du hast indeß die Legionen zu Lande und die Reuterey übernommen; nicht wahr?

Kanidius. Markus Oktavius, Markus Ju-
stejus Publikola, und Cölius, befehlen bey der

H 2

Flotte; und wir alle bleiben zu Lande — Cäsars Geschwindigkeit übersteigt doch allen Glauben!

Soldat. Wie er noch in Rom war, zog sein Heer in so zerstreuten Haufen aus, daß alle Kundschafter dadurch betrogen wurden.

Kanidius. Wer ist denn sein Unterbefehlshaber?

Soldat. Ein gewisser Taurus, sagt man.

Kanidius. Den kenn' ich recht gut.

(Es kömmt ein Bote.)

Bote. Der Feldherr ruft Kanidius.

Kanidius. Die Zeit gebiert lauter Neuigkeiten; jede Minute bringt eine zur Welt.

(Sie gehn ab.)

## Achter Auftritt.

### Eine Ebene.

Cäsar, Taurus, und der Zug des Heers.

Cäsar. Taurus —

Taurus. Mein Feldherr.

Cäsar. Laß dich zu Lande nicht ein. Haltet euch geschlossen, gebt keine Gelegenheit zur Schlacht, bis wir zu Wasser fertig sind. Weiche nicht von

dieſer gemeßnen Vorſchrift ab; unſer ganzes Glück
kömmt auf dieſen Wurf an.

(Sie gehn ab.)

Antonius und Enobarbus.

Antonius. Wir wollen unſre Geſchwader an
jener Seite des Hügels ſtellen, der Schlachtord=
nung Cäſars gegen über. Von dieſem Platze kön=
nen wir die Zahl der Schiffe überſehen, und
unſre Maaßregeln darnach nehmen.

Kanidius zieht mit ſeiner Landarmee auf
der Einen Seite über die Bühne, und Tau=
rus, Cäſars Unterbefehlshaber, auf der an=
dern. Wenn ſie hinein gegangen ſind, hört
man das Getümmel eines Seetreffens.
Kriegsgeſchrey. Enobarbus
tritt auf.

Enobarbus. Umſonſt! umſonſt! alles um=
ſonſt! ich kann's nicht länger anſehen — Die
Antoniade *), das Aegyptiſche Admiralſchiff,
flieht mit allen ihren ſechszigen, und dreht die Ruder.

─────────

*) Dieß war, nach dem Plutarch, der Name von
Kleopatra's Schiff. Pope.

Meine Augen werden mir blind von dem kläglichen Anblick.     ( Skarus kömmt.)

**Skarus.** Ihr Götter und Göttinnen, so viel euer sind!

**Enobarbus.** Warum so heftig?

**Skarus.** Der größte Winkel der Welt ist aus lauter Unverstand verloren; wir haben Länder und Königreiche hinweg geküßt.

**Enobarbus.** Wie sieht das Gefecht aus?

**Skarus.** Auf unsrer Seite wie die beulenvolle Pest, wo der Tod gewiß ist. Jene verhurte Mähre von Aegypten, die der Aussatz treffen müsse! floh davon, mitten im Gefecht, als der Vortheil einem Paar Zwillinge gleich sah, auf beyden Seiten gleich, oder vielmehr der ältre auf unsrer Seite; sie floh, wie eine Kuh im Junius, wenn sie die Horniffen stechen, mit ausgespannten Segeln.

**Enobarbus.** Das sah ich; meine Augen wurden ganz krank von dem Anblick, und konnten ihn nicht länger aushalten.

**Skarus.** Kaum war sie in der See, so spannte Antonius, dieser edle Ruin ihrer Zauber-

künste, seine Flügel aus, flog wie ein brünstiger
Entrich ihr nach, und verließ das Gefecht im ent-
scheidenden Augenblick. Solch ein schmähliches
Betragen sah ich noch nie. Erfahrung, männlicher Muth und Ehre haben sich noch niemals
so geschändet.

Enobarbus. Weh, weh uns!

( Kanidius kömmt. )

Kanidius. Unser Glück zur See ist gänzer-
schöpft, und sinkt auf die kläglichste Art zu Boden. Wäre unser Feldherr gewesen, was er sonst
war, so wär' alles gut gegangen. O! er hat
uns durch seine höchst schimpfliche Flucht ein Beyspiel zum Fliehen gegeben!

Enobarbus. Ists schon so weit? Nun freylich wohl, so ist alles aus.

Kanidius. Sie sind gegen den Peloponnes
geflohen.

Skarus. Es ist leicht dahin zu kommen, und
dort will ich erwarten, wie es weiter gehen wird.

Kanidius. Ich will meine Legionen und meine Reuterey dem Cäsar übergeben; schon sechs
Könige haben mir gezeigt, wie man sich ergiebt.

Enobarbus. Und ich will noch immer dem

verwundeten Glück des Antonius folgen, obgleich
meine Vernunft mich auf die entgegenstehende
Seite treibt.

(Sie gehn an verschiednen Seiten ab.)

## Neunter Auftritt.

### Der Pallast in Alexandrien.

**Antonius, Eros, und Gefolge.**

**Antonius.** Horch! der Boden ruft mir zu,
ich soll ihn nicht mehr betreten; er schämt sich,
mich zu tragen — Freunde, tretet näher; ich habe mich in der Welt so verspätet, daß ich meinen
Weg auf ewig verloren habe — Ich hab' ein
Schiff, mit Golde beladen; nehmt das, theilt es
ünter euch; flieht, und macht euren Frieden mit
Cäsarn.

**Alle.** Fliehen? — Wir nicht!

**Antonius.** Ich bin selbst geflohen, und habe Feigherzige gelehrt, davon zu laufen, und ihren Rücken zu zeigen — Freunde, geht weg. Ich
habe mich zu einer Lebensart entschlossen, wobey ich euch nicht nöthig habe. Geht; meine
Schätze sind im Hafen — nehmt sie — O! ich
folgte — ich schäme mich zu denken, wem! —

Selbst meine Haare empören sich; denn die grauen
werfen den braunen Unbesonnenheit, und diese jenen Zagheit und Aberwitz vor.   Verlaßt mich,
ihr Freunde; ihr sollt Briefe von mir bekommen
an gewisse Freunde, die sich eurer annehmen werden.   Ich bitt' euch, seht nicht traurig aus, und
sagt nicht, daß ihr mich ungern verlaßt; nehmt
die Warnung an, die euch meine Verzweiflung
giebt.   Verlaßt das, was sich selbst verläßt! —
Nach der See zu! Ich schenk' euch sogleich das
Schiff und alle Schätze darin.   Verlaßt mich
ein wenig, ich bitt' euch; thut es, ich bitte darum; denn in der That, ich habe das Recht zum
Befehlen verloren.   Darum bitt' ich euch — Ich
werde gleich wieder bey euch seyn.

Kleopatra, von Charmian und Iras geführt.

  Eros.   O! theure Königinn, komm zu ihm —
tröst' ihn!

  Iras.   Thu das, werthe Königinn!

  Charmian.   Freylich! was sonst?

  Kleopatra.   Laßt mich sitzen — O! Juno!

  Antonius.   Nein, nein, nein!

  Eros.   Sieh doch hieher, Antonius!

  Antonius.   O! pfui! pfui! pfui!

**Charmian.** Meine Königinn — —

**Iras.** O! theure Fürstinn —

**Eros.** Mein Feldherr —

**Antonius.** Ja, Freund, ja — Er führte bey Philippi sein Schwert gerade wie ein Tänzer *), indeß ich den hagern, eingeschrumpften Kaßius schlug; ich wars, der dem wahnwitzigen Brutus das Leben endigte; er ließ alles durch Untergeordnete thun, und hatte keine Kenntniß noch Erfahrung im Kriegswesen; und itzt — es macht nichts — .

**Kleopatra.** Ach! helft ihm doch!

**Eros.** Die Königinn, mein Gebieter, die Königinn — —

**Iras.** Geh zu ihm, Königinn, red' ihn an; er ist vor lauter Beschämung ganz außer sich.

**Kleopatra.** Wohlan denn, haltet mich — Oh!

**Eros.** Edler Antonius, steh auf; die Königinn nähert sich; ihr Haupt ist gesenkt; und der Tod wird sie ergreifen, wenn deine Tröstungen sie nicht ins Leben zurück rufen.

---

*) In den alten Tänzen zu des Dichters Zeiten pflegten die Tänzer Degen, mit aufwärtsgekehrter Spitze, in der Hand zu halten. — Johnson.

**Antonius.** Ich habe meinen Ruhm geschändet — Ein unedles Davonlaufen —

**Eros.** Herr, die Königinn —

**Antonius.** O! wohin hast du mich gebracht, Aegyptens Königinn! — Sieh, wie ich meine Beschämung vor deinen Augen zu verbergen suche, und auf das zurück blicke, was ich, entehrt und vernichtet, hinter mir gelassen habe!

**Kleopatra.** O! Antonius! Antonius! vergieb meinen furchtsamen Segeln. Ich dachte nichts weniger, als daß du folgen würdest.

**Antonius.** Königinn, du wußtest es zu gut, daß mein Herz mit seinen Adern an deine Ruder gebunden war, und daß du mich nach dir ziehen würdest. Du kanntest deine unbegränzte Gewalt über meinen Geist, und daß dein Wink mich von den Befehlen der Götter selbst zurückrufen könnte.

**Kleopatra.** O! vergieb mir!

**Antonius.** Itzt muß ich dem Jüngling demüthige Friedensanträge zuschicken, und durch krumme, niederträchtige Wege Verzeihung erbetteln; ich, der ich mit der Hälfte der Welt nach meinem Gefallen spielte, und Könige machs te und absetzte, wie mirs einfiel. Du wußtest, wie sehr du meine Siegerinn warst, und daß mein Schwert, durch meine Liebe geschwächt, ihrem Geheiß in jedem Falle folgen würde.

**Kleopatra.** Vergebung, Vergebung!

**Antonius.** Laß keine Thräne fallen, sag' ich; eine einzige macht alles wieder gleich, was gewonnen und verlohren ist. Gieb mir einen Kuß; auch der bezahlt mich völlig — Wir haben unsern Kinderlehrer *) abgesandt; ist er schon zurück? Meine Theure, ich bin so schwer, wie Bley. Ich muß drinnen etwas Wein und Speise zu mir nehmen. Das Glück weiß es schon, daß ich es am meisten verachte, wenn es mir die stärksten Streiche giebt.

(Sie gehn ab.)

## Zehnter Auftritt.

### Cäsars Lager, in Aegypten.

**Cäsar, Dolabella, Thyreus, und andre.**

**Cäsar.** Laßt den Abgeordneten vom Antonius kommen; kennst du ihn?

---

*) Euphronius, Lehrer der Kinder, die Antonius von Kleopatra hatte.

**Dolabella.** Cäsar, es ist seiner Kinder Schulmeister, ein Zeichen; daß er sehr berupft seyn muß, da er solch eine armselige Feder aus seinem Fittig sendet; er, der vor wenig Monaten Könige im Ueberfluß hatte, die er als Boten verschicken konnte.

( Es kömmt der Abgesandte des Antonius. )

**Cäsar.** Tritt näher, und rede.

**Abgesandter.** So, wie ich bin, komm ich vom Antonius. Noch vor kurzem war ich für seine Geschäfte so unbedeutend, wie der Morgenthau auf dem Myrthenblatte gegen jene grosse See ist.

**Cäsar.** Das mag seyn. Sage deinen Auftrag.

**Abgesandter.** Er grüßt dich als seinen Besieger und Oberherrn, und bittet um Erlaubniß, in Aegypten leben zu dürfen. Wird ihm das nicht zugestanden, so stimmt er sein Verlangen noch mehr herunter, und bittet dich, ihn, als Privatmann in Athen, zwischen Himmel und Erde athmen zu lassen. So viel in seinem Namen. Ferner erkennt auch Kleopatra deine Grösse, unterwirft sich deiner Gewalt, und bittet für ihre Er-

ben um das Diadem der Ptolemäer, welches
sie ißt bloß von deiner Willkühr und Gnade erwarten muß.

**Cäsar.** Für die Bitten des Antonius hab' ich
keine Ohren. Der Königinn soll weder Gehör
noch Gewährung versagt werden, wenn sie erst
ihren völlig entehrten Freund aus Aegypten ver-
treibt, oder ihm dort das Leben nimmt — Wird
sie das thun, so soll sie nicht unerhört bitten.
Das sag' ihnen beyden.

**Abgesandter.** Das Glück begleite dich!

(Geht ab.)

**Cäsar.** Führt ihn durch das Lager — (zu
Thyreus.) Nun ist es Zeit, eine Probe von deiner
Beredsamkeit abzulegen. Eile hin, mache Kleo-
patra vom Antonius abwendig; versprich in mei-
nem Namen was sie fodert, und thu aus eigner
Erfindung noch mehr Anerbieten hinzu. Wei-
ber sind in ihrem größten Glücke nicht stark; aber
Mangel kann die nie berührte Vestalinn selbst zum
Meyneid bringen. Biet' allen deinen Witz auf,
Thyreus; und mache du selbst eine Verordnung
für die Belohnung deiner Mühe; wir wollen sie
als ein Gesetz befolgen.

**Thyreus.** Ich gehe Cäsar.

**Cäsar.** Bemerke doch, wie sich Antonius in sein Unglück schickt, und was du glaubst, daß man aus seiner ganzen Gebehrde, in allen seinen Bewegungen, sehen könne.

**Thyreus.** Das werd' ich thun, Cäsar.

(Sie gehn ab.)

## Eilfter Auftritt.

### Alexandrien.

**Kleopatra, Enobarbus, Charmian, und Iras.**

**Kleopatra.** Was sollen wir machen, Enobarbus?

**Enobarbus.** Die Augen zudrücken *), und sterben.

---

*) Die alte Leseart ist: *Think* and die, und hieße, nach Johnson's Erklärung: „Ueber deine Thorheit „nachdenken und sterben.„ Sie bleibt immer wahrscheinlicher, als Hanmer's Veränderung: *drink* and die. Am besten aber gefällt mir doch die in obiger Uebersetzung zum Grunde liegende Leseart: *Wink* and die, die der Verf. der Observations and Conjectures vorschlägt, und durch ein Beyspiel aus Beaumont und Fletcher bestätigt.

**Kleopatra.** Hat Antonius, oder wir Schuld hieran?

**Enobarbus.** Antonius ganz allein, der seinen Willen Meister über seinen Verstand werden ließ. Was that es, daß du aus jenem furchtbaren Angesichte des Krieges hinwegflohst, dessen mannichfaltige Reihen einander schreckten? Warum mußt' er dir folgen? Ueber seine Liebe hätt' ers nicht vergessen sollen, daß er Befehlshaber war, und noch weniger in solch einem Augenblick, da Eine Hälfte der Welt gegen die andre gesetzt war, und alles auf ihn ankam. Die Schande war so groß, als der Verlust, daß er deinen flüchtigen Segeln nachlief, und seine Flotte zurück, und ihm nachgaffen ließ.

**Kleopatra.** Ich bitte dich, sey stille.

(Antonius kömmt mit dem Abgesandten.)

**Antonius.** Ist das seine Antwort?

**Abgesandter.** Ja, Antonius.

**Antonius.** Die Königinn wird also eine gute Begegnung zu erwarten haben, wenn sie mich Preis giebt.

**Abgesandter.** So sagt er.

An=

**Antonius.** Laß sie das wissen — (zu Kleopatra.)
Sende dem Knaben Cäsar diesen grauen Kopf;
so wird er deine Wünsche mit Fürstenthümern bis
oben anfüllen.

**Kleopatra.** Diesen Kopf, Antonius?

**Antonius.** Geh wieder zu ihm zurück, sag'
ihm, er sey in der Blüthe der Jugend; die Welt
sey berechtigt, etwas ausserordentliches von ihm
zu erwarten. Sein Geld, seine Schiffe, seine
Legionen könnten eben so gut einer feigen Memme
gehören, dessen Untergeordnete im Dienst eines
Kindes eben so wohl, als unter Cäsars Befehl,
die Oberhand erhalten könnten. Ich fodre ihn
also auf, die Vortheile, die ihm die Ungleichheit
unsrer Umstände giebt, beyseite zu setzen, und es
mit mir altem Mann allein, Schwert gegen
Schwert, aufzunehmen. Ich will es ihm schreiben; folge mir.

(Antonius geht ab.)

**Enobarbus.** Ja, wahrhaftig, ein schöner
Einfall! Vermuthlich also wird der siegreiche Cäsar alles, was das verschwendrische Glück für ihn
gethan hat, wieder vernichten, und sich mit einem Fechter in Wettkampf einlassen! — Ich sehe

J

wohl, der Leute Vernunft ist ein Theil von ihren
Glücksgütern; äussere Veränderungen ziehn innre
nach sich; und alles leidet auf gleiche Art. Daß
er sichs nur träumen läßt, da er alle Umstände
weiß, der beglückte Cäsar werde sich gegen ihn,
den Unglücklichen, stellen! — Cäsar! du hast
auch seinen Verstand überwältigt!

( Es kömmt ein Bedienter. )

**Bedienter.** Ein Abgeordneter von Cäsar.

**Kleopatra.** Wie? so wenig Gepränge? —
Seht doch meine Kammerfrauen! — Sie knie=
ten vor den Knospen der Rose, und halten nun,
da sie verblüht ist, vor ihr die Nase zu! — Laß
ihn herein kommen.

**Enobarbus.** Meine Ehrlichkeit und ich fan=
gen an, sich mit einander zu vertragen. Wenn
unser Diensteifer gegen Thoren beständig bleibt,
so wird aus unsrer Treue eitel Thorheit; und
doch wird derjenige, der den Muth hat, einem
gefallnen Herrn bis ans Ende treu zu seyn, ge=
wissermassen der Bezwinger von dem, der seinen
Herrn bezwungen hat, und trägt einen Platz in
den Geschichtbüchern davon.

( Thyreus kömmt. )

**Kleopatra.** Was verlangt Cäsar?

**Thyreus.** Vernimm es ganz allein.

**Kleopatra.** Hier sind lauter Freunde. Rede dreist heraus.

**Thyreus.** So sind es auch vermuthlich des Antonius Freunde?

**Enobarbus.** Er bedarf eben so vieler, als Cäsar hat, oder er bedarf unser nicht. Wenn es Cäsarn beliebt, so wird Antonius vor Freuden hüpfen, sein Freund zu werden; was uns betrift, so weißt du, wem er gehört, dem gehören auch wir, das heißt, Cäsarn.

**Thyreus.** Wohl denn — Cäsar bittet dich also, ruhmvolle Königinn, eben so sehr, wie du deine itzigen Umstände überdenkst, auch daran zu denken, daß er Cäsar ist.

**Kleopatra.** Nur weiter — Recht königlich!

**Thyreus.** Er weiß, du warfst dich dem Antonius in die Arme, nicht weil du ihn liebtest, sondern weil du ihn fürchtetest.

**Kleopatra.** ( beiseite ) Oh!

**Thyreus.** Er sieht also die Verletzung deiner Ehre als erlittene, nicht als verdiente Kränkung an.

**Kleopatra.** Er ist ein Gott, und weiß was recht und wahr ist — Meine Ehre wurde von mir nicht freywillig hingegeben, sondern bloß erobert.

**Enobarbus.** Um darüber gewiß zu seyn, will ich den Antonius fragen — Armer Mann, du bist so leck, daß wir dich müssen versinken lassen; denn deine besten Freunde verlassen dich.

(Er geht ab.)

**Thyreus.** Soll ich Cäsarn sagen, was du von ihm verlangst? Denn er bittet gewissermassen darum, daß du es von ihm foderst, dir was zu geben. Es würd' ihm sehr lieb seyn, wenn du sein Glück als einen Stab brauchen wolltest, dich darauf zu stützen; aber vollends würd' er sich freuen, wenn er von mir hörte, du habest den Antonius verlassen, und wolltest dich unter seinen, des allgemeinen Weltbeherrschers, Schirm begeben.

**Kleopatra.** Wie ist dein Name?

**Thyreus.** Mein Nam' ist Thyreus.

**Kleopatra.** Lieber Abgesandter, sage dem grossen Cäsar, ich küsse durch dich seine siegreiche Hand; sag' ihm, ich sey bereit, meine Krone kniend zu seinen Füssen zu legen; sag' ihm, daß

ich von seinem allesregierenden Hauch den Urtheil-
spruch über Aegypten erwarte.

Thyreus. Du wählst den edelsten Weg. Wenn
Klugheit und Glück im Streit sind, und die erste
nur alles wagt, was sie kann, so wird sie den Sieg
gewiß davon tragen. Vergönne mir das Glück,
deine Hand voll Ergebenheit zu küssen.

Kleopatra. Sehr oft hat deines Cäsars Vater, wenn er eben darauf gedacht hatte, Königreiche zu erobern, seine Lippen auf diese unwürdige Hand gelegt; und da regnete es Küsse.

Antonius und Enobarbus.

Antonius. (indem er den Thyreus ihre Hand
küssen sieht.) Gunstbezeugungen? — beym don-
nernden Jupiter! Wer bist du, Kerl?

Thyreus. Einer, der nur das ausrichtet, was
ihn der erste der Männer, dessen Befehl vor allen andern Gehorsam verdient, geheissen hat.

Enobarbus. Man wird dich peitschen.

Antonius. Tritt dort näher — Ah! du
Geyer! — Nun Götter und Teufel! nun schmilzt
alles Ansehen von mir hinweg! — Jüngst noch
durft' ich nur rufen, Holla! und Könige stürzten,

wie Knaben zu einem Gezänke, plötzlich herbey,
und riefen: Was befiehlst du? — Hast du keine
Ohren? — Ich bin noch immer Antonius —
(zum Gefolge). Nehmt den Lümmel hinweg, und
peitscht ihn ab!

**Enobarbus.** Es ist doch sichrer, mit einem
jungen Löwen zu spielen, als mit einem alten,
der sterben will.

**Antonius.** Mond und Sterne! — Peitscht
ihn — Wären's zwanzig von den größten Vasal=
len, die Cäsarn zinsbar sind, und ich fände sie so
unverschämt mit der Hand der da — Wie heißt
sie, seitdem sie nicht mehr Kleopatra ist? — Haut
ihn mit Ruthen, ihr Leute, bis ihr ihn, gleich
einem Knaben, das Gesicht zusammen ziehen, und
laut um Erbarmen weinen seht — Schleppt
ihn fort!

**Thyreus.** Markus Antonius —

**Antonius.** Fort mit ihm! — Wenn er ab=
gepeitscht ist, so bringt ihn wieder her; ich will
diesem Hofnarren Cäsars ein Gewerb' an ihn auf=
tragen — (Sie gehn mit Thyreus ab.) = = (Zu
Kleopatra.) Du warst schon halb verdorrt, eh ich
dich kannte. — Ha! ließ ich darum in Rom mein

Hauptküssen ungedrückt, entsag' ich darum der Hoffnung einer rechtmäßigen Nachkommenschaft von einem Kleinod unter den Weibern, um von so einer betrogen zu werden, die zusieht, wenn andre sich sättigen?

Kleopatra. Mein lieber Antonius —

Antonius. Du bist von jeher eine Treulose gewesen. Aber wenn wir einmal in unsrer Bösartigkeit verhärtet sind, dann — o! kläglicher Zustand! — Dann blenden die weisen Götter uns mit unserm eignen Unrath die Augen; berauben uns des hellen Verstandes; machen, daß wir unsre eignen Vergehungen anbeten; lachen unser, indem wir mit stolzem Schritt auf unsre Schande losgehen.

Kleopatra. O! das geht zu weit!

Antonius. Ich fand dich als einen Bissen, der kalt auf des todten Cäsars Teller lag; schon vorher warst du ein Ueberbleibsel vom Knejus Pompejus; ohne die verstohlnen Ausschweifungen zu rechnen, die deine Ueppigkeit dem Auge der Welt zu verheelen gewußt hat — Denn ich bin überzeugt, wenn du gleich muthmaßen kannst,

J 4

was Keuschheit wohl seyn mag, so kennst du sie doch nicht aus Erfahrung.

**Kleopatra.** Wozu soll das?

**Antonius.** Ein Kerl, der ein Trinkgeld annimmt, und Vergelt's Gott! sagt, soll mit meiner Gespielinn, deiner Hand, sich gemein machen, diesem königlichen Siegel und Unterpfande grosser Herzen? — O! daß ich auf dem Hügel von Basan wäre, um die gehörnte Heerde zu überbrüllen; denn ich habe gewaltig viel Ursache dazu! Wollt' ich es auf eine gemäßigtere Art bekannt machen, so wäre das gleich einem schon mit dem Strick umgebnen Halse, der dem Henkersknechte dankt, daß er's geschwinde mit ihm macht — (Die Bedienten kommen mit Thyreus zurück.) Ist er abgepeitscht?

**Bedienter.** Weidlich, mein Gebieter.

**Antonius.** Schrie er, und flehte um Gnade?

**Bedienter.** Er bat um Verschonung.

**Antonius.** Wenn dein Vater noch lebt, so mag ers bereuen, daß du nicht seine Tochter wurdest; und laß dichs verdriessen, Cäsarn in seinem Triumphe zu begleiten, weil du dafür, daß du ihm anhängst, gegeisselt bist. Von nun an

müſſe dir die weiſſe Hand einer Dame das Fieber einjagen; bey ihrem Anblick faſſe dich ein
Schauder! — Geh, kehre zu Cäſarn zurück; er-
zähl' ihm deine Aufnahme; ſag' ihm ja, er mache
mich böſe über ihn; denn er ſcheint ſtolz und
übermüthig zu thun, und vergißt über das, was
ich bin, was er weiß das ich war. Er macht
mich böſe; und das iſt in meinen itzigen Umſtän-
den etwas leichtes, da die günſtigen Sterne, die
mich ſonſt leiteten, aus ihren Kreiſen geſtürzt ſind,
und ihr Feuer in den Abgrund der Hölle ausge-
ſchüttet haben. Mißfällt ihm das, was ich ge-
ſagt und gethan habe, ſo ſag' ihm, er habe den
Hipparchus, meinen Freygelaßnen, bey ſich, den
er, um das Gegenrecht zu brauchen, peitſchen,
oder hängen, oder foltern laſſen kann, wie's ihm
gut dünkt — Fodere du es von ihm — Weg mit
deinen Striemen! — Pack dich!

(Thyreus geht ab.)

**Kleopatra.** Biſt du nun fertig?

**Antonius.** Leider! unſer irdiſche Mond ver-
finſtert ſich; und das bedeutet allein den Fall des
Antonius!

**Kleopatra.** Ich muß wohl warten, bis ihms gelegen ist.

**Antonius.** Um Cäsarn zu schmeicheln, mußtest du also mit einem Kerl liebäugeln, der ihm die Beinkleider zubindet?

**Kleopatra.** Du kennst mich noch nicht besser?

**Antonius.** Gegen mich so kaltherzig!

**Kleopatra.** Ach! Theurer, wenn ich das bin, so müsse der Himmel aus meinem kalten Herzen vergifteten Hagel machen, und der erste Stein davon müsse an meinen Hals fallen, und, wie er schmilzt, mein Leben aufflösen! der zweyte erschlage meinen Cäsario! *) und so fort, bis nach und nach das Andenken meiner Kinder, samt allen meinen wackern Aegyptern, vom Aufthauen dieses steinernen Regens, unbegraben da liegen, bis die Fliegen und Mücken des Nils sie zum Raube genommen und begraben haben!

**Antonius.** Ich bin befriedigt. Cäsar rückt gegen Alexandria an, und ich will mich noch einmal seinem Glück in den Weg stellen. Unser Heer zu Lande hat sich rühmlich gehalten; unsre zer-

*) Cäsario war Kleopatra's Sohn von Julius Cäsar.

streuten Schiffe haben sich auch wieder zusammen gefunden, und erscheinen wieder als eine furchtbare Flotte in der See — Wo bist du gewesen, mein Herz? Hör', Königinn; komm' ich noch einmal wieder aus dem Schlachtfelde zurück, diese Lippen zu küssen, so werd' ich im Blut erscheinen; ich und mein Schwert werden meinen Geschichtschreibern Arbeit verschaffen; noch ist Hoffnung in beyden.

**Kleopatra.** Daran erkenn' ich meinen wakkern Antonius!

**Antonius.** Ich will dreyfache Sehnen, Herz uud Athem haben, und verderbensvoll fechten. In meinen erwünschten, glücklichen Tagen erkaufte man sein Leben oft durch einen Spaß von mir; aber itzt will ich meine Zähne einhauen, und alles, was mir in den Weg tritt, zur Hölle senden. Komm, wir wollen noch Eine lustige Nacht haben. Ruft alle meine traurigen Kriegsleute zu mir; füllt unsre Becher; wir müssen noch einmal der mitternächtlichen Glocke spotten!

**Kleopatra.** Heut' ist mein Geburtstag; ich dachte ihn nicht zu feyern; aber da mein Gebieter wieder Antonius ist, so will ich Kleopatra seyn.

**Antonius.** Alles soll noch gut gehn.

**Kleopatra.** Man rufe alle seine edlen Hauptleute zu meinem Gebieter.

**Antonius.** Thut das; wir wollen ihnen Muth einsprechen; und in dieser Nacht will ich machen, daß der Wein aus ihre Narben röthet — Komm, meine Königinn; ich bin noch nicht ganz erschöpft. Das nächstemal, daß ich wieder fechte, will ich mir den Tod zum Freunde machen; denn ich will selbst mit seiner verderblichen Sense in die Wette würgen. (Sie gehn ab.)

**Enobarbus.** Nun wird er mit starrem Auge dem Blitze selbst Trotz bieten! Rasend seyn, heißt aus der Furcht hinausgeschreckt seyn; und in einer solchen Laune wird die Taube den Sperber mit dem Schnabel hacken. Ich seh immer, wie die Herzhaftigkeit unsers Feldherrn immer mehr wächst, je mehr sein Verstand abnimmt — Wenn Tapferkeit den Verstand anfällt, so frißt sie das Schwert, womit sie ficht — Ich muß sehen, wie ich von ihm loskomme. (Geht ab.)

# Vierter Aufzug.
## Erster Auftritt.

Cäsars Lager.

Cäsar, Agrippa, Mecänas, Gefolge.

**Cäsar.** (einen Brief lesend.) Knabe nennt er mich, und schmählt, als ob er mächtig genug wäre, mich aus Aegypten hinaus zu schlagen. Meinen Abgeordneten hat er mit Ruthen streichen lassen; und fodert mich zum Zweykampf heraus — Cäsar mit Antonius! — Der alte Klopffechter muß wissen, ich habe manche andre Art zu sterben; indeß lach' ich über seine Ausfodrung.

**Mecänas.** Cäsar muß denken, wenn ein so grosser Mann toll wird, so ist es ein Zeichen, daß man ihn bis zum Fallen gehetzt hat. Laß ihn nicht wieder zu Athem kommen, sondern bediene dich seiner itzigen Verrückung; noch nie war der Zorn ein guter Vertheidiger seiner selbst.

**Cäsar.** Macht unsern Kriegsobersten bekannt, daß wir morgen die letzte von vielen Schlachten zu

liefern denken — Schon diejenigen von unsern
Heer, die kürzlich noch dem Markus Antonius
gedient haben, sind zahlreich genug, ihn einzu=
treiben. Sorge dafür, daß es geschehe. Gebt
der Armee ein Gastmahl; wir haben Vorrath ge=
nug dazu, und sie haben's wohl verdient — Ar=
mer Antonius!

(Sie gehn ab.)

## Zweyter Auftritt.

### Alexandria.

**Antonius und Kleopatra, Enobarbus, Char=
mian, Iras, Alexas, und andre.**

**Antonius.** Er will nicht mit mir fechten,
Domitius?

**Enobarbus.** Nein.

**Antonius.** Warum will er nicht?

**Enobarbus.** Er glaubt, weil sein Glück ihm
zwanzigmal günstiger ist, so sey er zwanzig Mann
gegen Einen.

**Antonius.** Morgen, Freund, will ich zu
Wasser und zu Lande fechten; entweder werd' ich
leben, oder meine sterbende Ehre in dem Blute

baben, daß sie wieder lebendig machen wird. Willst du tapfer fechten?

**Enobarbus.** Ich will zuschlagen, und schreyen: „Nehmt alles!„ *)

**Antonius.** Recht gut; komm nur — Ruff meine Hausbedienten; wir wollen diesen Abend recht freygebig bey unserm Mahle seyn. (Es kommen Bediente.) Du, gieb mir deine Hand; du bist von jeher ein ehrlicher Kerl gewesen — und du auch — du auch — auch du — auch du — Ihr habt mir treu gedient, und Könige waren eure Kameraden.

**Kleopatra.** Was soll das bedeuten?

**Enobarbus.** (beiseite) Es ist einer von den wunderbaren Einfällen, wodurch Kummer und Trübsinn sich zu erleichtern suchen.

**Antonius.** Und du bist auch ein ehrlicher Kerl — Ich wollt', ich könnte in so viele Männer getheilt werden, als euer sind, und ihr alle könntet in Einen Antonius zusammen gefügt werden,

---

*) d. i. Wer am Leben bleibt, mag alles nehmen; kein Vergleich; Sieg oder Tod. Johnson.

damit ich euch wiederum so gute Dienste thun könnte, als ihr gethan habt.

**Alle.** Das verhüten die Götter!

**Antonius.** Nun, meine guten Leute, wartet mir diesen Abend auf; laßt meine Becher nicht leer stehen, und begegnet mir so gut, als ob mein Reich auch noch euer Kamerad in meinen Diensten wäre, und meine Befehle empfienge.

**Kleopatra.** Was hat er vor?

**Enobarbus.** Seine Leute zum Weinen zu bringen.

**Antonius.** Wartet mir diesen Abend gut auf; vielleicht werdet ihr mich nie wieder sehen; oder wenns geschieht, seht ihr mich als einen zerstückten Schatten. Es kann seyn, daß ihr morgen schon einem andern Herrn dient. Ich seh euch an, wie einer, der Abschied nimmt. Meine redlichen Freunde, ich jag' euch nicht aus dem Dienst, sondern behalt' euch, als wär' ich mit eurem Dienste vermählt, bis in den Tod. Wartet mir nur diesen Abend noch zwey Stunden auf; mehr verlang' ich nicht; und die Götter müssen euch dafür belohnen!

**Enobarbus.** Wo denkst du hinaus, Antonius, daß

daß du ihnen diese trostlose Anrede hältst? Sieh
doch, sie weinen, und ich selbst habe Zwiebelau-
gen. *) Thu uns doch den Schimpf nicht, uns
in Weiber zu verwandeln.

**Antonius.** Ho ho! ich will verdammt seyn,
wenn ichs so gemeynt habe! — Glück wachst,
wo diese Tropfen hinfallen! — Meine liebsten
Freunde, ihr deutet meine Worte auf eine zu
traurige Art; ich redte mit euch, um euch aufzu-
muntern; bat euch, diese Nacht mit Fackeln
durchzubrennen. Wißt, meine Theuren, ich
habe gute Hoffnung auf Morgen, und werd' euch
dahin führen, wo ich eher ein siegreiches Leben,
als ehrenvollen Tod erwarte. Laßt uns zum
Abendessen gehen; kommt, und ertränkt alle Sorgen.

(Sie gehn ab.)

## Dritter Auftritt.
### Vor dem Pallast.

### Eine Mannschaft Soldaten.

1. Soldat. Gute Nacht, Bruder. Morgen ist der Tag.

---

*) D. i. meine Augen sind so voller Thränen, als
ob sie mit Zwiebeln gerieben wären. Johnson.

2. Soldat. Es muß sich endlich auf Einer Seite entscheiden. Lebe wohl. Hörtest du nichts sonderbares auf der Strasse?

1. Soldat. Nichts. Was giebts denn Neues?

2. Soldat. Vermuthlich ists nur ein Gerücht. Gute Nacht.

1. Soldat. Nun denn, gute Nacht.

(Es begegnen ihnen andre Soldaten.)

2. Soldat. Soldaten, habt gute Wache.

1. Soldat. Ihr auch. Gute Nacht, gute Nacht.

(Sie stellen sich in jeden Winkel der Bühne.)

2. Soldat. Wir, hier — Wenn morgen unsre Flotte glücklich ist, so hab' ich feste Hoffnung, daß unsre Landarmee sich gut halten wird.

1. Soldat. Es ist eine wackre Armee, voll Entschlossenheit.

(Man hört eine Musik von Hoboen unter der Bühne.)

2. Soldat. Stille, was ist das für ein Getöse?

1. Soldat. Horcht! horcht!

2. Soldat. Hört doch!

1. Soldat. Musik in der Luft —

3. Soldat. Unter der Erde —

4. Soldat. Das ist ein gutes Zeichen — nicht wahr?

3. Soldat. Nicht doch.

1. Soldat. Stille sag' ich — Was heißt das?

2. Soldat. Es ist der Gott Herkules, der den Antonius liebte, und der ihn itzt verläßt.

1. Soldat. Geh doch mit; wir wollen sehen, ob die andern Schildwachen es auch hören.

( Sie rufen einander zu. )

2. Soldat. Wie gehts, ihr Leute?

Alle. Was ist? was ist? — Hört ihr das?

1. Soldat. Freylich. Ists nicht wunderbar?

3. Soldat. Hört ihrs, ihr Leute, hört ihrs?

1. Soldat. Laßt uns dem Getöse nachfolgen, so weit unsre Posten gehn. Wir wollen doch sehen, wie das abläuft.

Alle. Gut — Es ist wunderbar!

(Sie gehn ab.)

## Vierter Auftritt.

### Kleopatra's Pallast.

**Antonius, Kleopatra, Charmian, und andre.**

Antonius. Eros! meine Rüstung, Eros!

Kleopatra. Schlaf ein wenig.

K 2

**Antonius.** Nein, meine Liebe — Eros, komm, meine Rüstung, Eros! — (Eros kömmt.) Komm, mein guter Freund, lege mir den Harnisch an. Ist das Glück uns heute nicht günstig; so geschieht es, weil wir ihm Trotz bieten — Komm.

**Kleopatra.** Ich will auch helfen.

**Antonius.** Wozu soll das? — Ach! laß es seyn, laß es seyn! Du bist der Waffenschmied meines Herzens — Unrecht, unrecht — hier, hier —

**Kleopatra.** Laß mich, ich will dir helfen. So muß es seyn.

(Kleopatra legt dem Antonius die Rüstung an.)

**Antonius.** Gut, gut; nun werden wir gewinnen. Siehst du, mein guter Kamerad? — Nun lege deine Waffen an.

**Eros.** Ich bin gleich fertig.

**Kleopatra.** Ist das nicht gut geschnallt?

**Antonius.** Herrlich, herrlich. Wer dieß aufschnallt, eh es uns beliebt, es selbst zu thun, um auszuruhen, der soll einen Sturm hören — Du machst zu lange, Eros; meine Königinn ist ein weit geschickterer Waffenträger, als du. Mach

fort! — O! Liebe! daß du mich heute fechten
sähest, und dieß königliche Geschäfte kenntest!
Du würdest einen Meister darin sehen. (Es
kommt ein bewafneter Offizier.) Guten Morgen;
sey willkommen; man sieht dirs an, daß du
weißt, was zum Kriegsmanne gehört. Zu einer
Arbeit, die man gern thut, steht man früh auf,
und geht mit Freuden daran.

**Soldat.** Schon tausende, mein Feldherr, haben, so früh es ist, schon ihre Rüstung an, und
warten auf dich beym Hafen.

(Frolocken und Trompetenschall. Es kommen
andre Hauptleute und Soldaten.

**Hauptmann.** Der Morgen ist schön. Guten Morgen, Feldherr!

**Alle.** Guten Morgen, Feldherr!

**Antonius.** Ein edler Morgengruß, ihr Leute! Dieser Morgen fängt früh an, gleich dem
Geist eines Jünglings, der sich hervorzuthun begierig ist — So, so — kommt, gebt mir das —
dorthin — so recht. Lebe wohl, Kleopatra; es
mag mir gehen, wie es will. Da; das ist der Kuß
eines Kriegers. Unverzeihlich und der schmäh-
lichsten Vorwürfe werth würd' es seyn, wenn ich

K 3

mich hier mit längern mechanischen Abschiedsgrü-
ßen aufhielte. Ich will dich itzt verlassen, wie ein
Mann von Stahl — Ihr, die ihr fechten wollt,
folgt mir in geschloßnen Gliedern; ich will euch
dazu führen — Leb wohl!

( Sie gehn ab. )

**Charmian.** Gefällt dirs, in dein Zimmer zu
gehen?

**Kleopatra.** Führe mich! — Er zieht wie
ein Held aus. Möchten Cäsar und er diesen gro-
ßen Krieg durch einen Zweykampf entscheiden!
Dann, Antonius — Aber nun — Gut — Nur
hinweg!

( Sie gehn ab. )

## Fünfter Auftritt.

### Ein Lager.

**Trompeten. Antonius und Eros. Ein
Soldat begegnet ihnen.**

**Soldat.** Die Götter lassen dieß einen glücklichen Tag für Antonius seyn!

**Antonius.** Hätten mich nur ehmals du und
diese deine Narben bewogen, zu Lande zu
fechten!

**Eros.** Hätteſt du das gethan, ſo würden dir Könige, die von dir abgefallen ſind, und der Krieger, der dich noch dieſen Morgen verlaſſen hat, immer noch auf deiner Seite ſeyn.

**Antonius.** Wer iſt dieſen Morgen durchge= gangen?

**Eros.** Wer? — Einer, der immer um dich war. Rufe dem Enobarbus; er wird dich nicht hören, oder wird aus Cäſars Lager herüber ru= fen: „Ich bin keiner von den Deinen.„

**Antonius.** Was ſagſt du?

**Soldat.** Er iſt bey Cäſarn, mein Feldherr.

**Eros.** Seine Kiſten und Schätze hat er nicht mitgenommen.

**Antonius.** So iſt er fort?

**Soldat.** Ganz gewiß.

**Antonius.** Geh, Eros, ſchick' ihm ſeine Schätze nach; thu es, behalt' ihm nicht das Ge= ringſte zurück, ich befehle dirs. Schreib ihm — ich wills unterzeichnen — ein freundliches Lebe= wohl und gute Grüſſe. Sag' ihm, ich wünſche, daß er nie wieder Urſach habe, einen andern Herrn zu ſuchen — O! mein widriges Schick=

fal hat ehrliche Leute verführt. — Mach eilig! — — Enobarbus!

( Sie gehn ab. )

## Sechster Auftritt.

### Cäsars Lager.

**Cäsar, Agrippa, Enobarbus, Dolabella.**

**Cäsar.** Geh hin, Agrippa, und thu den Angrif. Unser Will' ist, daß Antonius lebendig gefangen werde; mache das bekannt.

**Agrippa.** Das werd' ich thun, Cäsar.

**Cäsar.** Die Zeit eines allgemeinen Friedens ist nahe. Dieser Tag sey glücklich; so wird die dreyfach getheilte Welt überall von selbst Oelzweige hervor bringen.

( Es kömmt ein Bote. )

**Bote.** Antonius ist ins Schlachtfeld gekommen.

**Cäsar.** Geh, Agrippa, greif an. Stelle diejenigen, die zu uns übergegangen sind, gleich vorne hin, damit Antonius seine Wuth gegen sich selbst auszulassen scheine.

( Sie gehn ab. )

**Enobarbus.** Alexas fiel ab. Er gieng nach Judäa in des Antonius Geschäften, und überredete da den grossen Herodes, sich auf Cäsars Seite zu schlagen, und seinen Herrn, Antonius, zu verlassen. Für diese Mühe ließ ihn Cäsar aufknüpfen. Kanidius, und die übrigen, die zu ihm übergiengen, stehen zwar in Sold, aber in keinem Ansehen, und Vertrauen. Ich hab' es schlecht gemacht; und darüber klag' ich mich selbst izt so hart an, daß ich keinen frohen Augenblick mehr haben werde.

(Es kömmt einer von Cäsars Soldaten.)

**Soldat.** Enobarbus, Antonius hat dir alle deine Schätze nachgeschickt, und seine guten Wünsche oben drein. Der Bote kam an meinen Posten, und ladet izt vor deinem Zelte seine Maulesel ab.

**Enobarbus.** Ich schenk' es dir.

**Soldat.** Spotte meiner nicht, Enobarbus; ich sage dir die Wahrheit. Du wirst Anstalt machen müssen, den Ueberbringer sicher aus dem Lager zurück zu schaffen; ich muß auf meinem Posten bleiben, sonst hätt' ichs selbst gethan.

Dein Feldherr ist doch immer noch ein Jupiter. **(Geht ab.)**

**Enobarbus.** Ich bin der einzige Bösewicht auf Erden, und fühl' es, daß ich es recht sehr bin. O! Antonius! du Goldgrube von Wohlthätigkeit, wie würdest du nicht meine guten Dienste belohnt haben, da du meine Schande so mit Golde krönst! Dies beugt mein Herz; und bricht es nicht von diesem Gefühl, so soll ein rascheres Mittel meiner Qual ein Ende machen; aber schon dieß Gefühl ist hinreichend dazu; ich empfind' es — Ich gegen dich fechten? — Nein, ich will gehn, und irgend einen Graben aufsuchen, wo ich sterben kann; der unreinste schickt sich am besten für die letzte Rolle meines Lebens.

**(Geht ab.)**

## Siebenter Auftritt.
### Vor den Mauren von Alexandria.

**Feldgeschrey. Trommeln und Trompeten. Agrippa.**

**Agrippa.** Zieht euch zurück; wir haben uns zu weit eingelassen. Cäsar selbst hat genug zu thun; wir finden stärkern Widerstand, als wir vermutheten. (Geht ab.)

Feldgeschrey. **Antonius.** Skarus, verwundet.

**Skarus.** O! mein heldenmüthiger Feldherr, das heißt gefochten! Hätten wirs das erstemal so gemacht, wir hätten sie mit verbundnen Köpfen nach Hause gejagt.

**Antonius.** Du verblutest dich.

**Skarus.** Ich hatte hier eine Wunde, die wie ein T aussah; itzt ist ein H daraus worden.

**Antonius.** Sie ziehn sich zurück.

**Skarus.** Wir wollen sie jagen, daß sie sich unter Bänke verkriechen sollen. Ich habe noch Raum für sechs solche Hiebe.

(Eros kömmt.)

**Eros.** Sie sind geschlagen, mein Feldherr, und unser Vortheil ist so gut, als der schönste Sieg.

**Skarus.** Wir wollen ihnen den Rücken zeichnen, und sie, wie die Hasen, von hinten zu fangen. Es ist ein Spaß, einen Fliehenden vor sich her zu prügeln.

**Antonius.** Ich will dich belohnen; einmal für deinen muthigen Zuspruch, und zehnfach für deine Tapferkeit. Komm mit mir.

**Skarus.** Ich will ihnen nachhinken.

(Sie gehn ab.)

## Achter Auftritt.

**Feldgeschrey. Antonius kömmt im Zuge mit seinem Heer zurück; Skarus und andre.**

**Antonius.** Wir haben ihn in sein Lager zurück getrieben; lauf' einer voran, und melde der Königinn unsre Thaten. Morgen, eh uns die Sonne sieht, wollen wir das Blut vergiessen, das uns heut' entgangen ist. Ich dank' euch allen; denn ihr habt tüchtige Fäuste, und habt gefochten, nicht als Leute, die für eines andern Sache kämpfen, sondern, als ob es eines jeden eigne Sache gewesen wäre. Ihr habt euch alle, wie Hektore, bewiesen. Zieht nun in die Stadt, umhalset eure Weiber, eure Freunde; erzählt ihnen eure Thaten, indeß, daß sie mit Freudenthränen das geronnene Blut von euren Wunden waschen, und die ehrenvollen Oeffnungen wieder heil küssen —

(Zu Scarus) Gieb mir deine Hand. (Kleopatra
kömmt) Ich will dieser grossen Fee deine Thaten
preisen, und dich mit ihrem Danke beseligen —
O! du Tag der Welt! umschlinge meinen bewaffneten Hals; hüpfe, mit Anzug und alles, durch
diesen gestählten Harnisch an mein Herz, und
fahr' auf seinen Wallungen im Triumph einher.

**Kleopatra.** Herr der Herren! — O! unbegränzte Heldentugend! kömmst du aus der
grossen Schlinge der Welt ungefangen und lä-
chelnd zurück?

**Antonius.** Meine Nachtigall, wir haben sie
zurück in ihre Betten gejagt. Was macht es,
Mädchen, wenn auch etwas Grau unter unserm
jugendlichen Braun gemischt ist; wir haben doch
ein Gehirn, das unsre Nerven nährt, und es mit
der Jugend in der Wette aufnehmen kann. Sieh
diesen Mann hier; gewähre seinen Lippen deine
beglückende Hand; küsse sie, mein Krieger — Er
hat heute gefochten, als ob ein Gott, aus Haß
gegen das Menschengeschlecht, in seiner Gestalt
gewürgt hätte.

**Kleopatra.** Ich will dir, Freund, eine ganz
goldne Rüstung geben; sie hat einem Könige gehört.

**Antonius.** Er hat sie verdient, schimmerte sie gleich von Karfunkeln, wie der Wagen des heiligen Phöbus — Gieb mir deine Hand — Haltet einen frohen Zug durch Alexandria; laßt uns unsre Schilde stolz einher tragen, zerhauen, wie die Krieger, denen sie gehören. Hätte unser grosser Pallast Raum genug, dieses Heer zu fassen, so wollten wir diesen Abend hier mit einander essen, und aus vollen Bechern auf des morgenden Tages Schicksal trinken, der uns königliche Gefahren verspricht. Ihr Trompeter, betäubt mit ehernem Getön die Ohren der Stadt; vereint euch mit unsern rasselnden Trommeln, daß Himmel und Erde mit gemeinschaftlichem Schall unsrer Ankunft entgegen jauchze.

(Sie gehn ab.)

## Neunter Auftritt.
### Cäsars Lager.

### Ein Hauptmann mit seiner Mannschaft.
### Enobarbus.

**Hauptmann.** Werden wir in dieser Stunde nicht abgelößt, so müssen wir in die Wache zurück. Die Nacht ist helle, und es heißt, wir sollen morgen früh um die zweyte Stunde wieder ins Schlachtfeld.

1. Wache. Der heutige Tag war für uns recht verwünscht!

Enobarbus. O! Nacht! sey mein Zeuge!

2. Wache. Wer ist das?

1. Wache. Halt dich still, und behorch' ihn.

Enobarbus. Sey mein Zeuge, o! du gesegneter Mond! Wenn der Name abtrünniger Leute mit Verachtung und Abscheu von der Nachwelt genannt wird! Der unglückliche Enobarbus bereute seine That vor deinen Augen.

Hauptmann. Enobarbus?

3. Wache. Stille; laßt uns weiter zuhorchen.

Enobarbus. O! du unbeschränkte Beherrscherinn der wahren Schwermuth, drücke die vergifteten Dünste der Nacht über mich aus, damit das Leben, ein wahrer Rebell wider meinen Willen, nicht länger schwer an mir hange! Schlage mein Herz gegen die kieselsteinerne Härte meines Verbrechens, damit es, vor Gram schon ausgetrocknet, in Staub zerfalle, und allen meinen qualvollen Gedanken ein Ende mache! — O! Antonius! noch mehr edel, als mein Abfall

schändlich ist, vergieb mir für deine eigne Person;
aber laß die Welt mich als einen treulosen Ab-
trünnigen in ihren Jahrbüchern nennen! — Oh
Antonius! Oh! Antonius! (Er stirbt.)

2. Wache. Wir wollen ihn anreden.

Hauptmann. Laßt uns ihn behorchen; vielleicht sagt er was, woran Cäsarn gelegen ist.

2. Wache. Das laßt uns thun. Aber er
schläft.

Hauptmann. Er liegt wohl nur in Ohn-
macht; denn ein so schlimmes Gebet, wie seins,
schickt sich wohl nicht vor dem Schlafengehn.

1. Wache. Laßt uns zu ihm gehn.

2. Wache. Wach auf, Freund, wach auf;
rede mit uns.

1. Wache. Hörst du nicht?

Hauptmann. Die Hand des Todes hat ihn
getroffen. (Trommeln in der Ferne.) Hört, wie
feyerlich die Trommeln die Schlafenden wecken —
Wir wollen ihn ins Hauptquartier tragen; er ist
ein Mann von Ansehen. Unsre Stunde ist völlig
vorbey.

2. Wache. So kommt; vielleicht erholt er
sich noch wieder. (Sie gehn ab.)

Zehn-

## Zehnter Auftritt.

### Zwischen den beyden Lagern.

**Antonius und Skarus, mit ihrem Heer.**

**Antonius.** Sie rüsten sich heute zur See; zu Lande gefallen wir ihnen nicht.

**Skarus.** Sie machen sich auf beydes gefaßt, mein Feldherr.

**Antonius.** Ich wollte, sie föchten auch im Feuer, oder in der Luft; auch da wollten wir fechten. Aber so ist es; unser Fußvolk auf den Hügeln, die an der Stadt anliegen, muß zu uns stossen. Zur See ist schon Anstalt gemacht; sie sind wirklich schon dahin ausgelaufen, wo wir ihre Anzahl und ihre Bewegungen, am besten beobachten können.

(Sie gehn ab.)

### Cäsar, und sein Heer.

**Cäsar.** Wenn wir nicht angegriffen werden — und das vermuth' ich nicht — so wollen wir uns zu Lande ruhig halten. Er hat seine besten Völker fortgeschickt, um seine Schiffe zu bemannen. Den Thälern zu! und stellt euch so vortheilhaft, als möglich.

(Sie gehn ab.)

P

Kriegsgeschrey in der Ferne, wie bey einem Seetreffen. Antonius und Skarus
kommen wieder.

Antonius. Sie sind noch nicht beysammen.
Dort, wo jene Fichte steht, werd' ich alles beobachten können. Ich will dir gleich Nachricht
bringen, wie sichs anläßt.

(Geht ab.)

Skarus. Schwalben haben ihre Nester in
Kleopatra's Segeln gebaut — Die Augure
sagen, sie wissen nicht — sie können nichts sagen — sehen verstört aus, und unterstehn sich
nicht zu sagen, was sie wissen. Antonius ist bald
muthig, bald niedergeschlagen, seine zerrütteten
Umstände erregen bey ihm fieberhafte Anfälle der
Hoffnung und der Furcht, in Betracht dessen,
was er hat, und nicht hat.

(Er geht ab. Antonius kömmt zurück.

Antonius. Alles ist verloren! die niederträchtige Aegpterinn hat mich verrathen; meine
Flotte hat sich dem Feind ergeben; dort werfen
sie ihre Mützen in die Höhe, und schwelgen mit
einander wie Freunde, die lange getrennt waren.

Dreymal unbeständige Hure! *) du bist es, die
mich diesem Neulinge verkauft hat; und mein
Herz hat sonst keinen Krieg, als mit dir. Heißt
sie alle fliehen; denn wenn ich mich an meiner
Zauberinn gerächt habe, so hab' ich alles gethan —
Heißt sie fliehen! — Fort! o Sonne! deinen Auf-
gang werd' ich niemals wieder sehen! Die Glücks-
göttin und Antonius scheiden hier von einander; hier
nehmen wir Abschied. — Ists dazu gekommen? —
Die Herzen, die mir auf den Fersen nachfolgten,
denen ich ihre Wünsche gewährte, sind nun zer-
schmolzen, und ergiessen ihren Balsam über den
aufblühenden Cäsar; und diese Fichte ist abge-
schält, deren Wipfel über sie alle hervorragte.
Verrathen bin ich! — O! der falschen Aegyptischen Seele! Diese erhabne Zauberinn, deren
Augen meine Waffen fortwinkten, oder zurück-
riefen, deren Busen meine Krone, mein letzter
Endzweck war, hat mich, wie eine wahre Zigeunerinn **), im Taschenspiel betrogen, und mich

---

*) Anfänglich war sie dem Antonius getreu; her-
nach, wie er glaubte, dem Cäsar; dann ihm wieder,
nun wieder dem Cäsar. Johnson.

**) Abermals eine Anspielung auf die Ableitung

in den äussersten Verlust gestürzt — He! Eros! Eros! — (Kleopatra kömmt.) Ha! du Blend-werk! hinweg!

**Kleopatra.** Warum wüthet Antonius so ge-gen seine Geliebte?

**Antonius.** Verschwinde! oder ich gebe dir deinen Lohn, und schmählere Cäsars Triumph. Laß ihn dich nehmen, und dem frohlockenden Pö-bel zur Schau aufführen; folge seinem Wagen, als der größte Schandfleck deines ganzen Ge-schlechts. Man lasse dich gleich einem Wunder-thier, für die geringste Bezahlung, für einen

***

des Wortes *Gypsy* von Egyptian, wie im Französi-schen *Egyptienne*. *Fast and loose*, Fest und los, (ist eigentlich ein betriegrisches Spiel, da man einen le-dernen Beutel oder Gürtel in viele kleine Falten zu-sammen und ihn von der Seite auf den Tisch legt. Ei-ne von den Falten sieht aus, wie die Mitte des Gür-tels; wer nun einen Pfriemen hinein steckt, glaubt ihn am Tische fest zu halten, da doch hernach derjenige, mit dem er spielt, ihn an beyden Enden fassen, und wegziehen kann. Beym gemeinen Volk in England kennt man dieß Spiel noch itzt unter dem Namen *pricking at the belt* (Taschenspielen) und vielleicht war es zu Shakespear's Zeiten unter den Zigeunerinnen gewöhnlich. **Hawkins.**

Heller, sehen, und die sanftmüthige Oktavia selbst
zerpflüge dein Gesicht mit dazu vorbereiteten Nägeln. *) ( Kleopatra geht ab. ) Es ist gut, daß du
gehst, wenn es gut ist, zu leben! Aber besser wär'
es, du würdest ein Opfer meiner Wuth; Ein
Tod hätte dann vielleicht ihrer viele verhindert! —
Eros! komm! des Nessus Hemde brennt an
mir! **) Lehre mich, Alcides, du, mein Stamm-
vater, deine Wuth! Laß mich einen Lychas an
die Hörner des Mondes schleudern ***), und mit
diesen Händen, welche die schwerste Keule schwan-
gen, mein würdiges Selbst zerstören — Die Hexe
soll sterben! Dem jungen Römischen Knaben hat

*) D. i. mit Nägeln, die sie in dieser Absicht hat
wachsen lassen. Warburton.

**) Dejanira schickte dem Herkules aus Eifersucht ein
vergiftetes Hemde, welches sie von dem Centaur,
Nessus, erhalten hatte, und wodurch er in die äusserste Raserey gerieth —— Uebrigens bemerkt Plutarch,
Antonius habe eine fast herkulische Grösse und Stärke gehabt; und es sey eine Sage gewesen, daß er vom
Herkules, und einem seiner Söhne, Anteon, abstamme.

***) Lychas, der das eben gedachte Hemde dem
Herkules überbrachte, wurde von ihm an einen Felsen
geschleudert und zerschmettert.

L 3

sie mich verkauft, und ich falle durch ihre Verrätherey; sie soll dafür sterben — Eros! holla!

( Er geht ab.)

# Eilfter Auftritt.

**Kleopatra, Charmian, Iras, Mardian.**

**Kleopatra.** Helft mir, ihr Frauen! — O!
er ist wüthender, als Telamon um seinen Schild;
kein Thessalischer Eber war je so erboßt.

**Charmian.** Geh in dein Begräbniß *); ver-
schließ dich dort, und laß ihm sagen, du seyst
todt. Wenn Leib und Seele scheiden, ist die Los-
reissung nicht gewaltsamer, als beym Abschied der
Hoheit und Macht.

**Kleopatra.** Wohl, ins Begräbniß! — Mardian, geh, sag' ihm, ich habe mich selbst ermordet; sage, mein letztes Wort sey „ Antonius „ gewesen, und sag es ja recht wehmüthig! — Eile,
Mardian, und melde mir wieder, wie er meinen
Tod aufnimmt — Ins Begräbniß!

( Sie gehn ab.)

---

*) Ein prächtiges Gebäude, nah an dem Tempel der
Isis, welches Kleopatra, nach Art der alten Aegyptischen Könige, zu ihrem Grabe hatte aufführen lassen.

## Zwölfter Auftritt.

### Antonius und Eros.

**Antonius.** Eros, du siehst mich doch noch?

**Eros.** Ja, mein edler Feldherr.

**Antonius.** Zuweilen sehen wir eine Wolke, die einen Drachen vorstellt; ein andermal einen Dunst, der wie ein Bär oder Löwe, wie ein gethürmtes Schloß, oder wie ein abhängiger Fels aussieht, oder wie ein gabelförmiger Berg, oder wie ein blaues Vorgebirge, mit Bäumen drauf, die der Welt zunicken, und unsre Augen mit eitler Luftgestalt äffen. Du wirst oft solche Erscheinungen gesehen haben; sie sind des schwarzen Abends gewöhnliche Schauspiele.

**Eros.** Ja, mein Gebieter.

**Antonius.** Was itzt ein Pferd ist, zerstört die enteilende Wolke in einem Augenblick, und macht es so unkenntlich wie Wasser im Wasser.

**Eros.** Ganz recht.

**Antonius.** Mein guter Eros, solch ein Körper ist nun dein Feldherr. Itzt bin ich noch Antonius; aber ich kann diese sichtbare Gestalt nicht länger behalten, mein Freund. Ich fieng diesen

Krieg an um Aegyptens und der Königinn willen.
Ich glaubte ihr Herz zu besitzen, dann sie besaß
das meinige — so lang' es noch mir allein ge-
hörte, hiengen noch Millionen andre dran, die
nun verlohren sind. Ach! Eros, sie hat die Kar-
ten zu Cäsars Vortheil gemischt, und betrieg-
risch mein Glück dem Triumph *) eines Feindes zu-
gespielt — Nein, weine nicht, lieber Eros; man hat
uns doch noch uns selbst übrig gelassen, um uns
selbst aus der Welt zu schaffen — (Mardian
kömmt.) O! deine schändliche Königinn! Sie
hat mir mein Schwert gestohlen!

Mardian. Nein Antonius; meine Königinn
liebte dich, und hat ihr Schicksal ganz mit dem
deinigen vermengt.

Antonius. Hinweg, häßlicher Verschnittner,
schweig! Sie hat mich verrathen, und soll des
Todes sterben!

Mardian. Der Tod kann von Einer Person
nur Einmal bezahlt werden, und diese Schuld hat

---

*) Ein Wortspiel, da *triumph* oder *the triumphing*
fort zu des Dichters Zeiten das bedeutete, was itzt,
zusammengezogen, im Englischen *tramp*, und im
Deutschen Trumpf im Kartenspiel heißt.

sie abgetragen. Was du thun wolltest, das hat sie schon vor dir gethan; ihr letztes Wort war: Antonius! edelster Antonius! Drauf brach ein zerreissendes Aechzen den Namen Antonius mitten durch; er wurde zwischen ihrem Herzen und ihren Lippen getheilt; sie gab ihr Leben auf; und so blieb dein Name in ihr begraben.

**Antonius.** Todt also?

**Mardian.** Todt.

**Antonius.** Nimm mir die Waffen ab, Eros; das lange Tagewerk ist vollbracht, und wir müssen schlafen — Daß du unversehrt von hier wegkömmst, bezahlt deine Mühe reichlich. Geh! — (Mardian geht ab.) Weg! reiß weg! — Des Ajax siebenfacher Schild kann diese Wunde von meinem Herzen nicht zurückhalten. O! zerspringt, meine Seiten! — Herz! sey dießmal stärker, als das, was dich umgiebt; zerbrich dein hinfälliges Gehäuse! — Hurtig, Eros, hurtig! — Kein Krieger mehr! zerstossene Waffen; hinweg; ich hab' euch mit Ehren getragen — Verlaß mich eine Weile! — (Eros geht ab.) Ich will dich einholen, Kleopatra, und Vergebung von dir erweinen. So muß es seyn; denn itzt ist alle Verlän-

gerung Folter. Da die Fackel aus ist, so liege
danieder, und tappe nicht länger umher. Itzt
vernichtet alle Mühe das, was sie macht; ja,
selbst die Kraft bestrickt sich durch Stärke; die
Augen zu, so ists vorbey! — Eros! — Ich
komme, meine Königinn — Eros! — Erwarte
mich; dort, wo sich die Seelen auf Blumen lagern, wollen wir Hand in Hand gehn, und vor
unserm muntern Gange sollen die Geister erstaunen. Dido und ihr Aeneas sollen kein drängen-
des Gefolge mehr haben, und alle Schatten sollen
uns nachschwärmen. — Komm, Eros, Eros!

(Eros kömmt.)

Eros. Was befehlst du, Herr?

Antonius. Seit Kleopatra starb, leb' ich so
sehr zu meiner Schande, daß die Götter meine
Niederträchtigkeit verabscheuen. Ich, der mit
meinem Schwerte die Welt viertheilte, und auf
des grünen Neptuns Rücken Städte aus Schiffen
baute, ich muß mich selbst verdammen, daß ich
nicht so viel Muth habe, als ein Weib; weniger
edelmüthig, als sie, die durch ihren Tod unserm
Cäsar sagt: „Ich bin nun von mir selbst bezwungen worden.„ — Eros, du hast mir geschwo-

ren, wenn's aufs Aeusserste käme — und so weit
ists nun gekommen — wenn ich nichts hinter
mir sehen würde, als die unvermeidliche Verfol-
gung des Verderbens und der Schande, so wollest du, wenn ich dirs befehle, mich tödten. Thu
es; die Zeit ist kommen. Du durchbohrst nicht
mich; Cäsar ists, den du erlegst — Laß deine
Wange röther werden!

**Eros.** Die Götter bewahren mich davor! —
Söllt' ich das thun, was alle Parthischen Pfeile,
die doch feindlich waren, nicht zu thun vermoch-
ten?

**Antonius.** Eros, möchtest du denn gern zu
Rom an einem Fenster zusehen, wie dein Herr
so, mit kreuzförmigen Armen, seinen gezüchtigten
Hals niederbeugte, und durchdringende Schmach
sein Antlitz überwältigte? indeß der Siegswagen
des glücklichen Cäsars, vor ihm her gezogen die
Niederträchtigkeit dessen brandmahlte, der ihm
folgte?

**Eros.** Das möcht' ich nicht sehen.

**Antonius.** So komm denn; ich kann nur
durch eine Wunde geheilt werden. Zieh dieß dein

rühmliches Schwert, das du so nützlich für dein
Vaterland getragen hast!

Eros. O! mein Gebieter, verzeih — —

Antonius. Als ich dir die Freyheit schenkte,
schwurst du mir da nicht, dieß zu thun, wenn
ich dichs hieße? Thu es itzt; oder deine bisheri=
gen Dienste sind alle nur absichtlose Zufälle. Zieh,
und thu's!

Eros. So wende denn dieß edle Antlitz von
mir weg, das der ganzen Welt Ehrfurcht gebeut!

Antonius. Nun wohl —

(Er wendet sich von ihm.)

Eros. Mein Schwert ist gezogen.

Antonius. So laß es auf Einmal das thun,
warum du's gezogen hast!

Eros. Mein theurer Gebieter, mein Heerfüh=
rer und Feldherr! eh ich diesen blutigen Streich
vollziehe, laß mich dir Fahrewohl sagen.

Antonius. Du hast's gesagt — fahr' auch
wohl.

Eros. Fahre wohl, grosser Feldherr! — Soll
ich nun zustossen?

Antonius. Itzt, Eros!

Eros. Nun, da denn! — (Eros ersticht sich selbst.) So entgeh' ich dem Kummer über des Antonius Tod!

Antonius. Dreymal edler, als ich selbst! Du lehrst mich, o! tapfrer Eros, was ich thun sollte, und du nicht thun konntest. Meine Königinn und Eros haben mich durch ihr rühmliches Beyspiel an meinen vormaligen Edelmuth erinnert. Aber ich will ein Bräutigam in meinem Tode seyn, ich will ihm, wie dem Bett einer Geliebten, zueilen. Wohlan denn! — sieh! Eros, dein Meister stirbt als dein Schüler; das zu thun, lernt' ich von dir! — (Er fällt in sein Schwert) Wie? nicht todt? nicht todt? — Wache! — he! — Oh! tödtet mich vollends!

Dercetas, und Wache.

1. Wache. Was heißt der Lärmen?

Antonius. Ich habe meine Arbeit schlecht gemacht, Freunde; o! vollendet ihr, was ich angefangen habe!

2. Wache. Der Stern ist gefallen.

1. Wache. Und die Zeiten haben ein Ende.

Alle. Ach! wehe!

**Antonius.** Wer mich lieb hat, tödte mich!

**1. Wache.** Ich nicht.

**2. Wache.** Ich auch nicht.

**3. Wache.** Noch irgend einer.

**Dercetas.** Dein Tod und dein Unglück treiben alle deine Anhänger von dir. Wenn ich Cäsarn nur dieß Schwert zeige, und ihm diese Nachricht bringe, so werd' ich gleich Eingang bey ihm finden. (Diomedes kömmt.)

**Diomedes.** Wo ist Antonius?

**Dercetas.** Dort, Diomedes, dort.

**Diomedes.** Lebt er? — Willst du nicht antworten, Freund?

**Antonius.** Biß du hier, Diomedes? Zieh dein Schwert und gieb mir so viel Stiche, als zum Sterben nöthig sind!

**Diomedes.** Mein Gebieter, Kleopatra, meine Königinn, schickt mich zu dir.

**Antonius.** Wenn hat sie dich abgeschickt?

**Diomedes.** Itzt eben.

**Antonius.** Wo ist sie?

**Diomedes.** In ihrem Grabmahl verschlossen. Sie hatte eine weissagende Furcht vor dem, was geschehn ist; denn als sie sah, daß du den

Argwohn, der nimmer wahr werden wird, gefaßt hatteſt, ſie habe ſich heimlich mit Cäſar ver-
ſtanden, und daß deine Wuth ſich nicht wolle be-
ſänftigen laſſen, ſo ließ ſie dir melden, ſie ſey
todt. Aber hernach beſorgte ſie, dieß könne üble
Folgen haben, und ſandte mich, dir die Wahrheit zu melden. Aber ich fürcht', ich bin zu ſpät
gekommen.

**Antonius.** Zu ſpät, guter Diomedes! —
Ruf meiner Wache, ich bitte dich.

**Diomedes.** He! die Wache des Feldherrn! —
Die Wache! holla! — Kommt; euer Herr ruft.

(Es kömmt eine Wache.)

**Antonius.** Tragt mich hin, lieben Freunde,
wo Kleopatra ſich aufhält; das iſt der letzte
Dienſt, den ich von euch fodern werde.

**Wache.** Weh! weh uns! Könnteſt du doch
alle deine treuen Anhänger überleben!

**Alle.** O! unſeliger Tag!

**Antonius.** Nein, meine lieben Freunde, thut
meinem harten Schickſale nicht den Gefallen, es
mit ſolchem Kummer zu ehren. Heißt das willkommen, was, uns zu quälen, kömmt; dann
quälen wir es, wenn wirs leicht zu tragen ſche-

nen. Hebt mich auf; ich hab' euch oft geführt; tragt mich hinweg, ihr lieben Freunde, und nehmt meinen Dank für alles.

(Sie gehn ab, und tragen den Antonius hinweg.)

## Dreyzehnter Auftritt.

### Ein Begräbniß.

**Kleopatra, Charmian, und Iras, an einem Fenster.**

**Kleopatra.** O! Charmian, hier will ich mein Leben enden.

**Charmian.** Fasse Muth, theure Königinn.

**Kleopatra.** Nein, das will ich nicht. Unerhörte und schreckliche Vorfälle sollen mir willkommen seyn; aber Tröstungen verschmäh' ich — Unser Schmerz muß an Grösse der Ursache gleich seyn, die ihn veranlaßt. (Diomedes kömmt) Wie stehts? Ist er todt?

**Diomedes.** Der Tod hat ihn schon ergriffen; aber noch ist er nicht todt. Sieh nur nach jener Seite deines Grabmals; seine Wache hat ihn dorthin gebracht. (Antonius kömmt von der Wache getragen.)

Kleo-

**Kleopatra.** O! Sonne, verbrenne die grosse
Sphäre, in der Du dich bewegst! und finsteres
Dunkel ruhe auf dem veränderlichen Weltbau! —
O! Antonius! Antonius! Antonius! — Hilf,
Charmian, Hilf; Iras, hilf; helft, Freunde,
dort unten, wir wollen ihn hier herauf ziehen.

**Antonius.** Stille! — Nicht Cäsars Tapferkeit hat den Antonius überwältigt; des Antonius
Tapferkeit hat über sich selbst den Sieg erhalten!

**Kleopatra.** So mußt' es seyn, daß Niemand,
als Antonius, den Antonius bezwingen konnte —
Aber wehe! daß es so ist!

**Antonius.** Ich sterbe, Königinn — sterbe! — Ich lasse nur hier den Tod so lange auf
mich warten, bis ich von so viel tausend Küssen
den armen letzten Kuß auf deine Lippen gedrückt
habe — Komm herab!

**Kleopatra.** Ich wag' es nicht — Theurer,
theurer Antonius, vergieb! — ich wag' es nicht;
man möchte mich gefangen nehmen. Nein! das
übermüthige Siegesgepränge des allzuglücklichen
Cäsars soll nicht durch mich noch glänzender werden! Wofern Dolche, Gifttränke, Schlangen,
noch Schärfe, Wirksamkeit und Stachel haben,

M

bin ich ſicher. Dein Weib Oktavia, mit ihren
ſittſamen Augen, und ihrer ſtillen Gleichmüthig-
keit, ſoll ſich keine Ehre dadurch erwerben, daß
ſie kalt auf mich herab blickt — Aber komm,
komm, Antonius — helft mir, ihr Frauen! —
Wir müſſen dich herauf ziehen — Helft, ihr
Freunde!

**Antonius.** O! geſchwind; oder ich bin nicht
mehr.

**Kleopatra.** ( indem ſie zieht ) Ein ſchöner
Spaß! — Wie ſchwer du biſt! — Ich glaube,
alle unſre Stärke iſt zur Schwere *) worden,
und vergröſſert die Laſt. Hätt' ich der groſſen
Juno Gewalt, ſo ſollte der ſtark beflügelte Merkur dich empor tragen, und dich an Jupiters
Seite ſetzen — Aber noch ein wenig! — Wünſche ſind doch eitel Thorheit! — O! komm,
komm, komm! — ( Sie ziehn den Antonius zur
Kleopatra hinauf ) Willkommen, willkommen!
Stirb, wo du gelebt haſt; lebe vom Küſſen wieder auf! — Hätten meine Lippen dieſe Kraft,
ſo wollt' ich ſie ſo abnutzen.

---

*) Im Engliſchen heißt heavineſs die Schwere, und
die Schwermuth.

Alle. Ein kläglicher Anblick!

Antonius. Ich sterbe, Königinn — sterbe! —
Gebt mir etwas Wein, damit ich noch ein wenig
reden könne.

Kleopatra. Nein, laß mich reden; laß mich
so laut toben, daß das falsche Weib Fortuna,
durch meine Schmähungen gereizt, aus Zorn
ihr Rad zerbreche!

Antonius. Ein Wort nur, liebste Königinn.
Suche von Cäsar Sicherheit und Ehre zu erhalten — Oh! —

Kleopatra. Das verträgt sich nicht mit einander.

Antonius. Höre mich an, meine Theure! —
vertraue dich keinem von Cäsars Leuten, ausser
dem Prokulejus.

Kleopatra. Meiner Entschlossenheit und meinen Händen will ich mich vertrauen, keinem von
Cäsars Leuten.

Antonius. Klage nicht, traure nicht über
das klägliche Schicksal, das mich izt, am Ende
meines Lebens, trifft, sondern unterhalte deine
Gedanken lieber mit der Vorstellung meines eh-
maligen Glücks, als ich der größte, der edelste

Fürst auf der ganzen Welt war; und mit der
Vorstellung, daß ich itzt nicht niederträchtig noch
feigherzig sterbe, noch meinen Helm feiger Weise
vor meinem Landsmanne abziehe, sondern ich
sterbe als ein Römer, den ein andrer Römer tapfer überwunden hat — Nun enteilt mein Geist —
Ich kann nicht mehr —          (Er stirbt.)

   **Kleopatra.** Edelster unter allen Männern! —
Willst du sterben? Bekümmerst du dich um mich
nicht? Soll ich in dieser abgeschmackten Welt
zurück bleiben, die ohne dich nichts besser ist, als
ein Viehstall? O! seht, meine Frauen, die Krone
der Erde zerschmilzt — Mein Antonius! — O!
verwelkt ist der Lorbeer des Kriegs; der Kriegs-
männer Augenmerk ist dahin: junge Knaben und
Mädchen sind itzt eben so gut, wie Männer;
der Unterschied hört auf; und es ist nun nichts
merkwürdiges mehr unter dem überschauenden
Monde zurück geblieben.

            ( Sie fällt in Ohnmacht.)

**Charmian.** O! sey ruhig, Königinn!

**Iras.** Auch sie ist todt, unsre Fürstinn!

**Charmian.** Königinn!

**Iras.** Gebieterinn!

**Charmian.** O! Kleopatra! Kleopatra! —

**Iras.** Aegyptens Herrscherinn! —

**Charmian.** Sachte, sachte, Iras! —

**Kleopatra.** Nichts mehr — nichts weiter, als ein Weib, und von eben so armseligen Leidenschaften beherrscht, wie die Magd, die melkt, und die niedrigsten Arbeiten verrichtet — Billig sollt' ich meinen Scepter den ungerechten Göttern entgegen werfen, sollt ihnen sagen, diese Welt sey der ihrigen gleich gewesen, ehe sie uns unser Kleinod stahlen. Alles ist eitel Nichts; Geduld ist albern, und Ungeduld schickt sich nur für einen tollen Hund. Ist es also Sünde, in die geheime Wohnung des Todes einzudringen, eh der Tod zu uns zu kommen wagt? — Was macht ihr Weiber? — Was? Was? — Seyd aufgeräumt! Wie stehts, Charmian? — Meine braven Mädchen! — Ach! Weiber, Weiber, seht, unsre Lampe ist abgebrannt; sie ist aus — Ihr lieben Freunde, faßt euch — Wir wollen ihn begraben, und dann wollen wir, was tapfer, was edel ist, nach der hohen Weise der Römer thun, und den Tod stolz darauf machen, uns zu sich zu nehmen. Kommt mit mir. Dieses Gehäuse jenes Riesengeistes ist schon kalt — Ach! Weiber, Weiber! kömmt; wir haben keinen Freund mehr, als Ent=schlossenheit, und das kürzeste Ende.

(Sie gehn ab, und tragen den Leichnam hinweg.)

# Fünfter Aufzug.
## Erster Auftritt.

### Cäsars Lager.

**Cäsar, Agrippa, Dolabella, Mecänas, Gal=
lus, und Gefolge.**

**Cäsar.** Geh zu ihm, Dolabella; sag' ihm, er soll nachgeben; sag' ihm, in seinen hoffnungs=losen Umständen sey es Unsinn, länger zu wi=derstehen.

**Dolabella.** Ich gehe, Cäsar.

(Geht ab.)

**Dercetas, mit des Antonius Schwerte.**

**Cäsar.** Was soll das? und wer bist du, daß du's wagst, so vor uns zu erscheinen?

**Dercetas.** Ich heisse Dercetas; ich diente dem Markus Antonius, der der besten Dienste

am meisten werth war; so lang' er noch stand
und sprach, war er mein Herr, und ich behielt
mein Leben nur, um es an seinen Feinden zu
verschwenden. Gefällt es dir nun, mich zu dir
zu nehmen, so will ich, was ich ihm war, dem
Cäsar seyn; gefällt es dir nicht, so geb' ich mein
Leben in deine Gewalt.

**Cäsar.** Was sagst du?

**Dercetas.** Ich sage, Cäsar, Antonius ist
todt.

**Cäsar.** Der Fall eines so grossen Mannes
hätte doch mehr Getöse machen sollen. Eine allgemeine Erschütterung des Erdballs hätte Löwen
in bürgerliche Strassen, und Bürger in die Lö-
wengruben werfen sollen — Der Tod des Antonius ist nicht der Tod eines Einzigen; eine Hälfte
der Welt ist in diesem Namen begriffen.

**Dercetas.** Er ist gestorben, Cäsar; nicht
durch einen öffentlichen Diener der Gerechtigkeit,
noch durch einen gedungenen Stahl; sondern eben
die Hand, die seinen Ruhm in den Thaten, die
er that, niederschrieb, gebrauchte den Muth, den
das Herz ihr lieh, das Herz zu zerspalten — Dieß

M 4

ist sein Schwert; ich zog es aus seiner Wunde;
sieh es mit seinem edelsten Blute gefärbt.

Cäsar. Ihr seht recht traurig aus, Freunde? — Die Götter strafen mich, wenn das nicht
eine Nachricht ist, über die Könige Thränen vergiessen dürften!

Agrippa. Seltsam, daß die Natur uns nöthigen muß, unsere entschlossensten Thaten zu
bejammern.

Mecänas. Seine Fehler und seine rühmlichen Thaten hielten einander die Wage.

Agrippa. Nie hat ein trefflicherer Geist ein
menschliches Wesen beherrscht; aber ihr, ihr Götter, gebt uns allemal einige Fehler, um uns zu
Menschen zu machen. Cäsar ist gerührt.

Mecänas. Wenn solch ein grosser Spiegel
ihm vorgehalten wird, muß er nothwendig sich
selbst sehen.

Cäsar. O! Antonius! so weit hab' ich dich
gebracht! — Aber so schneiden wir Schäden an
unserm Körper! Ich mußte durchaus dir solch
einen Verlust verursachen, oder ein gleiches von
dir erwarten; die Welt war nicht weit genug,
uns neben einander zu beherbergen. Und doch

laß mich dich beklagen, mit diesen Thränen, so
kostbar, als Blut der Herzen, daß du, mein
Bruder, mein Theilnehmer an jeder grossen Unternehmung, mein Mitgenoß des Reichs, mein
Freund und Gefährte in der Gefahr des Krieges,
der Arm meines Leibes, und das Herz, worin
das Meinige seine Gesinnungen anzündete — daß
unsre unversöhnlichen Sterne unsre ehmalige
Gleichheit so grausam theilen mußten! — Hört
mich, meine Freunde — Doch ich wills euch zu
einer gelegnern Zeit sagen — (Es kömmt ein Egypter) Dem Manne sieht sein Gewerbe schon aus
den Augen — Wir wollen ihn anhören — Woher bist du?

*Aegypter.* Itzt bin ich noch ein armer Egypter. Die Königinn meine Gebieterinn, die sich
in alles, was sie besitzt, in ihr Grabmal einge-
schlossen hat, wünscht von deinen Gesinnungen
unterrichtet zu seyn, damit sie wissen möge, was
für einen Entschluß ihr Schicksal von ihr fodert.

*Cäsar.* Heisse sie gutes Muths seyn; sie soll
bald von uns, durch einen unsrer Leute, erfahren,
wie ehrenvoll und gütig wir für sie gesinnet sind.
Denn Cäsar kann nicht ungroßmüthig handeln.

**Egypter.** Die Götter schützen dich!

(Geht ab.)

**Cäsar.** Komm her, Prokulejus — Geh, und sag' ihr, unsre Absicht sey nicht, sie zu beschimpfen. Gieb ihr jeden Trost, den die Grösse ihres Schmerzens fodert; damit sie nicht, in ihrer Hoheit, durch irgend einen tödlichen Streich unsern Sieg vernichte; denn ihr Leben in Rom würd' eine Verewigung unsers Triumphs seyn. Geh, und meld' uns, so eilig du kannst, was sie sagt, und wie du sie gefunden hast.

**Prokulejus.** Ich eile, Cäsar.

(Geht ab.)

**Cäsar.** Gallus, geh du mit — Wo ist Dolabella, um den Prokulejus zu unterstützen?

(Gallus geht ab.)

**Alle.** Dolabella!

**Cäsar.** Laßt ihn gehn; ich erinnere mich itzt, wozu ich ihn gebraucht habe; er wird bald wieder da seyn. Kommt mit mir, in mein Gezelt; da sollt ihr hören, wie ungern ich mich zu diesem Kriege habe nöthigen lassen, wie nachgebend und freundschaftlich ich in allen meinen Briefen mich bezeigt habe. Kommt mit mir, und seht, was ich für mich aufzuweisen habe. (Sie gehn ab.)

## Zweyter Auftritt.

### Das Grabmal.

### Kleopatra, Charmian, und Iras.

**Kleopatra.** Mein trostloser Zustand fängt an, mir ein besseres Leben zu schaffen. Es ist armselig, Cäsar zu seyn; da er nicht das Glück selbst ist, was ist er anders, als des Glücks Sklave, ein Werkzeug seines Willens? — Und es ist groß, die That zu thun, die alle übrigen Thaten endigt, die den Zufällen Fesseln anlegt, allem Wechsel den Zugang sperrt; wo man schläft, und nie mehr den Koth der Erde kostet, die Nahrung des Bettlers und Cäsars.

**Prokulejus, Gallus, Gefolge.**

**Prokulejus.** Cäsar sendet der Königinn von Aegypten seinen Gruß, und ersucht dich, darauf zu denken, was für billige Foderungen er dir gewähren soll.

**Kleopatra.** Wie ist dein Name?

**Prokulejus.** Mein Name ist Prokulejus.

**Kleopatra.** Antonius sagte mir von dir, hieß mich dir trauen; aber mich kümmerts wenig, ob ich betrogen werde, da mirs nichts hülft, einem zu trauen. Wenn dein Herr gern eine Königinn zu seiner Bettlerinn haben möchte, so sag' ihm, eine Königinn könne, Wohlstands halber, um nichts geringers betteln, als um ein Königreich. Gefällt es ihm, mir das eroberte Aegypten für meinen Sohn wieder zu geben, so giebt er mir zwar nur ein Theil von meinem Eigenthum, aber doch so viel, daß ich ihm kniend dafür danken will.

**Prokulejus.** Sey gutes Muths; du bist in eine fürstliche Hand gefallen: fürchte nichts. Ueberlaß dich mit völligem Zutrauen meinem Herrn, der so voller Gnade ist, daß sie auf alle, die ihrer bedürfen, überfließt. Laß mich ihm dein erwünschtes Vertrauen melden; so wirst du einen Sieger an ihm finden, der die Wohlthätigkeit herbeyruft, wenn man bloß um Gnade vor ihm kniet.

**Kleopatra.** O! sag' ihm, ich sey eine Vasallinn seines Glücks, und erkenne die Herrschaft, die er über mich erhalten hat. Ich lerne stündlich eine Lektion der Unterwürfigkeit, und möcht' ihn gerne von Angesicht sehen.

**Prokulejus.** Das will ich ihm melden, theure Königinn. Beruhige dich; Denn ich weiß, wie sehr dein Zustand von dem bedauert wird, der ihn veranlaßt hat. (Beyseite.) Ihr seht, wie leicht man sie überfallen kann.

(Gallus und Wache ersteigen das Grab= mal, und gehn hinein.)

Prokulejus. Bewacht sie, bis Cäsar kömmt.

Iras. O! meine Königinn!

Charmian. O! Kleopatra, du bist gefangen, Königinn!

Kleopatra. Schnell, schnell, meine Hände!

(Sie zieht einen Dolch; Prokulejus dringt hinein und entwaffnet sie.)

Prokulejus. Halt ein, Königinn; halt ein! thu dir selbst nicht so großes Unrecht. Durch diesen Ueberfall wirst du gerettet, nicht verrathen.

Kleopatra. Was? auch der Tod verräth mich, der doch einen schmachtenden Hund seiner Qual entledigt?

Proculejus. Kleopatra, mache dich der Gna= de meines Gebieters nicht dadurch unwürdig, daß du dir selbst das Leben nimmst. Laß die Welt die Beweise seiner Großmuth sehen, die sich, wenn du todt bist, nicht thätig erweisen kann.

Kleopatra. Wo bist du, Tod? Komm hie= her, komm! O! komm, und nimm eine Köni=

ginn, die wohl so gut ist, als eine Menge von
Säuglingen und Bettlern!

**Prokulejus.** Mäßige dich, Königinn.

**Kleopatra.** Freund, ich werde keine Speise
zu mir nehmen; ich werde nicht trinken, Freund!
Und — wenn auch müssiges Geschwätz dazu nöthig ist, mich wach zu erhalten — ich will auch
nicht schlafen. Dieß sterbliche Haus will ich zerstören; Cäsar mag thun, was Er kann. Wisse,
Freund, ich will nicht gefesselt an deines Herrn
Hofe aufwarten, noch jemals durch den spröden
Blick der albernen Oktavia gedemüthigt werden.
Ich sollte mich in die Höhe heben, und dem frolockenden Gesindel des spottenden Roms zur Schau
stellen lassen? Eher werd' ein Sumpf in Aegypten mein willkommnes Grab! lieber legt mich
ganz nackend in den Morast des Nils, und laßt
die Wasserfliegen ein Scheusal aus mir machen!
Lieber macht meines Landes hohe Pyramiden zu
meinem Galgen, und hängt mich in Ketten auf.

**Prokulejus.** Du gehst in diesen schrecklichen
Vorstellungen viel weiter, als Cäsar dir Anlaß geben wird.

(Dolabella kömmt.)

**Dolabella.** Prokulejus, was du gethan hast, weiß Cäsar, dein Gebieter, und er hat dich rufen lassen. Die Bewachung der Königinn nehm' ich indeß über mich.

**Prokulejus.** Ich bin es sehr wohl zufrieden, Dolabella; begegn' ihr freundlich. — Cäsarn will ich sagen, was dir gefällt, wenn du mir was an ihn aufzutragen hast.

**Kleopatra.** Sag ihm, ich wünsche zu sterben.

*(Prokulejus geht ab.)*

**Dolabella.** Grosse Königinn, du hast doch von mir gehört?

**Kleopatra.** Ich kanns nicht sagen.

**Dolabella.** Ganz gewiß kennst du mich.

**Kleopatra.** Was liegt daran, was ich kenne oder gehört habe? — Du lachst ja wohl, wenn Kinder oder Weiber ihre Träume erzählen? Pflegst du das nicht?

**Dolabella.** Ich verstehe dich nicht, Königinn.

**Kleopatra.** Ich träumte, es sey ein Feldherr, Antonius — O! noch so einen Schlaf, um nur noch so einen Mann zu sehen!

**Dolabella.** Wenn es dir gefiele — —

Kleopatra. Er sah aus, wie der Himmel;
in seinem Gesichte stand Sonn' und Mond, und
hielten ihren Lauf, und erleuchteten den kleinen
Erdkreis.

Dolabella. Grosse Königinn —

Kleopatra. Seine Beine überschritten das
Weltmeer; sein emporgestreckter Arm ragte über
die Welt her; seine Stimme war harmonischer,
als das Getön der Sphären, wenn sie seinen
Freunden tönte; aber wenn er zerschmettern und
den Erdkreis erschüttern wollte, war er rasseln-
der Donner. In seiner Wohlthätigkeit war kein
Winter; sie war ein Herbst, der desto reicher
ward, je mehr man einerndtete. Seine Ergötzungen waren wie spielende Delphine, die ihren
Rücken über dem Element zeigen, worinn sie leben; in seiner Librey giengen Könige und Fürsten; Königreiche und Inseln waren wie Goldstücke, die aus seiner Tasche fielen.

Dolabella. Kleopatra —

Kleopatra. Gläubst du, es habe jemals solch
einen Mann gegeben, oder werd' ihn geben, wie
der war, von dem ich träumte?

Dolabella. Nein, theure Königinn.

Kleo-

**Kleopatra.** Du lügst zu den Ohren der Götter hinauf. Aber wenn Ein solcher da ist, oder je da war, so übertrifft er alles, was Träume hervorbringen können. Die Natur hat nicht Stof genug, in seltsamen Gestalten mit der Phantasie zu wetteifern; aber einen Antonius zu bilden, war doch die Preisarbeit der Natur gegen die Phantasie, wodurch sie alle ihre Schattenbilder auslöschte.

**Dolabella.** Höre mich an, theure Königinn. Dein Verlust ist groß, wie du selbst, und du trägst ihn so, wie es seiner Schwere gemäß ist. Nie will ich den erwünschten Erfolg meiner Unternehmungen erreichen, wenn ich beym Anblick deines widrigen Schicksals nicht einen Kummer fühle, der das Innerste meines Herzens trifft.

**Kleopatra.** Ich danke dir, Freund. Weißt du, was Cäsar mit mir zu machen denkt?

**Dolabella.** Ich sage dir ungern, was ich wünschte, daß du wissen möchtest.

**Kleopatra.** O! sage mirs doch.

**Dolabella.** So edelmüthig er ist — —

**Kleopatra.** Wird er mich doch im Triumph aufführen?

N

Dolabella. Das wird er, Königinn. Ich weiß es.

Alle. Platz da! — Cäsar.

Cäsar, Gallus, Mecänas, Prokulejus, und Gefolge.

Cäsar. Welche ist die Königinn von Aegypten?

Dolabella. Es ist der Feldherr, Königinn.

(Kleopatra kniet.)

Cäsar. Steh auf; du sollst nicht knien; ich bitte dich, steh auf. Steh auf, Aegyptens Fürstinn!

Kleopatra. Herr, die Götter wollen's so; meinem Besieger und Herrn muß ich unterthänig seyn.

Cäsar. Mache dir keine widrige Gedanken — Das Andenken an das Unrecht, das wir von dir erlitten haben, ist zwar in unser Fleisch geschrieben; indeß wollen wir uns seiner nur erinnern, als ob es uns bloß von ungefähr begegnet wäre.

Kleopatra. Einziger Herr der Welt, ich kann meine Sache von keiner so guten Seite vorstellen, daß ich darüber gerechtfertigt würde, sondern ich bekenne, daß ich mit eben den Gebrechen beladen gewesen bin, die vor mir schon so oft mein Geschlecht beschämt haben.

Cäsar. Wisse, Kleopatra, wir wollen lieber Gelindigkeit, als Strenge gebrauchen. Wenn du dich nach unsern Absichten bequemst — die sehr liebreich gegen dich sind — so wirst du bey diesem Tausch noch Vortheil haben. Wenn du aber, nach dem Beyspiel des Antonius, mir die Nothwendigkeit auflegst, Strenge zu brauchen, so machst du dich selbst meiner guten Absichten verlustig, und stürzest deine Kinder in das Verderben, wovor ich sie schützen will, wenn du es auf mich ankommen lässest. Ich will gehen —

Kleopatra. Das kannst du, durch die ganze Welt; sie ist dein; und wir, deine Trophäen und Siegszeichen, müssen hängen, wo dirs beliebt. (Sie giebt ihm ein Papier.) Da, mein theurer Gebieter.

Cäsar. Du sollst mir in allem rathen, was Kleopatra betrift.

Kleopatra. Dieß ist ein Verzeichniß alles Geldes, Geräthes und Geschmeides, das ich ha-

be; es ist aufs genauste angegeben; auch Kleinigkeiten sind darunter — Wo ist Seleukus?

Seleukus. Hier, Königinn.

Kleopatra. Dieß ist mein Schatzmeister.
Laß ihn reden, mein Gebieter; er wird auf seine Gefahr versichern können, daß ich nichts für
mich zurück behalten habe. Sage die Wahrheit,
Seleukus.

Seleukus. Lieber wollt' ich meine Lippen
versiegeln lassen, Königinn, als auf meine Gefahr sagen, was nicht ist.

Kleopatra. Was hab' ich denn zurück behalten?

Seleukus. Genug, um das wieder zu kaufen,
was du angegeben hast.

Cäsar. Nein, erröthe nicht, Kleopatra; ich
billige deine Klugheit in diesem Verfahren.

Kleopatra. Sieh, Cäsar! o! sieh, was ein
schimmerndes Glück für Anhänger hat! Meine
Leute werden nun die deinigen seyn; und tausch-
ten wir unser Glück; so würden die deinigen mein
werden. Der Undank dieses Seleukus macht mich
ganz wild. O! Sklave, nicht getreuer, als ver-
dungne Liebe! Wie? weichst du zurück? Das

sollst du, ich versichre dich; aber ich will deine
Augen erreichen, wenn sie gleich Flügel hätten:
Sklave, seelenloser Böswicht, Hund, Ungeheuer
von Niederträchtigkeit!

(Sie schlägt ihn.)

Cäsar.   Gute Königinn, ich bitte dich —

Kleopatra.   O! Cäsar, welch eine verwundern-
de Schmach ist es, in dem Augenblick, da du
mich, ein so tief erniedrigtes Geschöpf, der hohen Ehre deines Besuches würdigst, daß mein
eigner Bedienter die Summe meiner Kränkungen
durch seine Bosheit vermehren muß! Gesetzt auch,
guter Cäsar, ich hätte einige Weiberkleinigkeiten
zurück behalten, nichtsbedeutendes Spielwerk, dergleichen wir neuen Freundinnen zu schenken pfle-
gen; und gesetzt auch, ich hätte einige Sachen
von grösserm Werth für Livia und Oktavia zurück gelegt, um mir ihren Fürspruch damit zu erwerben; muß ich deswegen von einem verrathen
werden, den ich auferzogen habe? — Götter!
das wirst mich noch tiefer hinab, als mein Fall
mich stürzte! — Ich bitte dich, geh fort; oder
ich werde einige Funken meines Muths aus der
Asche meines Schicksals hervorglimmen lassen —

Wärst du ein Mensch, du würdest Mitleid mit
mir haben.

Cäsar. Geh ihr aus dem Wege, Seleukus.
(Seleukus geht ab.)

Kleopatra. Bedenke, daß wir, die Grossen
dieser Welt oft den Verdacht büssen, was andre
thun, dulden müssen; wenn wir fallen, sollen
wir fremde Vergehungen als die unsrigen verant-
worten. (Man sollt uns deswegen bedauren.)

Cäsar. Kleopatra, wir setzen weder das, was
du zurückbehälten, noch was du angegeben hast,
in das Verzeichniß der eroberten Sachen; beydes
bleibe dein; mache damit, was dir gefällt, und
glaube nicht, Cäsar sey ein Kaufmann, der dir
Sachen anrechne, womit Kaufleute handeln.
Sey also gutes Muths; mache deine Gedanken
nicht zu deinen Kerkern*); nein, theure Königinn. Denn unsre Absicht ist, dir so zu begegnen,
wie du selbst uns Vorschläge darüber thun wirst.
Iß und schlafe ruhig. Wir werden dich durch
Proben unsrer Sorgfalt und unsers Mitleids zu

---

*) D. i. bilde dir nicht ein, du seyst gefangen,
da du im Grunde frey bist. Johnson.

überzeugen suchen, daß wir dein Freund sind. Indeß lebe wohl.

Kleopatra. Mein Herr, und mein Gebieter!

Cäsar. Nicht so. — Lebe wohl.

( Cäsar und sein Gefolge gehn ab. )

Kleopatra. Er will mich beschwatzen, ihr Mädchen? beschwatzen will er mich, damit ich nicht edel gegen mich selbst verfahre. Aber höre, Charmian. ( Sie sagt ihr was ins Ohr. )

Iras. Mach ein Ende, Königinn — Der heitre Tag ist vorbey, und wir wandern zur Finsterniß.

Kleopatra. Sey bald wieder da. — Ich habe schon darüber gesprochen, und es ist besorgt. — Geh, mach es recht geschwinde.

Charmian. Das werd' ich thun.

( Sie geht ab. )

Dolabella. Wo ist die Königinn?

Charmian. Hier ist sie.

Kleopatra. Dolabella?

Dolabella. Meine Königinn, auf deinen Befehl, welchem zu gehorchen meine Freundschaft mir zur theuersten Pflicht macht, meld' ich dir: Cäsar denkt seinen Ausweg durch Sy-

rien zu nehmen, und in drey Tagen will er dich und
deine Kinder voran schicken. Mach hievon so guten Gebrauch, als du kannst; ich habe nun dein
Verlangen und mein Versprechen erfüllt.

**Kleopatra.** Dolabella, ich bleibe deine
Schuldnerinn.

**Dolabella.** Und ich dein Knecht. Lebe wohln
theure Königin; ich muß zu Cäsarn zurück eilen.

(Geht ab.)

**Kleopatra.** Lebe wohl; ich danke dir. —
Nun, Iras, was denkst du? Du wirst eben
so wohl, wie ich, als eine Aegyptische Puppe
in Rom zur Schau herum geführt werden.
Schlechte Handwerker, mit schmutzigen Schürzen, Winkelmassen und Hammern, werden uns,
um uns besser zu sehen, in die Höhe heben. Wir
werden in ihren dicken, nach groben Speisen rie-
chenden Athen eingenebelt, und genöthigt werden, ihre Ausdünstungen einzutrinken.

**Iras.** Das verhüten die Götter!

**Kleopatra.** Nein, das ist ganz unfehlbar
Iras. Unverschämte Liktoren werden uns wie gemeine Huren anpacken, und schäbichte Reimer
werden sich an Gassenliedern über uns heiser sin-

gen. Die lustigen Schauspieler werden uns aus
dem Stegreif auf die Bühne bringen, und unſre Alexandriniſchen Schwärmereyen vorſtellen.
Antonius wird betrunken herausgeführt werden,
und irgend ein quäkender Junge wird die Kleopatra machen, und meine Majeſtät in der Stellung einer Metze erzwingen wollen.

Iras. O! ihr guten Götter!

Kleopatra. Ja, das iſt ganz gewiß.

Iras. Das werd’ ich nimmermehr anſehen
können. Ich verlaſſe mich darauf, daß meine
Nägel ſtärker ſind, als meine Augen.

Kleopatra. Freylich, das iſt der beſte Weg,
alle ihre Anſtalten zu vereiteln, und ihre ſicherſten
Anſchläge zu vernichten — (Charmian kömmt.)
Nun, Charmian? — Ihr, meine Mädchen,
putzt mich wie eine Königinn auf; geht, holt mir
meinen beſten Anzug. Ich will wieder ans Ufer
des Cydnus, dem Antonius entgegen zu gehen —
hurtig, Iras geh! — Nun, meine edelmüthige Charmian, nun wollen wir geſchwinde machen —
und wenn du mir dieſen kleinen Dienſt gethan
haſt, ſo geb’ ich dir Erlaubniß, bis an den jüng-
ſten Tag zu ſpielen — Bring’ unſre Krone, und

und alles — (Ein Geräße-Hüter der Bühne.)
Wozu der Lärmen?

(Es kömmt einer von der Wache.)

**Wache.** Es ist ein Bauer draussen, der sich nicht will abweisen lassen, dich, Königinn, selbst zu sehen; er bringt dir Feigen.

**Kleopatra.** Laß ihn herein kommen — (Die Wache geht ab.) Welch ein armseliges Werkzeug kann oft eine edle That thun! — Er bringt mir Freyheit! — Mein Entschluß ist gefaßt, und ich habe nun nichts weibliches mehr an mir. Vom Haupt bis zu Fuß bin ich itzt fest, wie Marmor, und der unbeständige Mond ist mein Planet nicht mehr.

**Einer von der Wache, mit dem Bauer, der einen Korb bringt.**

**Wache.** Das ist er.

**Kleopatra.** Geh weg, und laß ihn hier — (Wache ab.) Hast du die hübsche Nilschlange da, die einen tödtet, ohne daß es schmerzt?

**Bauer.** Die hab' ich freylich; aber ich möchte dirs um vieles nicht zumuthen, sie anzurühren, denn ihr Biß ist unsterblich. Wer von ihr stirbt, kommt selten oder gar nicht wieder auf.

**Kleopatra.** Erinnerst Du dich, daß Leute davon gestorben sind?

**Bauer.** Sehr viele; Männer, und Weiber dazu. Noch gestern erst hört' ich von einer; ein kreuzbraves Weib, die nur gern ein wenig lügen mochte; und das sollte ein Weib nicht anders thun, als wenn es in Ehren geschieht. Wie sie an ihrem Biß starb! Was für Schmerzen sie fühlte! Mein Treu, sie sagt der Schlange sehr viel Gutes nach; aber, wer den Leuten alles glaubt, was sie sagen, dem hilft nimmermehr die Hälfte von dem, was sie thun. Aber so viel ist nun einmal trieglich, die Schlange ist eine närrische Schlange.

**Charmian.** Geh deiner Wege; lebe wohl.

**Bauer.** Ich wünsche dir viel Glück zu der Schlange.

**Kleopatra.** Leb wohl.

**Bauer.** Du mußt bedenken siehst du wohl, daß die Schlange nicht von Art lassen wird.

**Kleopatra.** Ja, ja; leb wohl.

**Bauer.** Siehst du, es ist der Schlange nicht zu trauen, wenn sie nicht in gescheite Leute

Händen mißt; denn, mein Treu, die Schlange steckt voller Tücke.

**Kleopatra.** Mach dir keine Sorge; man wird sich schon in Acht nehmen.

**Bauer.** Sehr wohl. Gieb ihr nichts; ich bitte dich; sie ist des Futters nicht werth.

**Kleopatra.** Meynst du, sie möchte mich essen?

**Bauer.** Du mußt mich nun eben nicht für so einfältig halten, als ob ich nicht wüßte, daß der Teufel selbst kein Weibsbild nicht essen würde. Ich weiß, ein Weibsbild ist ein Fressen für die Götter, wenn's der Teufel nicht zubereitet hat. Aber, mein Treu! die vertrackten Teufel die spielen den Göttern manchen verzweifelten Possen mit ihren Weibern; denn von Jedem Zehn, das sie machen, verhunzt der Teufel ihrer fünfe wieder.

**Kleopatra.** Gut; geh deiner Wege; lebe wohl.

**Bauer.** Ja, wahrhaftig; ich wünsche dir viel Glück zu deiner Schlange. (Geht ab.)

**Kleopatra.** Gebt mir mein Gewand; setzt

mir eine Krone auf; ich kann es kaum erwarten, bis ich unsterblich bin — Nun wird der
Saft der Aegyptischen Traube nicht mehr diese
Lippen netzen — Hurtig, hurtig, liebe Jras,
munter! — Mich dünkt, ich höre Antonius rufen; ich seh ihn sich aus dem Schlummer aufraffen, um meine edle That zu preisen. Ich hör'
ihn über das Glück Cäsars spotten, ein Glück,
das die Götter den Menschen nur geben, um ihren nachfolgenden Grimm zu entschuldigen. Ich
komme, Gemahl! — Itzt beweise meine Herzhaftigkeit mein Recht an diesen Namen! — Ich
bin lauter Feuer und Luft; meine übrigen Elemente schenk' ich einem niedrigern Leben—So; —
seyd ihr fertig? — So kommt denn, und nehmt
die lezte Wärme von meinen Lippen. Lebe wohl,
gute Charmian; Jras, auf lange lebe wohl. (Sie
setzt die Schlange an ihre Brust.) Hab' ich die
Schlange in meinen Lippen, Jras? — Du
fällst? — Wenn du und die Natur so freundlich von einander scheiden können, so ist der
Streich des Todes wie der Zwick eines Liebhabers,
der weh thut, und den man doch gerne hat —
Liegst du noch immer? Wenn du so dahin stirbst,

so sagst du der Welt, sie sey des Abschiednehmens nicht werth. —

(Iras stirbt.)

**Charmian.** Zerfliesse, dicke Wolke, und schütte Regen herab! damit ich sagen könne: die Götter selbst weinen!

**Cleopatra.** Das heißt mich der Feigheit beschuldigen! wenn sie die erste ist, die dem lockigten Antonius begegnet, so wird er sie nach mir fragen, und den Kuß an sie verschwenden, den zu empfangen mein Himmel ist — (zur Schlange:) Komm, du tödtliches Geschöpf, entschling auf Einmal mit deinem scharfen Zahn diesen verflochtnen Knoten des Lebens. Arme, giftige Närrinn, werde böse, und mach ein Ende draus! — O! könntest du sprechen, damit ich hören möchte, wie du den grossen Cäsar einen Esel, einen einfältigen Tropf nenntest!

**Charmian.** O! fallender Morgenstern!

**Cleopatra.** Still, still! — Siehst du nicht meinen Säugling an meiner Brust, der seine Amme in Schlaf saugt?

**Charmian.** O! brich, brich, Herz!

an Kleopatra. So lieblich — wie Balsam, so sanft, so erquickend, wie Luft — O! Antonius! — (Sie legt eine andre Schlange an ihren Arm.) Ja, ich will dich auch nehmen — Was soll ich hier warten — (Sie stirbt.)

Charmian. In dieser öden Welt? — So fahre denn wohl! — Nun rühme dich, Tod! Ein Weib, das nie seines Gleichen hatte, liegt in deinen Armen — Schließt euch, ihr weichen Auglieder; und nimmer werde die goldne Sonne wieder von so königlichen Augen angeschauet — Deine Krone sitzt schief; ich will sie zurecht setzen, und dann spiel' ich — —

(Die Wache stürzt herein.)

1. Wache. Wo ist die Königinn?

Charmian. Rede leise, wecke sie nicht.

1. Wache. Cäsar schickte — —

Charmian. Einen zu langsamen Boten. (Sie setzt sich die Schlange an.) O! komm. Nur zu; mach fort; ich fühle dich ja kaum.

1. Wache. Kommt näher! he! es ist hier nicht richtig. Cäsar ist betrogen.

2. Wache. Dolabella ist da, von Cäsarn abgeschickt; ruf' ihn her!

1. Wache. Was giebts hier? — Charmian,
ist das wohl gethan?

Charmian. Es ist wohl gethan, und einer
Prinzeßinn anständig, die von so vielen grossen
Königen abstammte — Ah! Soldat!

(Sie stirbt. Dolabella kommt.)

Dolabella. Was giebts hier?

2. Wache. Alle todt.

Dolabella. Cäsar, es ist geschehn, was du
besorgtest; du kömmst eben recht, um mit eignen
Augen die gefürchtete That zu sehen, die du so
sehr zu verhindern suchtest.

Cäsar, und Gefolge.

Alle. Platz da! Platz für Cäsar!

Dolabella. O! Cäsar, du weissagst gar zu
gut; was du fürchtetest, ist geschehen.

Cäsar. Ihre letzte That ist die edelste. Sie
errieth unsre Absichten, und nahm, mit königli-
cher Entschlossenheit ihren eignen Weg. — Wie
starben sie denn? — Ich sehe kein Blut an ihnen.

Dolabella. Wer war zuletzt bey ihnen?

1. Wa

... Wache. Ein unglücklicher Landmann, der
ihr Feigen brachte. Dieß war die Roth.

Cäsar. Vergiftet also!

11. Wache. O! Cäsar, diese Charmian hier
lebte noch itzt eben; sie stand noch da, und red=
te; ich fand sie, wie sie den Hauptschmuck ihrer
todten Gebieterinn zurecht setzte; zitternd stand sie,
und sank auf einmal zu Boden.

Cäsar. O! der edeln Schwäche! — Hätten
sie Gift genommen, so würden sie äusserlich auf=
geschwollen seyn; aber sie sieht aus, wie der
Schlaf, als ob sie einen zweyten Antonius in dem
starken Garn ihrer Reize bestricken wollte.

Dolabella. Hier auf ihrer Brust ist Blut
hervorgequollen, und es ist etwas aufgelaufen;
eben so ists an ihrem Arm.

1. Wache. Das ist die Spur einer Schlange;
und auf diesen Feigenblättern hier ist Schleim,
dergleichen die Schlange in den Höhlen des Nils
zurückläßt.

Cäsar. Sehr wahrscheinlich ists, daß sie so
starb; denn ihr Arzt sagte mir; sie habe mit aller
möglichen Mühe nach leichten Todesarten ge=

O

forſcht — Nehmt ihr Bette auf, und tragt ihre
Weiber aus dem Grabmal — Sie ſoll neben
ihrem Antonius begraben werden. Kein Grab
auf Erden ſoll ein ſo berühmtes Paar in ſich
ſchlieſſen. So groſſe Begebenheiten, wie dieſe,
erſchüttern ſelbſt ihre Urheber; und ihre Geſchichte
erwirbt ihnen eben ſo viel Mitleid, als ſie dem
Ruhm erwirbt, der ſie dahin gebracht hat, be-
jammert zu werden. Unſer Kriegsheer ſoll, im
feyerlichen Zuge, dieſe Leiche begleiten; und dann
nach Rom! — Du, Dolabella, beſorge die An-
ordnung dieſer groſſen Leichenfeyer.

(Sie gehn ab.)

# Timon von Athen.

# Personen.

Timon, ein edler Athenienser.

Lucius,
Lukullus,
Sempronius,
} gleichfalls vornehme Athenienser.

Apemanthus, ein Philosoph.

Alcibiades.

Flavius, Timon's Hausverwalter.

Flaminius,
Lucilius,
Servilius;
} Timon's Bediente.

Raphis,
Varro,
Philo,
Titus,
Lucius,
Hortensius,
} Bediente.

Ventidius, einer von Timon's Freunden.

Kupido, und Masken.

Fremde.

Phrynia, und

Timandra, Buhlerinnen des Alcibiades.

Diebe, Rathsherren, ein Dichter, Mahler, Juwelierer, und Kaufmann. Bediente und Gefolge.

Der Schauplatz ist in Athen und dem nicht weit davon entfernten Walde.

# Timon von Athen.

## Erster Aufzug.

### Erster Auftritt.

Eine Halle in Timon's Hause.

Ein Poet, Mahler, Juwelierer, und Kaufmann, von verschiedenen Seiten her.

Poet. Guten Tag, Freund.

Mahler. Ich freue mich deines Wohlseyns.

Poet. Ich habe dich lange nicht gesehen.
Wie gehts in der Welt?

Mahler. Sie nützt sich immer mehr ab, je
älter sie wird.

O 3

Poet. Ja, das weiß man lange. Aber was giebts denn für besondere Seltenheiten? für ausserordentliche Dinge, wovon sich noch nicht viele Beyspiele aufweisen lassen? — Sieh, du Zauber der Freygebigkeit! alle diese Geister hat deine Macht zusammen beschworen, hier aufzuwarten: Ich kenne den Kaufmann.

Mahler. Ich kenne sie beyde; der andre ist ein Juwelierer.

Kaufmann. O! es ist ein würdiger Herr!

Juwelierer. Freylich, das ist ausgemacht.

Kaufmann. Ein ganz unvergleichlicher Mann! Im beständigen Wettlauf guter Thaten wird er nie müde noch athemlos. Er übertrift —

Juwelierer. Hier hab' ich einen Edelstein.

Kaufmann. O! laß doch sehen! — Ist er für den edeln Timon bestimmt?

Juwelierer. Wenn er ihn so hoch bezahlt, als er geschätzt ist. Doch, was das betrift — —

Poet.

„Wenn wir um Lohn den Lasterhaften singen,
„So wird auch des gerechten Lobes Glanz
„Dadurch befleckt, das wir der Tugend bringen —

**Kaufmann.** (Der den Edelstein besieht) Er ist schön geschnitten.

**Juwelierer.** Und reich. Was das für ein Waßer ist! Sieh doch!

**Mahler.** Mich dünkt, Freund, du bist in Begeisterung bey irgend einer Arbeit, einer Zuschrift, die an den grossen Timon gerichtet ist.

**Poet.** Eine Kleinigkeit; die mir in einer müssigen Stunde entwischte. Unsere Poesie ist wie ein Gummi, das da hervor quillt, wo es Nahrung fand. Das Feuer im Kiesel zeigt sich nicht eher, bis es heraus geschlagen wird; unsre edle Flamme entzündet sich von selbst, und überströmt, wie ein reissendes Waßer, jeden Damm, der sie einzwängen will. Was hast du da!

**Mahler.** Ein Gemählde — Wenn kömmt dein Werk heraus?

**Poet.** Es soll meiner Ueberreichung gleich auf den Fuß folgen — Laß mich doch dein Stück sehen.

**Mahler.** Es ist ein gutes Stück.

**Poet.** Das ist es. Die Figuren tretten ganz vortreflich hervor.

**Mahler.** So ziemlich.

**Poet.** Ganz herrlich! — Was für eine Wahrheit, welch ein Anstand in dieser Stellung! Welch eine geistige Kraft schießt aus diesem Aug' hervor! Welch eine fruchtbare Einbildungskraft belebt diese Lippe! Selbst die Stummheit der Gebehrde wird hier zum Ausdruck.

**Mahler.** Es ist eine ganz artige Nachäffung der Natur. Das ist ein Pinselzug! ist er gut?

**Poet.** Ich will nichts weiter sagen, als, er meistert die Natur selbst. Wetteifer der Kunst leuchtet aus diesen Strichen hervor, die lebhafter sind, als das Leben selbst.

(Es kommen einige Rathsherren.)

**Mahler.** Wie viel Anhänger dieser Herr hat!

**Poet.** Die Rathsherren von Athen! — Glückliche Männer!

**Mahler.** Sieh da, noch mehr!

**Poet.** Du siehst, wie hier alles zusammenfließt, wie die Besuche hier mächtig zuströmen. Ich habe in diesem meinem unvollkommnen Gedicht einen Mann entworfen, den diese Unterwelt mit der größten Hochachtung umfaßt und in die Arme schließt. Mein Plan schränkt sich auf keine besondre Umstände ein, sondern bewegt sich frey in

einem weiten Meer von Wachs; *) Keine ab=
sichtvolle Bosheit vergiftet nur ein einziges Kom=
ma in dem Laufe, den ich nehme; sondern er
fliegt einen Adlerflug, kühn, in einem fort, und
läßt keine Spur zurück.

Mahler. Was willst du damit sagen?

Poet. Ich will dirs aufriegeln. Du siehst,
wie alle Stände, wie alle Arten von Leuten —
sowohl die von glatter und geschmeidiger, als die
von spröder und strenger Denkungsart — dem
Timon ihre Dienste zu Füssen legen; sein grosser
Reichthum, der mit seiner leutseligen und güti=
gen Gesinnung vereint ist, überwältigt alle Arten
von Herzen, und macht sie zu seinen freywilligen
Freunden und Anhängern; ja, von dem Schmeich=
ler mit dem Spiegelgesichte, **) bis zum Ape=
manthus! der wenig Dinge so sehr liebt, als den
Abscheu gegen sich selbst; auch dieser fällt vor ihm
auf seine Knie, und kehrt vergnügt, und durch

---

*) Die Alten schrieben, wie bekannt, auf wächser=
nen Tafeln.

**) d. i. der in seiner Miene, wie in einem Spiegel,
die Miene seines Gönners zeigt. Johnson.

Timon's Kopfniken in seinen Gedanken höchst
glücklich, zurück.

**Mahler.** Ich sah sie mit einander reden.

**Poet.** Ich habe gedichtet, die Glücksgöttinn
throne auf einem hohen und anmuthigen Hügel.
Der Fuß des Berges ist mit Reihen von allerley
verdienten Leuten umgeben, die sich bemühen,
ihre Umstände bis auf die Oberfläche dieser Sphäre empor zu heben. Unter allen diesen Leuten,
deren Augen auf diese allgewaltige Beherrscherinn
gerichtet sind, führe ich eine Person von Timons
Gestalt ein, die Fortuna mit ihrer elfenbeiner-
nen Hand zu sich winkt, und durch diese Gunst
in eben dem Augenblick alle seine Nebenbuhler zu
seinen Dienern und Sklaven macht.

**Mahler.** Eine mahlerische Idee! Mich dünkt,
dieser Thron, diese Glücksgöttinn, dieser Hügel,
mit einem Manne, der aus den übrigen, die
unten stehen, emporgewinkt wird, und der sein
Haupt gegen den schroffen Berg beugt, um zu
seinem Glück hinan zu klimmen, würde sich auch
in meiner Kunst gut ausdrücken lassen.

**Poet.** Schon recht; aber höre mich nur weiter. Alle diese, die noch kürzlich erst seines Glei-

hen waren, einige vornehmer, als er, folgen
itzt seinen Schritten, füllen seine Vorzimmer mit
Aufwartungen, regnen abgöttisches Geflüster in
sein Ohr, machen sogar seinen Steigbügel zum
Heiligthum, und trinken die freye Luft nur
durch ihn.

**Mahler.** Nun wohl, was sollen denn diese
Leute?

**Poet.** Sobald nun die Glücksgöttinn, in einem Anstoß von Unbestand und Wankelmuth,
den, der eben noch ihr Liebling war, vom Gipfel herab stößt, so lassen alle seine Verehrer, die
sich hinter ihm her auf ihren Händen und Knien
auf den Gipfel des Berges hinaufarbeiteten, die
lassen ihn hinunter schlüpfen, ohne daß nur ein
einziger seinen ausglitschenden Fuß begleiten will.

**Mahler.** Das ist was gemeines. Ich kann
dir tausend moralische Gemählde zeigen, dir dergleichen plötzliche Streiche des Glücks weit lebhafter vorstellen, als blosse Worte. Doch thust
du wohl, dem Timon zu zeigen, daß ganz gemeine Augen den Fuß über dem Kopf gesehen haben.

Trompeten. Timon kömmt und wendet
sich auf eine leutselige Art an jeden,
der ihm aufwartet.

Timon. (Zu einem Boten) Im Gefängniß
ist er; sagst du?

Bote. Ja, mein theurer Gebieter; fünf Talente sind seine Schuld; sein Vermögen ist sehr
geringe; seine Gläubiger thun sehr dringend. Er
bittet dich um ein geneigtes Fürschreiben an diejenigen, die ihn haben setzen lassen; erhält er das
nicht, so bleibt ihm weiter kein Trost übrig.

Timon. Der edle Ventidius! — Gut; es
ist meine Art nicht, einen Freund zu der Zeit zu
verstoßen, wenn er meiner am meisten bedarf.
Ich kenne ihn als einen Mann, der wohl einer
Hülfe werth ist; und die soll er erhalten; ich will
die Schuld bezahlen, und ihn befreyen.

Bote. Du verpflichtest ihn dadurch auf ewig.

Timon. Empfiehl mich ihm; ich werd' ihm
sein Lösegeld schicken, und laß ihn, wenn er wieder frey seyn wird, zu mir kommen. Es ist nicht
genug, dem Schwachen aufzuhelfen; man muß
ihn auch hernach unterstützen. Leb wohl.

**Bote.** Glück und Heil komm' über dich!

(Geht ab.)

**Ein alter Athenienser.**

**Alter.** Höre mich an, edler Timon!

**Timon.** Herzlich gern, alter Vater.

**Alter.** Du hast einen Bedienten, der Lucilius heißt.

**Timon.** Ja, den hab' ich; was soll er?

**Alter.** Edelster Timon, laß ihn vor dich kommen.

**Timon.** Ist er hier mit zur Aufwartung, oder nicht? — Lucilius!

(Lucilius kömmt.)

**Lucilius.** Hier, zu deinen Diensten.

**Alter.** Dieser Mensch hier, edler Timon, dieser dein Bedienter, besucht des Nachts mein Haus. Ich bin ein Mann, der von Jugend auf sich Mühe gegeben hat, was zu erwerben, und mein Vermögen verdient einen vornehmern Erben, als einen, der bey Tisch' aufwartet.

**Timon.** Gut; was weiter?

**Alter.** Ich hab' eine einzige Tochter, und sonst keinen Verwandten, dem ich vermachen könnte, was ich erworben habe. Das Mädchen ist

hübsch, so jung, als eine Braut seyn kann, und
ich habe keine Kosten gespart, sie aufs beste er-
ziehen zu lassen.   Dieser Mensch, der in deinen
Diensten ist, bewirbt sich um ihre Liebe.   Ich
bitte dich, edler Timon, vereinige dich mit mir,
ihm ihren Umgang zu verbieten.   Ich allein hab'
es bisher vergebens gethan.

**Timon.**   Es ist ein ehrlicher Mann.

**Alter.**   Desto besser für ihn. *) Seine Ehrlichkeit belohnt ihn durch sich selbst; sie muß nicht
eben meine Tochter davon tragen.

**Timon.**   Liebt sie ihn?

**Alter.**   Sie ist jung und mannbar.   Unsre
eignen vormaligen Leidenschaften lehren uns, wie
leichtsinnig die Jugend ist.

**Timon.**   ( Zu Lucilius. ) Liebst du das Mädchen?

**Lucilius.**   Ja, mein theurer Gebieter, und
sie ist es zufrieden.

**Alter.**   Wenn sie einander ohne meine Einwilligung heyrathen, so ruf ich die Götter zu Zeu-

---

*) Dr. Johnson's Vermuthung, daß hier *well he
him* für *he will he* zu lesen sey, ist mir wegen des Folgenden wahrscheinlich, das dann besser zusammenhängt.

gen, daß ich mir einen Erben aus den Bettlern auf der Straſſe wählen, und ihr alles entzie. hen will.

Timon. Wie viel ſoll ſie zum Brautſchatz ha. ben, wenn ſie einen Mann heyrathete, der ihr an Vermögen gleich wäre?

Alter. Drey Talente für itzt; und alles fürs Künftige.

Timon. Dieſer Menſch hat mir lange ge. dient; um ſein Glück zu machen, will ich mich ein wenig angreifen, denn es iſt eine Pflicht der Menſchlichkeit. Gieb ihm deine Tochter; ſo viel du ihr mitgiebſt, will ich ihm auch mitgeben, damit er ihr das Gleichgewicht halten möge.

Alter. Edler Timon, verſprich mir das auf dein Ehrenwort, ſo ſoll er ſie haben.

Timon. Hier haſt du meine Hand, ich ver. ſpreche dirs auf meine Ehre.

Lucilius. Ich danke dir demüthigſt, mein Gebieter. Nie wird mir irgend ein Gewinn oder Glück zufallen können, das ich dir nicht ſchuldig zu ſeyn glaube.

( Lucil und der Alte gehn ab. )

**Poet.** Nimm mein Werk gnädig auf, und langes Leben beglücke dich!

**Timon.** Ich danke dir; du sollst bald weitern Bescheid haben; geh nicht weg — Was hast denn du da, mein Freund?

**Mahler.** Ein Gemählde, edler Timon; und ich bitte dich, es anzunehmen.

**Timon.** Gemählde sind allemal willkommen. Ein Gemählde ist beynahe so gut, wie ein wirklicher Mensch; denn seitdem die Niederträchtigkeit mit der Natur des Menschen ein Gewerbe treibt, ist er bloß Aussenseite; gemahlte Figuren sind gerade das, wofür sie sich ausgeben. Deine Arbeit gefällt mir, und du sollst finden, wie sehr sie mir gefällt; wart' ein wenig, bis du weiter von mir hörst.

**Mahler.** Die Götter erhalten dich!

**Timon.** Lebt wohl, ihr Freunde — Gieb mir deine Hand; wir müssen diesen Mittag mit einander essen — Freund, dein Edelstein ist lange noch nicht nach Verdienst gelobt.

**Juwelierer.** Wie so? hat man ihn nicht gelobt?

Ti-

Timon. Er ist mir ganz übermäßig ange-
priesen. Sollt' ich ihn so bezahlen, wie er erho-
ben wird, so müßt' ich mich ganz zu Grunde
richten.

Juwelierer. Man hat ihn so geschätzt, edler
Timon, wie die Verkäufer ihn gern bezahlen würden. Du weißt aber wohl, daß Dinge von glei-
chem Werth, wenn sie ungleiche Eigenthümer
haben, nach ihren Besitzern geschätzt werden.
Glaube mir, werther Timon; der Stein würde
einen weit gröffern Werth haben, wenn du ihn
trügest.

Timon. Der Spaß gefällt mir.

Kaufmann. Nein, theurer Timon, er sagt
nichts anders, als was Jedermann sagt.

(Apemanthus *) kömmt.)

Timon. Seht nur, wer da kömmt — Wollt
ihr euch ausschelten lassen?

Juwelierer. Wir wollen's mit dir theilen.

Kaufmann. Er wird keinen verschonen.

---

*) Diesen Charakter eines Cynikers hat Lucian,
in seinem Ausruf der Philosophen, sehr schön gezeichnet, und Shakespeare hat ihn sehr gut kopiert. Warburton.

P

**Timon.** Guten Morgen, mein leutseliger Apemanthus.

**Apemanthus.** Warte du auf deinen Gutenmorgen, bis ich leutselig bin. Wenn du Timon's Hund, und diese Schelme ehrliche Leute geworden sind — —

**Timon.** Warum nennst du sie Schelme? du kennst sie doch nicht?

**Apemanthus.** Sind sie nicht Athenienser?

**Timon.** Ja.

**Apemanthus.** So nehm' ich mein Wort nicht zurück.

**Juwelierer.** Du kennst mich, Apemanthus.

**Apemanthus.** Du weißt schon, daß ich dich kenne; ich nannte dich ja bey deinem Namen.

**Timon.** Du bist stolz, Apemanthus.

**Apemanthus.** Auf nichts so sehr, als daß ich nicht bin, wie Timon.

**Timon.** Wo willst du hin?

**Apemanthus.** Einem ehrlichen Athenienser den Hals brechen.

**Timon.** Das wär' eine That, wofür du sterben müßtest.

Apemanthus. Ganz recht, wenn das Gesetz auf Nichtsthun die Todesstrafe legt.

Timon. Wie gefällt dir dieß Gemählde, Apemanthus?

Apemanthus. Recht schön, weil es nichts
Böses thut.

Timon. Hat der Mahler seine Sachen nicht
gut gemacht?

Apemanthus. Der machte seine Sachen doch
noch besser, der den Mahler machte; und doch
ist er nur ein schlechtes Stück Arbeit.

Poet. Du bist ein Hund.

Apemanthus. Deine Mutter ist von meinem
Stamme; was ist sie, wenn ich ein Hund bin?

Timon. Willst du diesen Mittag mit mir
essen, Apemanthus?

Apemanthus. Nein, ich esse keine grosse
Herren.

Timon. Wenn du das thätest, würdest du
die Damen böse machen.

Apemanthus. O! die essen grosse Herren;
und dadurch werden sie dick.

Timon. Ein schmutziger Gedanke.

Apemanthus. Wie du ihn denkst. Nimm ihn für deine Mühe.

Timon. Wie gefällt dir dieser Edelstein, Apemanthus?

Apemanthus. Nicht so gut, als die Aufrichtigkeit, die doch keinen Heller kostet.

Timon. Wie viel denkst du wohl, daß er werth ist?

Apemanthus. Nicht so viel, daß ich darauf denke — Wie stehts, Poet?

Poet. Wie stehts, Philosoph?

Apemanthus. Du lügst.

Poet. Bist du keiner?

Apemanthus. Ja.

Poet. So lüg' ich nicht.

Apemanthus. Bist du kein Poet?

Poet. Ja.

Apemanthus. Also lügst du. Schau nur in dein letztes Werk, worinn du gedichtet hast, er sey ein würdiger Mann.

Poet. Das ist nicht gedichtet; er ist es.

Apemanthus. Freylich, er ist deiner würdig, und würdig genug, dich für deine Mühe zu bezahlen. Wer sich gerne schmeicheln läßt, ist des

Schmeichlers würdig. Himmel! wär' ich nur ein grosser Herr!

Timon. Was wolltest du denn thun, Apemanthus?

Apemanthus. Eben das, was Apemanthus itzt thut, einen grossen Herrn von Herzen hassen.

Timon. Was? dich selbst?

Apemanthus. Freylich.

Timon. Worüber denn?

Apemanthus. Daß ich so wenig Witz hätte, ein grosser Herr zu seyn — Bist du nicht ein Kaufmann?

Kaufmann. Ja, Apemanthus.

Apemanthus. Der Handel verderbe dich, wenn's die Götter nicht thun wollen!

Kaufmann. Wenn's der Handel thut, so thun es die Götter.

Apemanthus. Der Handel ist dein Gott; und dein Gott verderbe dich!

(Trompeten. Es kömmt ein Bote.)

Timon. Was sind das für Trompeten?

Bote. Es ist Alcibiades mit etlichen zwanzig Rittern, die alle seines Gleichen sind.

P 3

**Timon.** O! geht ihnen entgegen, und führt sie zu mir — Ihr müßt durchaus diesen Mittag bey mir essen. — Geh du hier nicht weg, bis ich dir erkenntlich gewesen bin; und nach dem Essen zeige mir dieß Gemählde. Ich freue mich, euch zu sehen — (Alcibiades kömmt mit seinem Gefolge) Sey mir sehr willkommen, Alcibiades!

**Apemanthus.** So, so, ganz recht! — Daß die Gicht eure biegsamen Gelenke lähme und ausdörre! Daß unter diesen artigen, süssen Schelmen so wenig wahre Freundschaft, und doch so viel Bezeugung der Höflichkeit herrscht! Wahrhaftig, das menschliche Geschlecht wird zu lauter Affen und Meerkatzen!

**Alcibiades.** Endlich, Timon, ist meine Sehnsucht gestillt; und noch kann ich mich an dir gar nicht satt sehen.

**Timon.** Sehr willkommen, mein Freund. Ehe wir scheiden, wollen wir einige Tage mit allerley Lustbarkeiten zubringen. Kommt, laßt uns hinein gehen.

(Alle, bis auf Apemanthus, gehn ab; es kommen zwey edle Athenienser.)

**Erster Athenienser.** Welche Zeit ists, Apemanthus?

**Apemanthus.** Zeit, ehrlich zu seyn.

**Erster.** Die Zeit ist immer.

**Apemanthus.** Desto schlechter bist du, daß du sie doch vorbeylässest.

**Zweyter.** Du gehst zu Timons Gastmahl.

**Apemanthus.** Ja; um Speisen Schelme füllen, und Wein Narren erhitzen zu sehen.

**Zweyter.** Leb wohl, leb wohl.

**Apemanthus.** Du bist ein Geck, daß du mir zweymal Lebewohl sagst.

**Zweyter.** Warum, Apemanthus?

**Apemanthus.** Das Eine hättest du für dich selbst behalten sollen, denn von mir kriegst du keines.

**Erster.** Geh an den Galgen!

**Apemanthus.** Nein, ich werde nichts auf dein Geheiß thun; mache deine Foderungen an deinen Freund.

**Zweyter.** Geh fort, du unverträglicher Hund, oder — ich stosse dich mit den Füssen hinaus.

**Apemanthus.** Ich will fliehen, wie ein Hund, vor den Hinterfüssen eines Esels.

Erſter. Er iſt ein Widerſpruch der Menſch-
heit. Komm, wollen wir hinein gehn, und an
Timon's Freygebigkeit Antheil nehmen? In der
That, er übertrifft die Leutſeligkeit ſelbſt.

Zweyter. Er läßt ſie ausſtrömen. Plutus,
der Gott des Goldes, iſt bloß ſein Hausverwalter. Das kleinſte Verdienſt bezahlt er ſiebenfältig
über ſeinen Werth; und das kleinſte Geſchenk,
das er annimmt, erwirbt dem Geber einen Er-
ſatz, der alle gewöhnliche Erkenntlichkeit weit
übertrifft.

Erſter. Er hat das edelſte Gemüth, das jemals einen Menſchen beherrſcht hat.

Zweyter. Lange leb' er im Glücke! — Wollen wir hinein?

Erſter. Ich werde mit dir gehn.

(Sie gehn ab.)

## Zweyter Auftritt.

Hoboen machen laute Musik; es wird ein grosses Mahl aufgetragen; hernach kommen Timon, Alcibiades, Lucius, Lukullus, Sempronius, andre Rathsherren von Athen, und Ventidius. Wenn alle herein sind, schlentert Apemanthus mit mißvergnügtem Gesicht hinter her.

**Ventidius.** Ehrenvoller Timon, es hat den Göttern gefallen, des hohen Alters meines Vaters eingedenk zu seyn, und ihn zur ewigen Ruhe abzurufen. Er ist nun glücklich geworden, und hat mich reich hinterlassen. Da mich nun die Dankbarkeit deinem großmüthigen Herzen verpflichtet, so geb' ich dir diese Talente, durch deren Hülfe ich meine Freyheit erhielt, gedoppelt, mit Dank und Dienstergebenheit, zurück.

**Timon.** O! durchaus nicht, mein rechtschaffner Ventidius. Du verkennst meine Freundschaft; ich gab sie dir mit willigem Herzen; und wer kann mit Wahrheit sagen, daß er gebe, wenn er wieder empfängt? Wenn auch vornehmere Leute als wir, das thun, so steht es uns doch nicht an. Fehler, die von Reichen begangen werden, lassen immer schön.

Ventidius. Welche edle Denkungsart!

Timon. ( Zu seinen Gästen. ) Nein, ihr Herren, Cärimonien hat man bloß erfunden, um schwachen Handlungen, leerer Bewillkommung, und einer Gutthätigkeit, die ihre Wohlthat zurück nimmt, ehe sie sie noch erwiesen hat, einen scheinbaren Glanz zu geben; aber wo wahre Freundschaft ist, da braucht es dergleichen nicht. Ich bitt' euch, nehmt Platz; ihr seyd mir zu meinem Wohlstande noch willkommer, als er mir selbst ist. (Sie setzen sich.)

Lucius. Wir sind schon immer davon überzeugt gewesen.

Apemanthus. Ho! Ho! überzeugt gewesen! — Daß ihr gehangen würdet!

Timon. O! Apemanthus — du bist mir willkommen.

Apemanthus. Ich will es aber nicht seyn. Ich komme nur, daß du mich zur Thür hinaus stossest.

**Timon.** Pfui! Wie grob du bist! Du hast da eine Laune angenommen, die eben nicht gut läßt? sie ist gar nicht hübsch. Man sagt sonst, ihr Herren, *Ira furor brevis est;* aber der Mann da ist immer entrüstet — Gebt ihm einen Tisch für sich allein; denn er selbst findt keinen Geschmack an Gesellschaft, und ist auch nicht dazu brauchbar.

**Apemanthus.** Laß mich auf deine eigne Gefahr da bleiben, Timon; ich komme, um hier Bemerkungen zu machen; ich will dich gewarnt haben.

**Timon.** Das kümmert mich nicht; du bist ein Athenienser, und folglich willkommen. Ich möchte nicht gern allein hier Herr im Hause seyn — Komm, laß meine Schüsseln dich zum Schweigen bringen.

**Apemanthus.** Ich verachte deine Schüsseln; ich würde dran ersticken; denn ich könnte dir nimmermehr schmeicheln. O! ihr Götter! wie viele Leute essen den Timon, und er sieht sie nicht! Es schmerzt mich, ihrer so viele zu sehen, die ihren Bissen in eines einzigen Mannes Blut tauchen; und das unsinnigste ist, daß er sie noch dazu aufmuntert. Mich wundert nur, daß Menschen es noch wagen, andern Menschen zu trauen. Mich dünkt, sie sollten einander ohne Messer einladen; das wäre gut für ihre Schüsseln, und sicher für ihr Leben. Beyspiele davon gibts die Menge. Der da, der gleich neben ihm sitzt, das Brodt mit ihm theilt, und in einem getheilten Trunk ihm sein Wohlseyn zutrinkt, ist von allen am meisten bereit, ihn zu morden. Es sind Beweise da. Wär' ich ein grosser Herr, ich hätte das Herz nicht, beym Gastmahl zu trinken, aus Furcht, sie möchten ausspähen, wo sie meiner Luftröhre am besten beykommen könnten. Grosse Herren sollten nicht anders trinken, als mit einem Harnisch um ihre Gurgel.

**Timon.** (indem er dem Lukullus zutrinkt) Von Herzen deine Gesundheit. Laß sie herum gehen.

**Lukullus.** Laß die Gesundheit auf dieser Seite herum gehn, mein edler Timon.

**Apemanthus.** Auf dieser Seite herum gehn!— Ein braver Kerl! er weiß sich schön in die Zeit zu schicken. Timon, diese Gesundheiten werden noch machen, daß du und dein Vermögen die

Schwindsucht kriegen. (Er zieht Wesser und Wurzeln aus der Tasche) Hier hab' ich was, das zu
schwach ist, ein Sünder zu seyn; ehrliches Wasser, das noch Niemand in den Schuldthurm gebracht hat. Mein Essen schickt sich zu meinem
Trinken. Eins ist wie das andre. Gastmähle
sind zu stolz, um den Göttern Dank zu sagen.

## Gratias des Apemanthus.

Ihr Götter! nicht um Geld bitt' ich,
Auch sonst für Niemand als für mich.
Verleiht nur, daß ich nie, bethört,
Dem trauen mag, der Eide schwört,
Noch der Hure, wenn sie weint,
Noch dem Hund, der schlafend scheint,
Auch dem Kerkermeister nicht,
Wenn er mir von Freyheit spricht,
Noch dem Freund, wenn mirs gebricht,
Amen, Amen, frisch daran!
Sünde thut der reiche Mann;
Nicht wer Wurzeln essen kann.

Wohl bekomm' es deinem guten Herzen, Apemanthus!

**Timon.** Feldherr Alcibiades, ich glaube, dein Herz ist diesen Augenblick im Felde.

**Alcibiades.** Mein Herz ist allezeit zu deinem Dienste, edler Timon.

**Timon.** Du wärst doch lieber bey einem Frühstück von Feinden, als bey einem Mittagsessen von Freunden.

**Alcibiades.** Wenn sie eben frisch bluten, so giebts kein beßres Gericht, als sie. Ich möchte meinen besten Freund auf solch ein Mahl einladen.

**Apemanthus.** So wünscht' ich, daß alle diese Schmarotzer deine Feinde wären, damit du sie umbrächtest, und mich darauf zu Gaste bätest.

**Lukullus.** Möchten wir nur das Glück haben, edler Timon, daß du unsre Herzen einmal auf die Probe stelltest, damit wir dir einigermaßen unsern Diensteifer beweisen könnten; dann würde uns nichts mehr zu wünschen übrig seyn.

**Timon.** O! meine guten Freunde, ich zweifle keinen Augenblick, daß die Götter schon für Gelegenheiten gesorget haben, wobey ich viel Beystand von euch erhalten kann. Warum wärt ihr sonst meine Freunde gewesen? Warum trügt ihr diesen zärtlichen Namen vor tausenden, wenn ihr

mein Herz nicht näher angiengt? Ich habe mehr
von euch zu mir selbst gesagt, als ihr mit Bescheidenheit zu eurem Besten sagen könnt, und in
so weit pflichte ich euch bey. Ihr Götter! denk
ich, wozu brauchten wir Freunde zu haben, wenn
wir sie niemals nöthig hätten? Sie wären die
unnöthigsten Geschöpfe von der Welt, wenn wir
sie niemals brauchten, und würden nichts anders
seyn, als angenehme Instrumente, die in Futte-
ralen aufgehangen sind, und ihre Töne für sich
behalten. Ich habe mich oft ärmer gewünscht,
um mich euch desto mehr zu nähern. Wir sind
dazu geboren, Gutes zu thun; und was können
wir besser und eigentlicher das Unsrige nennen,
als die Reichthümer unsrer Freunde? O! welch
ein schätzbarer Trost ist es, so viele zu haben, die,
wie Brüder, einer über des andern Glück und
Vermögen schalten können! O! das ist eine Freude, die schon dahin ist, *) ehe sie noch ganz genossen wird! Meine Augen, dünkt mich, können

---

*) Nach der alten Leseart, *made away*, d. i. die
schon vernichtet, in Thränen verwandelt wird, ehe
man sie völlig besitzt.

ich der Zähren nicht enthalten. Um ihre Schwach-
heit zu vergessen, trink' ich euch zu.

Apemanthus. Du weinst nur, damit sie trinken mögen, Timon. *)

Lukullus. Eben so wurde die Freude in unsern Augen empfangen, und kam in eben dem Augenblick, wie ein neugebornes Kind, hervor.

Apemanthus. Ha! ich muß lachen, wenn
ich denke, daß dieß Kind wohl ein Bastard ist.

Ein Dritter. Ich versichre dich, Timon, du
hast mich ausserordentlich gerührt.

Apemanthus. Ausserordentlich!

(Man bläst Trompeten.)

Timon. Was bedeutet die Trompete? —
Was giebts?

(Es kömmt ein Bedienter.)

Bedienter. Edler Timon, es sind einige Frauenzimmer draussen, die sehr gern möchten vorge-
lassen werden.

Timon. Frauenzimmer? — Was wollen sie?

Bedien-

---

*) d. i. sie gewinnen, was du verlierst. Johnson.

Bedienter. Sie haben einen Vorläufer bey sich, der den Auftrag hat, ihr Gewerbe vorzubringen.

Timon. Laßt sie herein kommen.

(Kupido kömmt.)

Kupido. Heil dir, würdiger Timon, und euch allen, die seiner Wohlthätigkeit genieſſen! Die fünf vorzüglichſten Sinne erkennen dich für ihren Wohlthäter, und kommen aus eignem Triebe, deiner überflieſſenden Großmuth Dank abzuſtatten. Das Gehör, der Geſchmack, der Geruch, das Gefühl, ſtehn befriedigt von deiner Tafel auf; ſie kommen itzt bloß, dir eine Augenweide zu machen.

Timon. Sie ſind alle willkommen; man empfange ſie liebreich! Muſick bewillkomme ſie!

(Kupido geht ab.)

Lucius. Du ſiehſt, Timon, wie ungemein beliebt du biſt.

Muſick. Kupido kömmt wieder, mit einem Gefolge von Frauenzimmern, die als Amazonen verkleidet ſind, Lauten in der Hand haben, und tanzen und ſpielen.

Apemanthus. Heyda! was für ein Schwarm

Q

von Eitelkeit zieht dort herein! (Sie tanzen. *) —
Die Weiber sind toll. Die Herrlichkeit dieses
Lebens gränzt sehr nahe an den Wahnwitz, wie
man hier an diesem Gepränge sehen kann, das
bey meinem Bißchen Oel und Wurzeln artig ab-
sticht. **) Wir machen uns zu Narren, um
uns zu ergötzen, und verschwenden unsre Schmei-
cheleyen, um das Vermögen derer zu trinken,
denen wir es in ihrem Alter mit giftiger Verachtung und Mißgunst wieder zurückgeben. Wer
lebt wohl, der nicht verführt wird, oder andre
verführt? Wer stirbt wohl, der nicht einen Ver-
druß, den ihm sein Freund gemacht hat, mit ins
Grab nimmt? Ich würde fürchten, daß eben die,
die itzt vor mir tanzen, mich dereinst mit Füssen
stampfen würden. Es ist vorbey; vor der un-

---

*) Diese beyden Wörter, die sonst immer mit im
Text gedruckt sind, sind nach der Bemerkung des Verfassers der *Obss. on Sh.* wahrscheinlich eine bloße Nach-
weisung für die Schauspieler.

**) D. i. Wenn wir an einem Beyspiel sehen, wie
geringe die eigentlichen Bedürfnisse des Lebens sind,
so lernen wir den Unsinn des Ueberflusses desto deut-
licher einsehen. Johnson.

tergehenden Sonne pflegt man die Thüre zu ver-
schliessen.

Die Gesellschaft steht von der Tafel auf,
und macht dem Timon viele Ehrenbezeugungen. Hernach wählt sich jeder eine Ama-
zone, und alle tanzen paarweise einige
muntre Tänze; hernach hören
sie auf.

Timon. Ihr habt unsrer Lustbarkeit vielen
Reiz gegeben, ihr schönen Frauenzimmer, und
unsre Gesellschaft dadurch verbessert, die vorher
nicht halb so schön und angenehm war. Eure
Gegenwart hat ihr erst einen Werth und lebhaf-
ten Glanz gegeben, und meine eigene Erfindung
verschönert. Ich bin euch sehr dafür verbunden.

Erste Dame. Edler Timon, du nimmst uns
gerade auf der besten Seite.

Apemanthus. Freylich; denn die schlechteste
ist sehr garstig, und des Nehmens nicht werth.

Timon. Ihr Damen, dort erwartet euch ein
geringes Mahl. Nehmt einige Erfrischungen,
wenns euch gefällig ist.

Q 2

Alle Damen. Wir danken sehr.

(Sie gehn ab.)

Timon. Flavius —

Flavius. Mein Gebieter.

Timon. Bring mir doch das kleine Kästchen her.

Flavius. Sogleich — (für sich) Noch mehr Juwelen? Man darf ihm gar nichts einreden, wenn er einmal seine Launen hat; sonst würd' ich ihm sagen — aber — in der That, ich sollt es thun; wenn alles wird durchgebracht seyn, dann wird ers selbst wünschen, daß man ihm eingeredet hätte. *) Es ist Schade, daß die Freygebigkeit von hinten zu keine Augen hat, damit ein ehrlicher Mann nicht durch ein allzu gutes Herz unglücklich würde.

Lukullus. Wo sind unsre Leute?

———————————————

*) Im Englischen he'd be *cross'd* then; eine abermalige Anspielung auf die Figur des Kreuzes auf den alten Englischen Münzen vor Edwards I. Zeiten. Ausser der in der Uebersetzung ausgedrückten Bedeutung kann also dieser Ausdruck auch heissen. „ dann wird er wünschen, die Hände voller Geld zu haben. „ Theobald.

**Bedienter.** Hier, mein Gebieter.

**Lucius.** Unſre Pferde.

**Timon.** O! meine Freunde, ich hab' euch ein Wort zu ſagen — (zu Lucius.) Sieh hier, mein werther Lucius, ich muß dich bitten, erzeige mir die Ehre, dieß Kleinod in deinen Beſitz zu erheben; nimm es an, und trag' es, mein werther Lucius.

**Lucius.** Ich bin ſchon ſo ſehr in deiner Schuld — —

**Alle.** Das ſind wir alle.

(Es kömmt ein Bedienter.)

**Bedienter.** Herr, es ſind einige edle Männer aus dem Senat da, die eben angekommen ſind, und dich beſuchen wollen.

**Timon.** Sie ſind mir ſehr willkommen.

(Flavius kömmt wieder.)

**Flavius.** Ich bitte dich, Timon, nur ein Wort; es iſt dir ſehr daran gelegen.

**Timon.** Mir daran gelegen? — Nun, ſo will ich dich ein andermal anhören. Ich bitte dich, ſorge dafür, daß wir ſie mit etwas unterhalten können.

Flavius. (für ſich) Ich weiß faſt nicht, womit.

(Es kömmt ein andrer Bedienter.)

Bedienter. Mit deiner Erlaubniß, der edle Lucius macht dir aus Freundſchaft und Erkenntlichkeit ein Geſchenk von vier milchweiſſen Pferden, deren Geſchirr von Silber iſt.

Timon. Ich werde ſie mit Dank annehmen. Sorge dafür, daß dies Geſchenk würdig erwiedert werde — (Es kömmt ein dritter Bedienter.) Nun, was giebts?

Bedienter. Mit deiner Erlaubniß, der edle Lukullus bittet ſich deine Geſellſchaft morgen auf der Jagd aus, und ſchickt dir zwey Kuppeln Windhunde.

Timon. Ich werde mit ihm jagen. Laß ſie in Empfang nehmen, und ſorge für eine anſtändige Vergeltung.

Flavius. (für ſich) Wo will das hinaus? Er befiehlt uns immer, für alles zu ſorgen, und groſſe Geſchenke zu machen, und das alles aus einem leeren Kaſten — Und doch will er nicht wiſſen, wie's mit ſeinem Beutel ſteht, noch mir erlauben, daß ich ihm zeige, welch ein Bettler ſein Herz iſt, dem das Vermögen fehlt, ſeine Wünſche zu

befriedigen. Seine Versprechungen gehen so weit
über seine Mittel hinaus, daß alles, was er
spricht, Schuld wird; für jedes Wort ist er schuldig. Er ist so gutherzig, daß er dafür Zinsen
bezahlt; seine Ländereyen stehen in ihren Rech-
nungsbüchern. Ich wollte nur, ich würde mit
einer guten Art meines Dienstes los, eh ich ge-
zwungen werde, ihn zu verlassen. Glücklicher
ist, wer gar keinen Freund zu füttern hat, als
solche, die noch schlimmer sind, als seine erklär-
ten Feinde selbst. Mir blutet das Herz für meinen Herrn.                    ( Er geht ab. )

Timon. Ihr thut euch selbst viel zu nahe;
ihr verringert eure eignen Verdienste zu sehr —
Hier, Freund, hast du ein kleines Andenken unsrer
Freundschaft.

Erster. Ich nehm' es mit ungemeiner Dankbarkeit an.

Dritter. O! er hat das großmüthigste Herz
von der Welt!

Timon. Ah! itzt fällt mirs erst ein, edler
Freund, daß dir neulich das braune Pferd, worauf ich ritt, sehr zu gefallen schien. Es ist deins,
weil dirs gefiel.

Dritter. O! ich bitte dich, Timon, verschone mich damit.

Timon. Nimm es auf mein Wort; ich weiß, Niemand kann sonst etwas nach Verdienst loben, als was er lieb hat. Ich schätze meines Freundes Geschmack nach meinem eignen; ich rede in vollem Ernst — Ich werde euch besuchen, ihr Herren.

Alle. O! Niemand wird uns so willkommen seyn.

Timon. Alle Besuche, und besonders die eurigen, sind mir so herzlich angenehm, daß es nicht genug ist, euch bloß dafür zu danken. Ich könnte Königreiche unter meine Freunde austheilen, und es nie müde werden — Alcibiades, du bist ein Kriegsmann, und also selten reich; an dir thut man ein gutes Werk; denn alles, wovon du lebst, ist unter den Todten, und alle Ländereyen, die du hast, liegen in einem Schlachtfelde.

Alcibiades. Freylich wohl *), edler Timon.

---

*) Im Englischen: J'defiled land, „In einem schmutzigen Lande,, und dieß bezieht sich auf ein Wortspiel mit dem vorhergehenden pitch defield, welches ein abgestecktes Feld bedeutet. In der Antwort aber hat Alcibiades die Bedeutung bepecht im Sinne, und wo Pech ist, sagt Falstaf, da beschmutzt man sich.

Erster Athenenser. Wir sind dir so gänzlich verpflichtet — —

Timon. Das bin ich euch auch.

Zweyter. So unendlich verbunden —

Timon. Das bin ich euch alles — Lichter, mehr Lichter!

Dritter. Das beste Glück, Ehre und Wohlstand sey immer mit dir, edler Timon! —

Timon. Zum Dienst meiner Freunde.

(Die Gäste gehn ab.)

Apemanthus. Was das für ein Gelärm' ist! was für Bücklinge! was für Kratzfüsse! Ich zweifle, ob ihre Beine *) das Geld werth sind, das man für sie ausgegeben hat. Freundschaft ist voller Hefen; mich dünkt, falsche Herzen sollten niemals gesunde Beine haben. So verschwenden ehrliche Narren ihr Geld an leere Verbeugungen.

Timon. Nun, Apemanthus, wenn du nicht so mürrisch wärst, so wollt' ich auch dir Gutes erweisen.

_____

*) d. i. ihre Komplimente, die sie mit den Beinen machen, wovon im Englischen oft schlechtweg das Wort legs gebraucht wird.

**Apemanthus.** Nein, ich verlange nichts; denn, wenn ich mich auch noch beſtechen lieſſe, ſo bliebe keiner übrig, der auf dich ſchmählen könnte; und da würdeſt du noch ärger drauf los ſündigen. Ich fürchte, Timon, du giebſt ſo lange, bis du dich endlich ſelbſt in kurzem durch deine Verſchreibungen weggegeben haſt. Wozu braucht es aller dieſer Gaſtmähler, dieſes Prunks, und dieſes eiteln Aufwands?

**Timon.** O! wenn du anfängſt, auf alle Geſelligkeit loszuziehen, ſo ſchwör' ich, ich will mich um dich nicht mehr bekümmern. Lebe wohl, und ſey aufgeräumter, wenn du wiederkömmſt.

(Geht ab.)

**Apemanthus.** So; — — du willſt mich itzt nicht anhören; du ſollſt es hernach auch nicht. Ich will dir deinen Himmel verſchlieſſen. *) O! daß die Ohren der Menſchen nur für guten Rath taub ſind, und nicht für Schmeicheley!

(Geht ab.)

---

*) Nach Johnſohn's Erklärung: „ ich will dir das Vergnügen nicht machen, dir zu ſchmeicheln. Ich glaube indeß eher, daß er ſeinen guten Rath, der ihn noch retten könnte, darunter verſteht. Dieſer Sinn iſt auch des gleich Folgenden wegen der wahrſcheinlichſte.

# Zweyter Aufzug.

## Erster Auftritt.

### Ein öffentlicher Platz in der Stadt.

### Ein Rathsherr; hernach Kaphis.

**Rathsherr.** Und neulich erst fünf tausend dem Varro — Dem Isdor ist er neun tausend schuldig, auſſer meiner vorigen Summe; das macht zusammen fünf und zwanzig. Nimmt denn die Raserey der Verschwendung kein Ende bey ihm? Es kann, es wird nicht lange währen. Wenn ich Geld brauche, so darf ich nur einen Bettlerhund stehlen, und ihn dem Timon geben; der Hund münzt mir Geld. Wollt' ich gern mein Pferd verkaufen, und zehn andre dafür haben, die besser wären, so geb' ich mein Pferd dem Timon; fodre nichts, schenk' es ihm, gleich wirft es mir zehn andre, und recht tüchtige Pferde. Er hat keinen Thürhüter an seiner Pforte, sondern vielmehr einen Mann, der immer lächelt, und alles einladet, was vorbey geht. Das kann nicht in die Länge so gehn; es läßt sich auf keine vernünf-

tige Art begreifen, wie seine Umstände sicher bleiben können — He! Kaphis! — Kaphis, sag' ich!

(Kaphis kömmt.)

**Kaphis.** Hier bin ich, Herr; was hast du
zu befehlen?

**Rathsherr.** Zieh deinen Rock an, und geh
eilig zu Timon; dring' in ihn wegen meines Geldes; laß dich durch keinen nichts bedeutenden Aufschub abweisen, oder zum Stillschweigen bringen,
wenn er sagt: Empfiehl mich deinem Herrn, und
so mit der Mütze in der rechten Hand spielt —
sondern sag' ihm, ich hab' es unumgänglich nöthig; ich müsse von meinen eignen Mitteln leben;
seine gesetzten Termine sind verflossen, und die
Frist, die ich ihm gegeben, hat schon meinen Kredit geschwächt. Ich lieb' und ehre ihn; aber es
ist mir nicht zuzumuthen, daß ich den Hals bre-
che, um seinen Finger zu heilen. Meine Bedürfnisse sind dringend, und können durch leere Ver-
tröstungen nicht befriedigt werden, sondern verlangen unmittelbare Hülfe: Geh; nimm eine recht
ungestüme Miene an, ein Mahngesicht; denn ich
fürchte, wenn jede Feder wieder in dem Fittig
steckt, in den sie gehört, so wird der edle Timon,

der itzt wie ein Phönix schimmert, wie eine nackte Tauchente da stehen. Geh fort.

**Kaphis.** Ich geh schon.

**Rathsherr.** Ich geh schon? — Nimm die Verschreibungen mit dir, und gieb wohl darauf Acht, zu welcher Zeit sie fällig sind.

**Kaphis.** Sehr wohl.

**Rathsherr.** Geh.

(Sie gehn ab.)

## Zweyter Auftritt.

### Timon's Halle.

**Flavius, mit verschiednen Papieren in der Hand.**

**Flavius.** Kein Nachdenken! kein Maaß noch Ziel! Er bekümmert sich so wenig um seine Ausgaben, daß er weder darauf denkt, wie er sie bestreiten, noch wie er diesem Strome von Verschwendung Einhalt thun wolle. Er denkt gar nicht daran, wie ihm alles nach und nach aus den Händen geht, und läßt sichs nicht einfallen, wie es weiter gehn soll. Niemals war einer so wenig klug, um so sehr freygebig zu seyn. Was ist zu thun? Er wird nicht eher hören, bis er fühlt; ich muß freymüthig mit ihm sprechen, wenn er von der Jagd zurück kömmt — Pfui! Pfui! Pfui!

**Kaphis, und die Bedienten von Jsidor und Varro.**

**Kaphis.** Guten Tag, Varro. Du kömmst wohl auch, um Geld zu fodern?

**Varro.** *) Jst das dein Gewerbe nicht auch?

**Kaphis.** Freylich; und deins auch, Jsidor?

**Jsidor.** O! ja.

**Kaphis.** Jch wollte, wir wären alle bezahlt.

**Varro.** Daraus wird wohl nichts.

**Kaphis.** Da kömmt Timon.

**Timon, und sein Gefolge.**

**Timon.** Sobald das Mittagsessen vorbey ist, wollen wir wieder fort, mein Alcibiades — Nun, was ist euer Begehren?

**Kaphis.** Edler Timon, hier ist eine Rechnung von gewissen Schulden.

**Timon.** Schulden? — Woher bist du?

---

*) Vermuthlich nahmen die Bedienten zu des Dichters Zeiten die Namen ihrer Herren an.

**Raphis.** Hier aus Athen.

**Timon.** Geh zu meinem Verwalter.

**Raphis.** Vergieb mir, edler Timon, er hat mich diesen ganzen Monat durch von einem Tag auf den andern vertröstet; mein Herr sieht sich durch eine dringende Veranlassung genöthigt, das Seinige zu fodern, und bittet dich demüthig, daß du hierinn deinen übrigen edeln Eigenschaften gemäß handeln, und ihm geben wollest, was ihm gehört.

**Timon.** Mein ehrlicher Freund, ich bitte dich, komm morgen früh wieder zu mir.

**Raphis.** Nein, werther Timon — —

**Timon.** Mäßige dich, guter Freund.

**Varro.** Eines gewissen Varro's Bedienter, werther Timon —

**Isidor.** Ich komme von Isidor; er bittet ergebenst um schleunige Bezahlung.

**Raphis.** Wenn du wüßtest, Timon, wie sehr mein Herr es nöthig hat —

**Varro.** Die Verschreibung war schon vor sechs Wochen fällig —

**Isidor.** Dein Haushofmeister weist mich ab; und ich bin ausdrücklich an dich selbst geschickt.

**Timon.** Laßt mich nur zu Athem kommen —
(Zu seinem Gefolge) Ich bitt' euch, ihr Freunde,
geht hinein; ich bin im Augenblick bey euch
(Sie gehn ab.) — (Zu Flavius) Komm doch
hieher. Wie geht das zu, daß ich auf eine so
schimpfliche Art mit ungestümen Schuldfodrungen, verfallnen Handschriften, und wegen der
Vorenthaltung längst zu bezahlender Schulden
angelaufen werde?

**Flavius.** Hört, ihr Leute, es ist itzt keine
gelegne Zeit zu dieser Sache; wartet nur bis diesen Nachmittag, damit ich dem edeln Timon indeß begreiflich machen könne, warum ihr noch
nicht bezahlt seyd.

**Timon.** Thut das, meine Freunde. (Zu Flavius) Laß sie gut bewirthen. (Geht ab.)

**Flavius.** Kommt nur herein. (Geht ab.)

**Apemanthus, und ein Narr.**

**Kaphis.** Wartet, wartet, da kömmt der
Narr mit Apemanthus; wir wollen ein wenig
Spaß mit ihnen haben.

**Varro.** An den Galgen mit ihm! Er wird
auf uns schimpfen.

Isidor.

Ifidor. Daß ihn die Pest — den Hund!

Varro. Was machst du, Narr?

Apemanthus. Redst du mit deinem Schatten?

Varro. Ich rede nicht mit dir.

Apemanthus. Nein, du redest mit dir selbst —
(Zum Narren) Komm, laß uns gehn.

Ifidor. (Zu Varro) Da hängt dir der Narr
schon am Halse.

Apemanthus. Nein, du stehst allein da; du
hast ihn noch nicht.

Kaphis. Wo ist der Narr nun?

Apemanthus. Er hat die letzte Frage gethan.

Alle. Was sind wir, Apemanthus? *)

Apemanthus. Esel.

Alle. Warum?

Apemanthus. Weil ihr mich fragt, was ihr
seyd, und euch selbst nicht kennt. Ihr armen
Schelme, und Wucherers Sklaven! Kuppler
zwischen Geld und Mangel! — Rede du mit
ihnen, Narr.

---

*) Diese und die drey folgenden Reden stehen hier
nach der von Johnson vorgeschlagnen Versetzung, und
erhalten dadurch mehr Zusammenhang.

R

Narr. Wie gehts euch, ihr Herren?

Alle. Grossen Dank, lieber Narr. Was macht deine Frau?

Narr. Sie setzt eben Wasser aufs Feuer, um solche Hühner abzubrühen, wie ihr seyd. Ich wollte, wir hätten das Vergnügen, euch zu Korinth zu sehen. *)

Apemanthus. Guter Kerl, grossen Dank!

(Es kömmt ein Edelknabe.)

Narr. Seht, da kömmt meiner Gebieterinn Edelknabe.

Edelknabe. (Zum Narren). Nun, wie gehts, Hauptmann? was machst du in dieser weisen Gesellschaft? — Wie geht dirs, Apemanthus?

---

*) Das erstere ist eine Anspielung auf die zu Korinth gewöhnliche venerische Krankheit, die ein Brennen und die Empfindung des Abbrühens verursacht. Steevens — Korinth war der gewöhnliche Name eines liederlichen Hauses, vermuthlich wegen der Ausgelassenheit dieser alten Griechischen Stadt, von der Alexander ab Alexandro sagt: Corinthi super mille prostitutæ in templo Veneris assidue degere & inflammata libidine quæstui meretricio operam dare, & velut sacrorum ministræ Deæ famulari solebant. Warburton.

Apemanthus. Ich wollt', ich hätt' eine Ru-
the im Munde, um dir eine heilsame Antwort
zu geben.

Edelknabe. Ich bitte dich, Apemanthus,
lies mir doch die Aufschrift dieser Briefe; ich weiß
nicht, wem jeder gehört.

Apemanthus. Kannst du nicht lesen?

Edelknabe. Nein.

Apemanthus. Es geht also an dem Tage,
wenn du gehängt wirst, nicht viel Gelehrsamkeit
aus der Welt. Dieser hier ist an Timon; jener
da an Alcibiades. Geh; du bist als Bastard geboren, und wirst als Kuppler sterben.

Edelknabe. Und du wurdest als Hund geworfen, und wirst als Hund zu Tode hungern.
Antworte mir nicht; ich bin schon weg.

(Geht ab.)

Apemanthus. Gerade so gehst du allem Guten aus dem Wege. Narr, ich will mit dir nach
Timon's Hause gehn.

Narr. Willst du mich da lassen?

Apemanthus. Wenn Timon zu Hause ist —
Ihr drey dient bey drey Wucherern?

Alle. Ja; ich wollte, sie dienten uns.

R 2

**Apemanthus.** Das wollt' ich auch — Ein so feiner Streich, als jemals der Henkersknecht einem Diebe gespielt hat!

**Narr.** Seyd ihr Bediente von drey Wucherern?

**Alle.** Ja, Narr.

**Narr.** Ich glaube, jeder Wucherer hat einen Narren zum Bedienten. Meine Frau gehört auch in diese Zunft, und ich bin ihr Narr. Wenn die Leute zu euren Herren kommen, um Geld zu borgen, so kommen sie traurig, und gehn lustig fort; aber in meiner Frauen Haus, gehn sie lustig hinein, und traurig wieder heraus. Weißt du die Ursach?

**Varro.** Ich könnte wohl eine anführen.

**Apemanthus.** So thu es denn, damit wir sehen, daß du ein Hurenwirth und ein schlechter Kerl bist; deswegen wirst du nichts an deiner Hochachtung verlieren.

**Varro.** Was ist ein Hurenwirth, Narr?

**Narr.** Ein Narr in hübschen Kleidern, und dir etwas ähnlich. Es ist ein Geist. Zuweilen erscheint er, als ein vornehmer Herr, zuweilen als ein Sachwalter, zuweilen als ein Philosoph, mit zwey Steinen ohne den Stein der Weisen zu rechnen. Sehr oft nimmt er die Gestalt eines Ritters an; und überhaupt ist keine Gestalt, worinn der Mensch von achtzig Jahren bis zu dreyzehn auf und nieder geht, in welcher dieser Geist nicht umher spuckt.

**Varro.** Du bist nicht durchaus ein Narr.

**Narr.** Und du nicht durchaus ein Weiser. Gerade so viel Narrheit ich habe, so viel Witz fehlt dir.

**Apemanthus.** Das war eine Antwort, deren Apemanthus sich nicht zu schämen brauchte.

**Alle.** Auf die Seite! auf die Seite! da kömmt Timon!

### Timon und Flavius.

**Apemanthus.** Komm mit mir, Narr, komm mit.

**Narr.** Einem Liebhaber, einem ältern Bruder, und einem Weibsbilde folg' ich nicht allemal; itzt will ich einmal einem Philosophen folgen.

**Flavius.** Seyd so gut, und tretet näher; ich werde gleich bey euch seyn.

(Die Gläubiger, Apemanthus, und der Narr gehn ab.)

R 3

Timon. Du setzest mich in Erstaunen. Warum haſt du mir denn nicht meine Umſtände ſchon eher vollſtändig vorgelegt, damit ich meine Ausgaben nach dem noch übrigen Vorrath meines Vermögens hätte einrichten können?

Flavius. Ich habe dich in manchen müſſigen Stunden daran erinnert; aber du wollteſt mich nicht anhören.

Timon. Warum nicht gar? Vielleicht haſt du gerade die Augenblicke ausgeſucht, da ich nicht bey guter Laune war; und itzt bedienſt du dich deſſen zu deiner Entſchuldigung.

Flavius. O! mein theurer Herr, ich brachte manchmal meine Rechnungen herein, und legte ſie dir vor; du pflegteſt ſie wegzuwerfen, und zu ſagen, du verlaſſeſt dich auf meine Ehrlichkeit. Wenn du mir befahlſt, für irgend ein unbedeutendes Geſchenk ſo viel zurückzugeben, ſo ſchüttelte ich den Kopf und weinte; ja, ich überſchritt oft ſelbſt die Geſetze des Wohlſtandes, und bat dich, ein wenig ſparſamer im Austheilen zu ſeyn. Ich bekam nicht ſelten und nicht geringe Verweiſe, wenn ich dir die Ebbe deines Vermögens und die groſſe Fluth deiner Schulden vorſtellte. Mein theurer, bester Herr, wenn du mich itzt auch anhören wolltest, so ists doch schon zu spät; alles, was du hast, ist um die Helfte zu wenig, um deine gegenwärtigen Schulden zu bezahlen.

Timon. Laß alle meine Landgüter verkaufen.

Flavius. Sie sind alle verſetzt; einige gar schon verfallen und veräuſſert, und was noch übrig ist, wird ſchwerlich hinreichen, die dringendſten Schulden damit abzuthun. Die künftige Zeit rückt heran; wovon ſollen wir unterdeſſen leben? und wie wirds am Ende um unſre Rechnung ſtehn?

Timon. Meine Ländereyen erſtreckten ſich bis nach Lacedämon.

Flavius. Ach! mein werther Herr, die Welt iſt nur Ein Wort *); wäre ſie auch ganz dein, ſo daß du ſie mit Einem Hauch weggeben könnteſt, wie geſchwinde würde ſie weg ſeyn!

Timon. Du haſt Recht.

Flavius. Wofern du einigen Verdacht in meine Haushaltung oder Ehrlichkeit ſetzeſt, ſo fodre mich vor die ſtrengſten Richter, und laß

*) Im Engliſchen wird mit word und world geſpielt.

meine Sache untersuchen. So wahr ich mir
den Segen der Götter wünsche! wenn alle unsre
Vorrathskammern von schwelgerischen Praßern
erschöpft würden, wenn unsre Keller von ver-
schüttetem Weine überschwemmt würden, wenn
jeder Saal von Lichtern strahlte, und von Spiel-
leuten ertönte, dann gieng ich oft auf einen abgelegnen Boden, um meinen Thränen freyen
Lauf zu lassen.

Timon. Ich bitte dich, nichts weiter.

Flavius. Himmel! rief ich aus, wie wohlthätig dieser Herr ist! wie manche verschwendrische Bissen haben diesen Abend Sklaven und
Bauern verschlungen! Wer ist nicht Timon ergeben? welch Herz, Kopf, Schwert, Vermögen
und Ansehn steht Timon nicht zu Gebote? dem
grossen, edeln, würdigen, königlichen, Timon!
Aber wenn die Mittel dahin sind, die diese Lobsprüche erkauften, so ist auch der Athem hin,
woraus diese Lobsprüche gemacht wurden. Mit
Tischfreunden hats keinen Bestand *) es darf nur

---

*) Im Englischen ein Sprüchwort: Feaſt - won-
faſt loſt.

eine Winterwolke sich ergießen, so liegen alle diese Fliegen zu Boden.

**Timon.** Genug; predige mir nicht weiter;
mein Herz kann sich doch keine Niederträchtigkeit
bey diesem Wohlthun vorwerfen. Unweißlich,
nicht unedel hab' ich weggegeben. Warum weinst
du? Kannst du dir einbilden, es werde mir jemals an Freunden fehlen? Beruhige dich. Wollt'
ich die Fässer meiner Liebe anzapfen, und die
Treue ihrer Herzen auf die Probe stellen, so könnt'
ich mich ihrer Personen und ihres Vermögens
eben so frey bedienen, als ich dir befehlen kann
zu reden.

**Flavius.** Die Erfahrung müsse diese Hoffnung bestätigen!

**Timon.** Und gewissermassen leisten mir diese
Bedürfnisse einen Dienst, der sie in meinen Augen zu Segnungen macht; denn durch sie werd'
ich meine Freunde auf die Probe stellen. Du
wirst sehen, wie sehr du dich in meinen Glücks-
umständen irrst. Ich bin reich in meinen Freunden. He! Flaminius! Servilius!

**Flaminius, Servilius, und andre Bediente.**

**Bediente.** Herr — Herr —

Timon. Ich will euch an verschiedne Orte schicken. Geh du zu Lucius — du zu Lukullus, mit dem ich heut' auf der Jagd war — du zu Sempronius — Empfehlt mich ihrer Freund= schaft; sagt ihnen, ich sey stolz darauf, daß ich endlich Gelegenheit finde, ihre Beyhülfe mit Gelde brauchen zu können; begehrt fünfzig Talente.

Flaminius. Wie du befiehlst, mein Gebieter.

Flavius. Lucius und Lukullus! hum!

Timon. (Zu Flavius) Du, Freund, geh zu den Rathsherren, von denen ich, mit des Staats größtem Vortheil, diese Gefälligkeit wohl ver= dient habe; sag' ihnen, sie möchten mir sogleich tausend Talente schicken.

Flavius. Ich bin so dreiste gewesen — weil ichs für den kürzesten Weg hielt — deinen Na= men und Siegel schon bey ihnen zu brauchen; aber sie schütteln die Köpfe, und ich kam nicht reicher zurück, als ich hingieng.

Timon. Wirklich? — Ist das möglich?

Flavius. Sie antworten aus Einem Munde, und mit vereinigter Stimme, sie hätten eben nichts vorräthig, sie brauchten Geld, sie könnten nicht thun, was sie wollten, es sey ihnen leid —

Du wärst ein Mann von Verdiensten — aber
sie hätten doch gewünscht — sie wüßten nicht —
alles wäre wohl nicht recht gewesen — eine edle
Denkungsart könnte sich verschlimmern — wäre
zu wünschen, daß alles richtig wäre — es wäre
Schade — Und darauf geriethen sie auf andre
wichtigere Dinge, machten mir unfreundliche Blicke,
und brachten mich durch jene abgebrochne harte
Reden, mit kaum abgezognen Mützen, mit nie=
derschlagenden Kopfnicken, zum erstarrenden Still=
schweigen.

**Timon.** Ihr Götter, vergeltet's ihnen! —
Ich bitte dich, Freund, sey ruhig. Der Un=
dank ist bey diesen alten Graubärten ein Erbfeh=
ler. Ihr Blut ist geronnen; es ist kalt; es ist sel=
ten im Umlauf; es fehlt ihm an wohlthätiger
Wärme; sie sind nicht wohlthätig. Die Natur
pflegt, wenn sie nach und nach wieder zur Erde
wird, sich dazu anzuschicken, und schwerfällig und
fühllos zu werden. Geh zum Ventidius — Ich
bitte dich, sey nicht traurig; du bist redlich und
ohne Falsch; ich rede von Herzen; es ist nichts
an dir auszusetzen — Ventidius hat kürzlich sei=
nen Vater begraben, und ist durch dessen Tod zu

einem grossen Vermögen gekommen. Als er
arm, in Gefängniß, und von Jedermann verlassen war, half ich ihm mit fünf Talenten aus der
Noth. Grüß ihn von mir; sag' ihm, irgend ein
dringendes Bedürfniß sey seinem Freunde zuge-
stossen, welches ihn zu der Bitte nöthige, sich seiner mit diesen fünf Talenten zu erinnern. Wenn
du sie hast, so gieb sie diesen Leuten, die augenblicklich bezahlt seyn wollen. Sag' und denke nur
nimmermehr, daß Timons glücklicher Zustand
mitten unter seinen Freunden zu Grunde gehn
könne.

Flavius. Daß ich es doch nicht denken könnte! Dieser Gedanke ist ein Feind der Gutthätigkeit; weil sie selbst freygebig ist, so glaubt sie, alle andern Leute seyn es auch.

(Sie gehn ab.)

# Dritter Aufzug.
## Erster Auftritt.

Haus des Lukullus in Athen.

Flaminius. Ein Bedienter.

Bedienter. Ich habe dich bey meinem Herren gemeldet; er kömmt gleich zu dir herunter.

Flaminius. Ich danke dir, Freund.

(Lukullus kömmt.)

Bedienter. Hier ist mein Herr.

Lukullus. (für sich) Einer von Timon's Leuten? — Ganz gewiß ein Geschenk! Das trifft sich ja recht gut; ich träumte eben diese Nacht von einem silbernen Handbecken und einer Gießtanne. Flaminius, würdigster Flaminius, du bist mir mit vieler Achtung willkommen — Bringt doch einen Becher mit Wein — Nun, wie befindet sich denn der würdigste, vollkommenste, großmüthigste Mann in ganz Athen, dein sehr gütiger, lieber Herr und Meister? —

Flaminius. Ganz wohl, was seine Gesundheit betrifft.

**Lukullus.** Nun, das freut mich ja recht, daß er wohl auf ist — Und was hast du denn da unter deinem Mantel, mein artiger Flaminius?

**Flaminius.** Wahrhaftig, nichts, als einen leeren Beutel; und ich komme, dich zu bitten, ihn aus Freundschaft für meinen Herrn voll zu machen. Er ist eben in den Fall gekommen, daß er augenblicklich fünfzig Talente braucht, und läßt dich bitten, ihm damit auszuhelfen. Er zweifelt nicht an deiner eiligen Hülfe.

**Lukullus.** La, la, la, la, — Er zweifelt nicht, sagst du? Der gute Mann! Ein edler, wackrer Mann ist er freylich, wenn er nur nicht solch eine kostbare Haushaltung führte. Ich hab' oft und vielmals Mittags bey ihm gegessen, und ihm das gesagt, und bin bloß deswegen zum Abendessen wieder gekommen, um es zu wiederholen, daß er nicht so viel Aufwand machen sollte; aber er wollte keinen guten Rath annehmen, und ließ sich meine Besuche nicht zur Warnung dienen. Jedermann hat seinen Fehler; der seinige ist zu viel Ehrlichkeit. Ich hab' es ihm oft gesagt, aber ich konnt'

ihn nicht davon zurückbringen. (Es kömmt ein
Bedienter mit Wein.)

Bedienter. Edler Lukullus, hier bring' ich
den Wein.

Lukullus. Flaminius, ich habe dich allemal
für einen vernünftigen Mann gehalten. Auf deine Gesundheit.

Flaminius. Das beliebt dir nur so zu sagen,
edler Lukullus.

Lukullus. Ich hab' immer bemerkt, daß du
einen aufgeweckten, fertigen Kopf hast, und daß
du gescheide genug bist, dich selbst nicht zu vergessen, und dich der guten Gelegenheit zu bedienen weißt, wenn sie sich darbietet. Du hast
schöne Gaben — (zu dem Bedienten.) Geh deiner Wege, Freund — Tritt näher, mein redlicher Flaminius. Dein Herr ist ein sehr guther-
ziger Mann; aber du bist gescheidt, und begreiffst
wohl, ob du gleich zu mir gekommen bist, daß
es itzt keine Zeit ist, Geld auszuleihen, zumal
auf blosse Freundschaft, ohne weitere Sicherheit.
Hier hast du drey Goldstücke für dich; guter Junge, sage, du habest mich nicht gesehn. Leb wohl.

Flaminius. Ist möglich, daß die Welt sich in so kurzer Zeit verändert hat? und daß wir doch noch dieselben sind, die vormals lebten? verdammte Niederträchtigkeit, geh zu dem, dessen Abgott du bist.

(Er wirft das Gold weg.)

Lukullus. Ha! nun seh ich, du bist ein Narr, und schickst dich zu deinem Herrn sehr gut.

(Geht ab.)

Flaminius. Auch dieß Geld vermehre deine künftige Marter! Geschmolzene Münze sey deine Strafe in der Hölle, du Krankheit eines Freundes, und nicht selbst ein Freund! — Hat Freundschaft solch ein schwaches und milchartiges Herz, das in weniger als zwey Nächten gerinnt? O! ihr Götter, ich fühle den Zorn, in den mein Herr gerathen wird! Dieser Niederträchtige hat noch diese Stunde meines Herrn Mahlzeit im Leibe; warum sollte sie ihm bekommen, und zur Nahrung werden, da er selbst lauter Gift geworden ist? O! nichts als Krankheiten, müsse sie erzeugen, und, wenn er todeskrank ist, so müsse derjenige Antheil seiner Natur, für den mein Herr bezahlt hat, von keiner Kraft seyn, der Krankheit zu

wider=

widerstehen, sondern nur seine letzte Stunde verlängern?

(Geht ab.)

## Zweyter Auftritt.

### Eine öffentliche Strasse.

#### Lucius. Drey Fremde.

**Lucius.** Wer? der edle Timon? Er ist mein
recht guter Freund, und ein sehr würdiger Mann.

**1. Fremde.** Wir kennen ihn nicht anders,
ob wir ihm gleich unbekannt sind. Aber ich kann
dir eins sagen, mein Freund, und ich hab' es von
dem allgemeinen Gerüchte, daß Timons glückliche
Tage itzt vorbey sind; und daß er sich in mißli-
chen Umständen befindet.

**Lucius.** O, nicht doch; glaube das nicht;
es kann ihm nicht am Gelde fehlen.

**2. Fremde.** Glaube mir nur, es ist noch
nicht lange, da war einer von seinen Leuten bey
Lukullus, und wollte eine gewisse Summe Talente
von ihm borgen; er drang recht sehr in ihn, zeigte ihm, wie nothwendig ers brauchte, und wurde doch abgewiesen.

**Lucius.** Wie?

S

2. Fremder. Was ich dir sage, abgewiesen.

Lucius. Ein sonderbarer Vorfall! — Nun bey den Göttern! ich schäme mich in seine Seele! Den wackern, würdigen Mann abzuweisen! Er hat wahrhaftig sehr wenig Ehre davon. Ich für mein Theil muß gestehen, ich habe einige kleine Gefälligkeiten von ihm erhalten, Geld, Silbergeschirr, Juwelen, und dergleichen Kleinigkeiten mehr; Nichts in Vergleich mit jenem; aber wär' er ihn vorbey gegangen, und hätte zu mir geschickt, ich würd' ihn gewiß wegen der Summe von Talenten nicht abgewiesen haben.

(Servilius kömmt.)

Servilius. Sieh da, hier find' ich ja gleich den edeln Lucius; ich suchte ihn schon überall.— Mein werther Lucius — —

Lucius. Servilius, es freut mich, dich zu sehen. Lebe wohl — empfiehl mich deinem wackern, großmüthigen Herrn, meinem sehr werthen Freunde.

Servilius. Erlaube, edler Lucius, mein Herr schickt — —

Lucius. Ha! was schickt er? Ich bin deinem Herrn schon so sehr verpflichtet. Er schickt

immerfort. Wie kann ich ihm meine Erkenntlichkeit bezeugen? sage mirs doch; und was schickt
er mir denn itzt?

Servilius. Er schickt nur in seiner gegenwärtigen Verlegenheit zu dir, und bittet dich, ihm
mit funfzig Talenten zu helfen, die er nothwendig braucht.

Lucius. Ich weiß, der edle Timon will nur
mit mir scherzen, es kann ihm an fünf und fünfzig hundert Talenten nicht fehlen.

Servilius. Indeß fehlt es ihm doch dießmal
an einer viel kleinern Summe. Wollte er sie
nicht zu einer guten Absicht brauchen, so würd'
ich mich nicht halb so eifrig darum bewerben.

Lucius. Sprichst du im Ernst, Servilius?

Servilius. Bey meiner Seele! es ist Ernst.

Lucius. Was war ich doch für ein dummes
Vieh, daß ich mich zu einer so gelegnen Zeit
ganz vom Gelde entblößt habe, da ich hätte zeigen können, daß ich ein Mann bin, der auf Ehre hält! Wie unglücklich sichs doch treffen muß,
daß ich gerade den Tag vorher einen kleinen Thier-

garten kaufen *) mußte, und nun meiner Ehre
so viel vergeben muß! Bey den Göttern! Ser=
vilius, ich bin nicht im Stande, es zu thun —
Ein recht dummes Vieh, sag' ich, bin ich gewesen —
Ich wollte eben selbst zum edeln Timon schicken,
und ihn um Geld ansprechen; diese Männer hier
können es bezeugen. Aber itzt wollt ich nicht, um
allen Reichthum in ganz Athen, daß ich es ge=
than hätte. Empfiehl mich der Gunst des edeln
Timon's; ich hoffe, er wird deswegen doch recht
gut von mir denken, da ich nicht im Stande bin,
ihm gefällig zu seyn. Sag' ihm nur in meinem
Namen, ich rechne es unter meine grösten Wider=
wärtigkeiten, daß ich einem so ehrenvollen Man=
ne nicht dienen kann. Guter Servilius, willst du
so freundschaftlich seyn, und ihm meine eigene
Worte überbringen.

**Servilius.** Ja, das werd' ich thun.

(Geht ab.)

**Lucius.** Ich werde schon dir wieder dienen,
Servilius — Es ist so, wie ihr sagtet; Timon

---

*) Für *for a little part* liest Dr. Johnson mit vie=
ler Wahrscheinlichkeit: a little *prak*.

ist wirklich herunter gekommen; wem einmal schon alle Hülfe fehlt, der kömmt selten wieder zum Glücke.

(Geht ab.)

**1. Fremder.** Merkst du das, Hostilins?

**2. Fremder.** Nur gar zu wohl.

**1. Fremder.** Das ist der Welt Lauf; und gerade so denkt jeder Schmeichler. Wer kann den seinen Freund nennen, der in eine Schüssel mit ihm taucht. Denn, ich weiß es, Timon bezeugte sich gegen Lucius wie ein Vater; er unterhielt seinen Kredit aus seinem Beutel, versah seine Haushaltung, und bezahlte sogar seinen Bedienten ihren Lohn. Er trinkt nie, ohne daß Timon's Silbergeschirr seine Lippen berührt; und dennoch — O! welch ein Ungeheuer ist der Mensch, wenn er die häßliche Gestalt des Undanks an sich trägt! — und dennoch schlägt er ihm eine Summe ab, die für ihn so viel ist, als ein Almosen, den barmherzige Leute einem Bettler reichen.

**3. Fremder.** Die Menschlichkeit schaudert davor.

1. Fremder. Ich für mein Theil hab' in meinem Leben nichts von Timon genossen, noch eine seiner Wohlthaten erhalten, um sein Freund seyn zu müssen. Und doch versichre ich, um seines edeln und rechtschaffnen Gemüths, um seiner vorzüglichen Tugend und seines rühmlichen Verhaltens willen, hätt' ich meine Habseligkeiten veräussert, und die beste Hälfte davon ihm gegeben, wenn er sich in seiner Bedürfniß an mich gewandt hätte; so sehr lieb' ich sein Herz. Aber ich sehe wohl, man muß itzt mit seinem Mitleid zurückhalten lernen; denn Klugheit geht über Gewissen.

(Sie gehn ab.)

## Dritter Auftritt.

**Sempronius.   Ein dritter Bedienter.**

**Sempronius.** Mußt' er denn gerade mir damit zur Last fallen? Hum! mir vor allen andern? Er hätt' es ja beym Lucius oder Lukullus versuchen können; auch Ventidius ist gegenwärtig reich genug, den er aus dem Gefängniß loskaufte. Alle diese drey haben ihm ihr Vermögen zu danken.

Bedienter. O! edler Sempronius, ſie ſind alle auf die Probe geſtellt, und falſch befunden worden. Denn ſie haben ihn alle abgewieſen.

Sempronius. Was? ihn abgewieſen? Ventidius und Lukullus haben ihn abgewieſen? Und mir ſchickt er zu mir? — Drey? Hum! — Das beweißt nun von ſeiner Seite wenig Freundſchafft und Ueberlegung. Muß ich ſeine letzte Zuflucht ſeyn? Seine Freunde ziehen, gleich Aerzten, ihr Geld von ihm, und geben ihn auf? Und nun ſoll ich die Kur übernehmen? Er hat mir eine ſchlechte Ehre damit angethan; es verdrießt mich recht; er hätte doch wohl wiſſen können, wer ich bin. Ich ſehe keinen Grund, warum er ſich in ſeiner Verlegenheit nicht zuerſt an mich gewandt hat. Denn, auf mein Gewiſſen, ich war der erſte unter allen, die jemals Gutes von ihm genoſſen haben; und denkt er denn ſo unbillig von mir, daß ich der letzte ſeyn werde, es zu erwiedern? Nein! das wird mich bey allen übrigen lächerlich machen, und alle Männer von edler Geburt werden mich für einen Narren halten. Ich wollte dreymal ſo viel, als er verlangt, darum geben, wenn er zu mir zuerſt geſchickt hätte; wär' es

auch nur gewesen, um meiner Gemüthsart ihr
Recht wiederfahren zu lassen; ich wünschte so eif=
rig, ihm Gutes zu thun! Aber nun geh nur wie=
der zu ihm, und füge den kalten Erwiedrungen
der übrigen noch diese Antwort bey: Wer meiner
Ehre zu nahe trat, soll nimmermehr mein Geld
zu sehen kriegen.

(Geht ab.)

Bedienter. Vortreflich! der edle Herr ist ein
feiner Spitzbube! der Teufel wußte selbst nicht,
was er that, als er die Leute politisch machte; er
spielte sich selbst einen Streich; und ich glaube
gewiß, am Ende werden die Bübereyen der Men=
schen ihn ganz schuldlos machen. Wie artig!dieser
Sempronius sich Mühe giebt, seine Niederträch=
tigkeit zu verrathen! Er nimmt tugendhafte Mu=
ster, um gottlos zu seyn; gleich denen, die un=
ter dem Scheine von heissem brennendem Eifer
ganze Königreiche in Brand stecken möchten. *)

* ) Dr. Warburton hält dieß für einen Seitenblick
auf die Sekte der Puritaner, die ein neues Religions=
und Staatssystem einzuführen suchten. Eine Verglei=
chung, die sich mehr für die Zuschauer schickte, als für
die redende Person.

Von dieser Art ist seine politische Freundschaft.
Dieser war meines Herrn beste Hoffnung; nun
sind sie alle zurückgetretten, ausser den Göttern.
Seine Freunde sind nun todt. Thüren, die so
manches freygebige Jahr hindurch nie mit ihren
Riegeln bekannt wurden, müssen nun gebraucht
werden, ihren Herrn vor dem Umgestüm seiner
Gläubiger zu schützen. Das ist nun alles, was
man durch freygebigen Aufwand erhält. Wer sein
Geld nicht hüten kann, muß sein Haus hüten. *)

(Geht ab.)

## Vierter Auftritt.

### Timon's Halle.

**Varro, Titus, Hortensius, Lucius, †) und**
**andre Bediente von Timon's Gläubigern,**
**die sein Ausgehen erwarten.**

**Varro.** Treffen wir uns hier? Guten Morgen, Titus, und Hortensius.

---

*) d. i. zu Hause bleiben, um nicht gemahnt, oder
von seinen Gläubigern angefallen zu werden.

†) Lucius steht hier wieder für den Bedienten des
Lucius.

Titus. Guten Morgen, lieber Varro.

Hortensius. Lucius! — Sehen wir einander hier auch?

Lucius. Ich denke, wir haben alle einerley Gewerbe. Ich komme, um Geld zu fodern.

Titus. Sie und wir auch.

(Philotus kömmt.)

Lucius. Da ist auch Freund Philotus.

Philotus. Guten Tag allerseits.

Lucius. Willkommen, Lieber Bruder. Wie viel, denkst du, ist es an der Zeit?

Philotus. Es geht auf neun.

Lucius. Schon so spät?

Philotus. Hat sich Timon noch nicht sehen lassen?

Lucius. Noch nicht.

Philotus. Das wundert mich; er pflegte sonst um sieben Uhr schon zu scheinen.

Lucius. Freylich? aber die Tage sind bey ihm kürzer geworden. Du mußt bedenken, daß der Lauf eines Verschwenders dem Sonnenlaufe gleich ist; *) nur fängt er nicht, wie dieser, von

---

*) Nämlich an Glanz und an Pracht. Johnson.

neuen an. Ich fürchte, es ist der tiefste Winter ins Timon's Beutel; das heißt, man kann tief genug hinein greifen, und findet doch wenig.

**Philotus.** Das fürcht' ich auch.

**Titus.** Du kannst bey dieser Gelegenheit einen sonderbaren Vorfall bemerken. Dein Herr hat dich hergeschickt, den Timon um Geld zu mahnen.

**Hortenstus.** Ganz recht.

**Titus.** Und er trägt noch ist Juwelen, die ihm Timon geschenkt hat, wofür ich die Bezahlung fodern soll.

**Hortensius.** Ich thu es ungern genug.

**Lucius.** Das ist doch seltsam, daß Timon mehr bezahlen soll, als er schuldig ist. Das kömmt eben so heraus, als ob dein Herr kostbare Kleinode trüge, und Geld dafür fodern liesse.

**Hortensius.** Die Götter wissen, wie sauer mir dieß Gewerbe wird; ich weiß, mein Herr hat Timon's Vermögen durchbringen helfen; seine Undankbarkeit macht, daß das ist noch ärger ist, als wenn ers ihm gestohlen hätte.

**Varro.** Meine Fodrung beträgt dreytausend Kronen. Wie viel macht die deine?

**Lucius.** Fünf tausend.

**Varro.** Das ist viel. Aus der Summe sollte, man schliessen, dein Herr habe mehr Dreistigkeit gehabt, als der meinige, sonst hätte dieser gewiß seine Fodrung eben so groß gemacht.

(Flaminius kömmt.)

**Titus.** Da kömmt einer von Timon's Leuten.

**Lucius.** Flaminius! — Ein Wort! Sage mir doch, ist Timon noch nicht fertig, herauszukommen.

**Flaminius.** Nein, in der That, das ist er nicht.

**Titus.** Wir warten auf ihn; sey so gut, und sag' ihm das.

**Flaminius.** Das brauch' ich ihm nicht zu sagen; er weiß, daß ihr gar zu ämsig seyd.

(Flavius kömmt, in einen Mantel eingehüllt.)

**Lucius.** Ha! ist das nicht sein Haushofmeister, der so vermummt ist? Er geht in eine Wolke gehüllt hinweg. Ruft ihn! ruft ihn.

**Titus.** Höre doch, Freund —

**Varro.** Mit deiner Erlaubniß —

**Flavius.** Was willst du von mir haben, mein Freund?

**Titus.** Wir warten hier wegen gewiſſen Gel=
des.

**Flavius.** Freylich, wenn euer Geld ſo gewiß
wäre, als euer Warten, ſo wär' es ſicher genug.
Warum wieſet ihr denn eure Rechnungen und
Schuldfodrungen nicht damals vor, als eure ver=
rätriſchen Herren aus meines Herrn Schüſſeln
aſſen? Damals pflegten ſie ſeine Schulden anzu=
lächeln, ihnen zu ſchmeicheln, und die Intereſſen
in ihren heißhungrigen Rachen hinunter zu ſchlin=
gen. Ihr thut euch nur ſelbſt Schaden, wenn
ihr mich aufreitzet; laßt mich in Ruhe meiner
Wege gehen. Glaubt mir, mein Herr und ich
ſind fertig; ich habe nichts mehr zu rechnen, und
er nichts mehr auszugeben.

**Lucius.** Schon recht; aber die Antwort wird
zu nichts dienen.

**Flavius.** Wenn ſie nicht dient, ſo iſt ſie
nicht ſo niederträchtig, als ihr; denn ihr dient
Schelmen. ( Er geht ab. )

**Varro.** Wie? — Was brummte da der ab=
gedankte Herr Verwalter?

**Titus.** Gleichviel; er iſt arm, und das iſt
Strafe genug. Wer darf gröber ſprechen, als

einer, der kein Haus hat, wo er seinen Kopf
hinein stecken kann? Dergleichen Leute dürfen sich
wohl über Palläste aufhalten.

(Servilius kömmt.)

Titus. O! da kömmt Servilius; nun werden wir doch eine Antwort bekommen.

Servilius. Wenn ich euch bitten dürfte, ihr
Herren, zu einer andern Zeit wieder zu kommen,
so würdet ihr mir einen Gefallen thun. Denn,
bey meiner Seele! mein Herr ist ausserordentlich
mißvergnügt; sein leutseliges Wesen hat ihn ganz
verlassen; er ist gar nicht wohl auf, und hütet
das Zimmer.

Lucius. Manche hüten das Zimmer, und
sind doch nicht krank. Steht es so übel mit seiner Gesundheit, so dünkt mich, sollt' er seine
Schulden desto eher bezahlen, und sich dadurch
den Weg zu den Göttern bahnen.

Servilius. Ihr guten Götter!

Titus. Das können wir für keine Antwort
nehmen.

Flaminius. (Hinter der Bühne.) Servilius,
hilf! — Timon! edler Timon!

(Timon kömmt.)

**Timon.** Wie? ist mir nicht mehr erlaubt, aus meiner Thür hinaus zu gehn? Ich bin immer frey gewesen, und nun soll mein Haus mein einsperrender Feind, mein Kerker werden? Muß selbst der Platz, dem ich so viel Gutes that, gleich allen Menschen, itzt gegen mich ein eisernes Herz zeigen?

**Lucius.** Bring itzt dein Gewerbe an, Titus.

**Titus.** Edler Timon, hier ist meine Rechnung.

**Lucius.** Hier ist die meinige.

**Varro.** Und hier die Meinige, Timon.

**Zaphis.** Und die Unsrigen.

**Philotus.** Alle unsre Rechnungen.

**Timon.** Schlagt mich damit zu Boden; spaltet mich bis an den Gürtel.

**Lucius.** Aber, Timon — —

**Timon.** Zerschneidet mein Herz in Geldsummen.

**Titus.** Meine beträgt fünfzig Talente.

**Timon.** Rechne sie an meinem Blut ab.

**Lucius.** Fünf tausend Kronen —

**Timon.** Fünf tausend Tropfen mögen die bezahlen. Wie viel macht deine? — und deine?

**Varro.** Edler Timon —

Kaphis. Edler — —

Timon. Nehmt mich hin, zerreißt mich, und die Götter zerschmettern euch!

(Geht ab.)

Hortensius. Mein Treu! ich sehe wohl, unsre Herren können nur ihre Mützen nach dem Gelde werfen! Man kann diese Schulden wohl verzweifelt nennen, denn der sie bezahlen soll, ist wahnwitzig.           (Sie gehn ab.)

Timon und Flavius.

Timon. Sie haben mich ganz ausser Athem gebracht, die Buben! — Gläubiger! — Teufel!

Flavius. Mein werther Timon — —

Timon. (für sich) Wie? wenn ichs so machte?

Flavius. Mein theurer Gebieter —

Timon. So soll es seyn — Mein Verwalter!

Flavius. Hier bin ich, mein Gebieter.

Timon. So behende? — Geh, lade alle meine Freunde noch einmal ein, Lucius, Lukullus, Sempronius; alle! Ich will diesen Böse-wichtern noch einmal einen Schmaus geben.

Flavius. O! mein werther Timon! das sprichst du bloß in der Verwirrung deines Gemüths;

müths; es ist nicht einmal so viel mehr da, als zu einer mässigen Mahlzeit nöthig ist.

**Timon.** Bekümmre dich darum nicht; geh, sag' ich dir, lade sie alle ein; laß die Fluth von Schelmen noch einmal hereinbrechen; mein Koch und ich wollen schon dafür sorgen.

(Sie gehn ab.)

## Fünfter Auftritt.

### Das Rathhaus.

### Rathsherren, und Alcibiades.

**1. Rathsherr.** Ich gebe meine Stimme dazu; das Verbrechen ist blutig; er muß durchaus dafür sterben. Nichts macht die Sünde so dreist, als Erbarmen.

**2. Rathsherr.** Ganz recht; das Gesetz soll ihn zermalmen.

**Alcibiades.** Heil, Ehre, und Mitleid dem Senat.

**1. Senator.** Nun Feldherr —

**Alibiadces.** Ich komme, um euch, ihr würdigen Männer, eine demüthige Bitte vorzutragen; denn Mitleid ist die würdigste Zierde des Rechts, und nur Tirannen machen einen grau-

T

samen Gebrauch davon. Zeit und Unglück verfolgen einen von meinen Freunden, der in der Hitze seines Bluts in die Strafe gefallen ist, welche für diejenigen, die sich unvorsichtiger Weise hinein stürzen, eine unergründliche Tiefe zu seyn pflegt. Er ist, dieß Schicksal beyseite gesetzt, ein Mann von vorzüglichen Tugenden; auch ist seine That mit keiner Niederträchtigkeit befleckt — ein rühmlicher Umstand für ihn, der seinen Fehler loskauft — sondern mit einer edeln Wuth und mit freymüthigem Geiste setzt' er sich seinem Feind entgegen, der seiner Ehre eine tödtliche Wunde beygebracht hatte. Auch hielt er seinen Zorn, eh er ihn ausließ, mit solcher mässigen und noch nie gesehenen Enthaltsamkeit an sich, als ob er bloß einen gewissen Satz zu beweisen gehabt hätte.

1. Rathsherr. Du übernimmst etwas gar zu Paradoxes, wenn du dir Mühe giebst, einer häßlichen That einen schönen Anstrich zu geben. Du hast nicht anders gesprochen, als ob du Willens wärst, den Menschenmord in Gang zu bringen; und Schlägereyen auf Rechnung der Tapferkeit zu setzen, die doch im Grunde mißgeborne Tapferkeit sind, und in die Welt kamen, als Secten

und Partheyen eben erſt geboren waren. Der
iſt wahrhaftig tapfer, der das ärgſte, was ein
Menſch vorbringen kann, weislich erträgt; der
ſein erlittnes Unrecht zur Auſſenſeite machen kann,
um es, wie ſeinen Anzug, ſorglos zu tragen; der
nie Beleidigungen zu Herzen zieht, um es nicht
dadurch in Gefahr zu bringen. Wenn Beleidigungen Uebel ſind, und uns zum Todtſchlage nöthigen; welch eine Thorheit iſt es denn nicht, für
Uebel ſein Leben zu wagen!

**Alcibiades.** Werther Mann — —

1. **Rathsherr.** Du kannſt nicht machen, daß
ſchwarze Verbrechen weiß ausſehen; nicht Rache,
ſondern Geduld, iſt Tapferkeit.

**Alcibiades.** So vergebt mir denn; ihr würdigen Männer, wenn ich als Feldherr ſpreche.
Warum ſind denn die Leute ſo thöricht, ihr Leben
in einer Schlacht zu wagen? warum erdulden
ſie nicht lieber alle Drohungen? warum ſchlafen
ſie nicht ruhig dabey ein, und laſſen ſich von den
Feinden, ohne Widerſtand, die Gurgel abſchneiden? Wenn Erdulden eine ſo groſſe Tapferkeit
iſt, was machen wir denn im Felde? So ſind
die Weiber, die zu Hauſe bleiben, tapfrer, als

wir! So ist der Esel tapfrer als der Löwe; und ein Verbrecher, der mit Ketten beladen ist, ist weiser, als der Richter, wenn im Dulden Weisheit liegt. O! ihr werthen Männer, wie ihr groß seyd, so seyd auch gütig, und mitleidig! Wer kann nicht bey kaltem Blute die rasche Hitze verdammen? Morden ist freylich der hitzigste Ausbruch des Verbrechens; aber bey der Erbarmung selbst! wenn man es zu seiner Vertheidigung thut, so ist es äusserst gerecht. Sich seinem Zorn überlassen, ist Sünde; aber wo ist der Mann, der nicht zornig wird? Wägt das Verbrechen nur nach diesen Vorstellungen ab.

2. Rathsherr. Du verschwendest deinen Athem umsonst.

Alcibiades. Umsonst? — Die Dienste, die er zu Lacedämon und Byzanz geleistet hat, sollten allein vermögend seyn, sein Leben auszuwirken.

1. Rathsherr. Was ist das?

Alcibiades. Ich sage, ihr Männer, er hat rühmliche Dienste gethan, und in der Schlacht manche von euren Feinden erschlagen. Wie tapfer hielt er sich noch in dem letzten Treffen! welch eine Menge von Wunden machte er nicht!

2. Rathsherr. Er hat ihrer eine zu grosse Menge gemacht; er ist ein geschworner Zänker; er hat ein Laster an sich, das ihn oft ganz ertränkt, und seine Tapferkeit gefangen nimmt. Gäb' es auch keine Feinde, so wäre das schon genug, ihn zu überwältigen. Man weiß, daß er in dieser viehischen Raserey die größten Ausschweifungen begangen, und Aufruhr erregt hat. Es ist zur Klage gebracht, daß seine Lebensart nichtswürdig, und seine Neigung zum Trunk gefährlich sey.

1. Rathsherr. Er muß sterben.

Alcibiades. Hartes Schicksal! Er hätte im Kriege sterben können. Ihr Männer, wenn euch seine Verdienste nicht bewegen können — wiewohl freylich sein rechter Arm seine Sache gut machen sollte, ohne sonst Jemand verbindlich zu werden — so nehmt meine Verdienste zu den seinigen, und vereint sie mit einander. Und da ich weiß, ihr ehrwürdigen Alten, daß ihr gern Bürgschaft haben mögt, so will ich euch meine Siege, allen meinen erhaltnen Ruhm zum Unterpfande seiner Besserung geben. Ist er wegen dieses Verbrechens den Gesetzen sein Leben schuldig, so laßt es im Kriege, in tapfern Wunden, dahin strömen.

T 3

Wenn das Gesetz scharf ist, so ist es der Krieg nicht weniger.

1. Rathsherr. Wir müssen über die Gesetze halten; er stirbt. Treib es nicht weiter; du möchtest sonst unsern Unwillen rege machen. Freund, oder Bruder; wer eines andern Blut vergießt, der verwirkt sein eignes.

Alcibiades. Muß es denn seyn? — Es muß nicht seyn. Ich bitt' euch, ihr Herren, verkennt mich nicht.

2. Rathsherr. Wie?

Alcibiades. Erinnert euch meiner.

3. Rathsherr. Was?

Alcibiades. Ich muß nothwendig glauben, ihr habt mich, Alters halber, vergessen; sonst könnt' ich unmöglich in euren Augen so verächtlich seyn, daß ich um eine gemeine Gnade bitten, und man sie mir versagen muß. Meine Wunden schmerzen mich um eurentwillen.

3. Rathsherr. Trotzest du unserm Zorn? Er ist nicht reich an Wörten, aber furchtbar in seinen Folgen. Wir verbannen dich auf ewig.

Alcibiades. Mich verbannen! — Verbannt

euren Aberwitz, verbannt den Wucher, der den
Senat so verächtlich macht.

1. **Rathsherr.** Wenn du nach Verlauf von
zwey Tagen dich noch in Athen aufhältst, so erwarte unser strengeres Urtheil: Und damit wir
nicht zu noch härterm Verfahren genöthigt werden, wollen wir ihn itzt gleich hinrichten lassen.

(Sie gehn ab.)

**Alcibiades.** Nun, die Götter lassen euch
alt genug werden, daß ihr nur noch in Knochen
leben, und euer Anblick Jedermann verscheuchen
möge! Ich bin mehr als unsinnig. Ich habe
ihre Feinde von ihnen entfernt gehalten, indeß
sie ruhig ihr Geld zählten, und auf hohe Zinsen
ausliehen. Ich gewinne dabey nichts weiter, als
Wunden — Alle diese Kränkungen sind dafür?
Ist das der Balsam, den der wuchrische Senat
in eines Feldherrn Wunden gießt? — Verban-
nung? — Sie kömmt mir nicht ungelegen; ich
bin's zufrieden, verbannt zu seyn; es giebt mir
gerechte Ursache, in Unwillen und Wuth zu gerathen, und beydes gegen Athen auszulassen. Ich
will meine mißvergnügten Heere aufmuntern, und
alles aufs Spiel setzen. Es ist Ehre einzulegen,

wenn man es mit einer überlegnen Mannzahl aufnimmt. Krieger müssen eben so wenig eine Beleidigung ungeahndet lassen, als die Götter.

(Sehtab.)

## Sechster Auftritt.

### Timon's Haus.

**Einige Rathsherren von verschiednen Seiten her.**

1. Rathsherr.  Guten Tag, werther Freund.

2. Rathsherr.  Guten Tag.  Ich glaube, dieser würdige Mann wollte uns neulich nur auf die Probe stellen.

1. Rathsherr.  Eben darauf fiel ich auch, als wir einander begegneten.  Ich hoffe, er ist nicht so weit herunter, als er vorgab, als er seine Freunde prüfen wollte.

2. Rathsherr.  Es kann wohl nicht seyn, wenn man von diesem neuen Gastmahl schliessen darf.

1. Rathsherr.  Das sollt' ich auch denken. Er hat mir eine ernstliche Einladung zugesandt, die ich wegen vieler nothwendigen Geschäfte gern

abgekühlt hätte; allein er hat mich so anhaltend bitten lassen, daß ich nothwendig kommen mußte.

2. Rathsherr. Ich befand mich in gleichen Umständen; aber er wollte keine Entschuldigung gelten lassen. Es thut mir leid, daß mein Vorrath eben zu Ende war, als er um Geld zu mir schickte.

1. Rathsherr. Mich verdrießt es eben so sehr, da ich ißt wohl merke, wie die Sachen stehen.

2. Rathsherr. So gehts einem Jeden. Wie viel wollt' er von dir borgen?

1. Rathsherr. Funfzig Talente.

2. Rathsherr. Funfzig Talente?

1. Rathsherr. Wie viel von dir?

2. Rathsherr. Er schickte zu mir — — Da kömmt er.

### Timon und sein Gefolge.

Timon. Von Herzen willkommen, ihr Männer beyderseits — Wie gehts euch?

1. Rathsherr. Ungemein gut, so lange wir hören, daß dir es wohlgeht, edler Timon.

2. Rathsherr. Die Schwalbe folgt dem Sommer nicht williger, als wir deinem Befehl.

Timon. (beyseite) Und verläßt den Winter nicht lieber. Dergleichen Sommervögel sind die Menschen — Ihr Freunde, unsre Mahlzeit wird des langen Wartens nicht werth seyn. Weidet unterdeß eure Ohren mit der Musik; wenn Trompetenschall keine zu harte Speise für sie ist. Wir werden uns gleich zu Tische setzen.

1. Rathsherr. Ich hoffe, du bist mir nicht böse darüber geworden, edler Timon, daß ich dir einen leeren Boten zurückgeschickt habe.

Timon. O! Freund darüber mache dir keine Unruhe.

2. Rathsherr. Mein edler Timon —

Timon. Ah! mein guter Freund! wie gehts?

(Das Essen wird aufgetragen.)

2. Rathsherr. Mein würdigster Timon, ich schäme mich aufs äusserste, daß ich ein so unglücklicher Bettler war, als du neulich einmal zu mir schicktest.

Timon. Laß das gut seyn.

2. Rathsherr. Hättest du nur zwey Stunden eher geschickt — —

Timon. Laß dir das keine unruhige Gedanken machen — Kommt, tragt alles auf einmal auf!

**2. Rathsherr.** Lauter verdeckte Gerichte!

**1. Rathsherr.** Ganz gewiß ein königliches Mahl!

**3. Rathsherr.** Ohn' allen Zweifel, was nur immer für Geld und in dieser Jahrszeit zu haben ist.

**1. Rathsherr.** Was macht ihr denn? Was giebts Neues?

**3. Rathsherr.** Alcibiades ist aus der Stadt verbannt? weißt du das?

**Beyde.** Alcibiades verbannt?

**3. Rathsherr.** Ganz gewiß.

**1. Rathsherr.** Wie das? wie das?

**2. Rathsherr.** Sage mir doch, warum denn?

**Timon.** Meine würdigen Freunde, wollt ihr nicht näher kommen?

**3. Rathsherr.** Ich will's euch hernach sagen — Wir haben hier ein herrliches Mahl vor uns.

**2. Rathsherr.** Er ist noch immer der vorige Mann.

**3. Rathsherr.** Wirds lange währen? wirds lange währen?

**2. Rathsherr.** Das wirds, wenn Zeit und Glück will — Und so —

**3. Rathsherr.** Ich versteh dich schon.

**Timon.** Ein Jeder nehme seinen Platz, so begierig, als ob er an die Lippen seiner Geliebten wollte. Ihr werdet an allen Plätzen gleich gut bedient werden. Macht nicht eine Stadtgasterey daraus, und laßt das Essen kalt werden, ehe man einig werden kann, wer oben an sitzen soll. Setzt euch, setzt euch. Zuerst müssen wir den Göttern danken: „Ihr grossen Wohlthäter! besprengt unsre Gesellschaft mit Dankbarkeit. Macht, daß ihr für eure Gaben gepriesen werdet; aber behaltet immer etwas, daß ihr geben könnt; sonst möchten eure Gottheiten in Verachtung gerathen. Verleiht einem Jeden genug; damit einer nicht dem andern leihen dürfe; denn, wenn auch eure Gottheiten selbst von Menschen etwas borgen wollten, so würden Menschen die Götter verlassen. Macht die Mahlzeit beliebter, als derjenige ist, der sie giebt. Laß keine Gesellschaft von zwanzig ohne eine Stiege Bösewichter seyn. Wenn zwölf Weiber am Tisch sitzen, so laßt ein Dutzend von ihnen seyn, was sie sind — Den Rest eurer Feinde, ihr Götter, die Rathsherren von Athen, und die gemeine Grundsuppe des Pö-

bels laßt alle, so viel ihrer nichtswürdig sind,
zum Verderben reif werden. Was diese meine
Freunde hier betrift — so wie sie für mich Nichts
sind, so segnet sie auch in Nichts; und zu Nichts
seyd ihr mir willkommen.„ — Deckt auf! —
Nun, ihr Hunde, leckt zu!

(Die aufgedeckten Schüsseln sind voll warmen
Wassers.)

**Einige Gäste.** Was soll das bedeuten?

**Andre.** Das weiß ich nicht.

**Timon.** Daß ihr nie eine beßre Mahlzeit sehen möchtet, ihr Maulfreunde ihr! Dampf und
laues Wasser ist euer vollkommnes Ebenbild. Das
ist Timons letzter Wunsch, der euch sonst mit
Schmeicheleyen füllte und überdeckte, nun aber
sie abwäscht, und eure rauchende Niederträchtigkeit euch ins Gesicht schüttet. (Er gießt ihnen
Wasser ins Gesicht.) Lebt lang' und verabscheut,
ihr lächelnden, glatten, verwünschten Schmaro-
zer, ihr liebkosenden Zerstörer, ihr freundlichen
Wölfe, ihr zahmen Bären, ihr Narren des Glücks,
ihr Tellerlecker, ihr Fleischfliegen, ihr Sklaven
voll Verbeugungen und Fußfälle, ihr Dünste und

Glockenweiser *), daß alle unzählige Arten von
Krankheiten der Menschen und Thiere euch ganz
aussätzig machen möchten! — Wo gehst du hin?—
Sachte, nimm erst deine Arzney ein — du auch! —
du auch! — Wart, ich will dir Geld leihen;
ich will keins borgen — Wie? alle in Bewegung?
Von nun an sey kein Gastmahl, wobey ein Bösewicht nicht ein willkommner Gast ist! Verbrenne, Haus! versink', Athen! und Timon hasse
von nun an den Menschen und alle Menschlichkeit!

(Er geht ab; die Rathsherren kommen zurück.)

1. Rathsherr. Wie gefällt euch das, ihr
Herren?

2. Rathsherr. Wißt ihr die Ursache von Timon's Wuth?

3. Rathsherr. Halt! habt ihr meine Mütze
nicht gesehn?

4. Rathsherr. Ich habe meinen Oberrock
verloren.

---

*) Im Engl. *minute-jacks*; eben das was sonst *a
Jack of the Clock-house* heißt; eine Puppe an der Uhr,
die Stunden und Minuten weiset.

1. Rathsherr. Er ist verrückt, und läßt sich bloß durch seine Laune regieren. Neulich schenkte er mir einen Edelstein, und itzt hat er mir ihn aus meiner Mütze heraus geschlagen. Habt ihr meinen Edelstein nicht gesehen?

2. Rathsherr. Habt ihr meine Mütze nicht gesehen?

3. Rathsherr. Hier ist sie.

4. Rathsherr. Hier liegt mein Rock.

1. Rathsherr. Wir wollen hier nicht länger warten.

2. Rathsherr. Timon ist verrückt.

3. Rathsherr. Das fühl' ich an meinen Knochen.

4. Rathsherr. Den einen Tag giebt er uns Diamanten, und den andern Steine.

(Sie gehn ab.)

# Vierter Aufzug.

## Erster Auftritt.

Ein Platz ausser den Mauren von Athen.

**Timon.** Laßt mich noch einmal nach euch zurück sehn, o! ihr Mauern, die diese Wölfe umzingeln! Versinkt in den Erdboden, und schützt Athen nicht! — Ihr Matronen, werdet unkeusch! ihr Kinder empört euch wider eure Eltern! Sklaven und Wahnwitzige müssen den ehrbaren, runzlichten Senat von seinen Bänken reissen, und an seiner Stelle den Staat regieren! Kaum reife Jungfrauen, gebt euch der allgemeinen Unzucht Preis! thut es vor eurer Eltern Augen! Haltet fest, ihr Bankrotierer! Eh ihrs wieder zurück gebt, die Messer heraus, und schneidet euren Gläubigern die Kehlen ab! Ihr Leibeignen, stehlt! Eure ehrenfesten Herren sind nur Diebe mit längern Händen, und stehlen unter dem Schutz der Gesetze. In deines Herrn Bette, Magd! Deine Frau ist im Hurhause. Sechszehnjähriger Sohn, reiß deinem alten hinkenden Vater die

Krücke

Krücke aus der Hand, und schlag ihm damit das
Hirn aus! Furcht und Frömmigkeit, Ehrfurcht
für die Götter, Friede, Gerechtigkeit, Wahrheit,
häusliche Zucht, nächtliche Ruhe, Nachbarschaft,
Unterricht, Sitten, heilige und bürgerliche Ge-
bräuche, Unterschied der Stände, Herkommen,
Gewohnheiten und Gesetze, artet in euer zerrüt-
tendes Gegentheil aus, und die Zerrüttung dau-
re fort! — Ihr Plagen alle, deren der Mensch
fähig ist, häuft eure heftigen und ansteckenden
Fieber über Athen zusammen; es ist reif zum Un-
tergang! Du kaltes Hüftweh! mach unsre Rathsherren zu Krüppeln, damit ihre Glieder eben
so lahm hinken mögen, als ihre Aufführung!
Ueppigkeit und Frechheit schleiche sich in die Herzen und in das Mark unsrer Jugend, damit sie
dem Strom der Tugend entgegen arbeiten, und
sich in Schwelgerey ertränken mögen! Mit Kräze und Eiterbeulen werde jeder Atheniensische Busen übersäet, und ihre Erndte sey allgemeiner
Aussatz! Ein Athem stecke den andern an, damit ihre Gesellschaft, wie ihre Freundschaft,
blosses Gift sey, Nichts will ich aus dir hinaus-
tragen, als meine Blösse, du abscheuliche Stadt!

U

Nimm auch das, mit vervielfachten Flüchen! —
Timon geht in den Wald, wo er die wildesten
Thiere milder als den Menschen finden wird.
Die Götter verderben — hört mich, ihr guten
Götter alle! — Die Athenieser in und aufser jenen Mauern! und verleihen, dafs so, wie Timon's Jahre zunehmen, auch sein Hafs gegen das
ganze Geschlecht der Menschen, hoch und niedrig,
immer mehr zunehmen möge! — Amen!

(Geht ab.)

## Zweyter Auftritt.

### Timon's Haus.

**Flavius, mit zwey oder drey Bedienten.**

. 1. Bedienter. *) Höre doch, lieber Verwalter, wo ist unser Herr? Sind wir verloren? ist
alles aus? bleibt uns nichts übrig?

**Flavius.** Ach! meine Lieben Leute was soll

---

*) Nichts trägt mehr dazu bey, Timon's Charakter zu heben, als der Diensteifer und die Treue seiner
Bedienten. Nur blofs wahre Tugend kann von dem
Gesinde verehrt werden; nur blofs unpartheyische Wohlthätigkeit kann sich bey denen, die von einem abhängen, Liebe erwerben. Johnson.

ich euch sagen? Die gerechten Götter mögen sich meiner annehmen! Ich bin so arm, wie ihr.

1. **Bedienter.** Daß solch ein Haus brechen, solch ein edler Herr fallen mußte! Alles dahin! und kein einziger Freund, der ihm bey seinem Unglück unter die Arme griffe, und ihn begleitete.

2. **Bedienter.** Wie wir uns von einem unsrer Bekannten wegwenden, wenn man ihn ins Grab gesenkt hat, so schleichen seine Freunde von seinem begrabnen Glück alle hinweg, hinterlassen ihm ihre falschen Schwüre und Versprechungen, gleich leeren, geplünderten Geldbeuteln; und er selbst, ein der Luft Preis gegebner Bettler, mit der Krankheit der alles verscheuchenden Armuth behaftet, geht, gleich der Verachtung, ganz allein — Da kommen noch mehr von unsern Leuten.

(Es kommen andre Bediente.)

**Flavius.** Lauter zerbrochnes Geräthe eines zerstörten Hauses!

3. **Bedienter.** Doch tragen unsre Herzen noch Timon's Livrey; das seh ich allen am Gesicht an. Wir sind noch immer Kamraden, zum Dienste des Kummers vereint. Unser Schiff ist leck; und wir armen Seeleute stehn auf dem

sinkenden Verdeck, und hören die Wellen drohen;
wir müssen alle in jene See der weiten Luft hinein.

Flavius. Ihr guten Leute, ich will das Letzte
meines Vermögens mit euch theilen. Wo wir
uns auch immer wieder antreffen, wollen wir,
um Timon's willen, immer gute Freunde seyn,
wollen unsern Kopf schütteln, und sagen — als
wär' es das Grabgeläute zu dem Glück unsers
Herrn — „ Wir haben bessere Tage erlebt! „ —
( Er giebt ihnen Geld ) Jeder nehme seinen An=
theil — Oder, streckt alle lieber eure Hände
aus — Kein Wort weiter. So trennen wir uns
arm, aber reich an Betrübniß. ( Sie umarmen
einander, und gehn nach verschiednen Seiten ab. ) O!
des schnell einbrechenden Elendes, welches
Ruhm und Pracht uns verursachen! Wer woll=
te nicht wünschen, keinen Reichthum zu besitzen,
da Reichthum zur Armuth und Verachtung führt?
Wer wollte sich von dem Glanz des Ansehens
dergestalt äffen lassen, daß er beständig nur in ei=
nem Traum der Freundschaft lebte? daß er Ge=
pränge und alles hätte, was zum vornehmen Le=
ben gehört, aber nur bloß gemahlt, wie seine
überfirnißten Freunde? Mein armer, redlicher

Herr! durch sein eignes gutes Herz herunter ge=
bracht! durch Wohlthun zu Grunde gerichtet!
Seltsam genug, daß es des Menschen größte
Sünde ist, wenn er zu viel Gutes thut! Wer
wagt es daher wieder, nur halb so wohlthätig
zu seyn? Wohlthun macht Götter, und vernich=
tet Menschen! — Mein theuerster Herr, geseg=
net, um verflucht zu werden! reich, um elend
zu werden! dein grosses Vermögen ist dein größ=
tes Unglück geworden. Ach! der gütige Mann!
Er ist voll Zorn von diesem Aufenthalt un=
menschlicher Freunde weggeeilt, und hat nichts
bey sich, wovon er sein Leben unterhalten, oder
sich Auskommen verschaffen könnte. Ich will
ihm folgen, und ihn aufsuchen; ich will ihm,
so gut ich kann, immer zu Gefallen seyn, und
so lang' ich noch Geld habe, immer sein Ver=
walter bleiben.

(Geht ab.)


## Dritter Auftritt.
### Der Wald.

Timon, O! segenvolle, befruchtende Son=
ne! ziehe die faulen Dünsten aus der Erde, und

U 3

vergifte die Luft unter deines Bruders Krei-
se! *) Zwillingsbrüder Eines Leibes, deren Zeu-
gung, Aufenthalt und Geburt kaum zu unter-
scheiden war, erfahren ganz verschiednes Glück;
der Gröſſere verschmäht den Kleinern. Die
menschliche Natur, die doch von allen Uebeln
belagert wird, kann nie ein groſſes Glück besitzen,
ohne andre von ihrer Natur zu verachten. Man
erhebe einen Bettler, und laſſe dem Vornehmern
ein geringers Glück, so wird der Vornehme Verachtung zum Erbtheil, und der Bettler ange-
borne Ehre davon tragen. Reicher Vorrath bespickt die Seiten unsers Bruders; Mangel hingegen macht, daß ihn alles verläßt. †) Wer hat, wer

---

*) h. i. unter dem Monde.

†) Diese Stelle ist im Original dunkel, und läßt
eine Lücke vermuthen. Warburton's Verbeſſerung ist
zu gewagt, und giebt doch keinen recht paſſenden Sinn.
Nach ihm hieſſe es: „Es ist die Weide, die des Wid-
ders Seiten spickt, und der Mangel, der ihn mager
macht.„ Johnson bemüht sich, der alten Leseart einen guten Verstand zu geben; man weiß aber immer nicht,
wie das Wort *pastor,* wenn es einen Priester bedeuten soll,
hieher kömmt. Vielleicht ist für *pastor* oder *pastour*
doch *pasture* zu lesen, und das übrige unverändert zu

hat den Muth, mit edler, männlicher Unschuld aufzustehn, und zu sagen: „Dieser Mann ist ein Schmeichler?„ Ist es einer, so sind sie's alle; denn jede Stufe des Glücks findet ihren Schmeich= ler eine Stufe niedriger. Der gelehrte Kopf bückt sich vor dem goldnen Thoren. Alles ist schief; es ist nichts gerades in unsrer verwünsch= ten Natur, als offenbare Büberey. Hinweg al= so mit allen Gastmahlen, Gesellschaften, und Gedränge von Leuten! Timon haßt seines Glei= chen, ja gar sich selbst! Verderben ergreife das menschliche Geschlecht! — (Er gräbt die Erde auf.) Komm, Erde, gieb mir Wurzeln! Wer was bessers in dir sucht, dem würze seinen Gaumen mit deinem wirksamsten Gifte! — Was ist das? — Gold? gelbes, schimmerndes, kostbares Gold? Nein, ihr Götter! ich that kein heuchlerisches Gebet! Wurzeln, du gütiger Himmel! Schon so viel Gold ist genug, weiß schwarz, schön häß=

---

lassen. Und so ergäbe sich der Sinn der obigen Ueber= setzung. Viel Nahrung, sagt der Dichter, bespickt un= sers Nebenmenschen Seiten; d. i. macht, daß ihn eine Schaar von Freunden umgiebt; aber der Mangel ver= scheucht sie wieder.

lich, unrecht recht, niederträchtig edel, alt jung, feige
tapfer zu machen. Ha! ihr Götter! wozu das?
warum das? Gold, ihr Götter? O! das kann eure
Priester von eurer Seite reissen, und Kranken, die
noch bey Kräften sind, das Küssen unterm Kopf
wegziehen. *) Dieser gelbe Sklave kann geheilig-
te Bündnisse knüpfen und auflösen, den Verwünschten segnen, dem schrecklichsten Aussatz Anbetung
verschaffen, Diebe zu Ehrenstellen erheben, und
ihnen auf der Bank der Rathsherrn, Titel,
Fußfall und Lob erwerben. Dieß macht, daß
die Witwe **) wieder heyrathet, daß die, vor der
selbst dem Spital und eitervollen Elenden ekeln

---

*) Eine auch unter uns bekannte Gewohnheit, wo-
durch man den Sterbenden ihren Tod zu erleichtern
glaubt. Dr. Warburton glaubt, es sey damit so viel
gesagt: Gold kann machen, daß Leute, die noch Kräfte genug haben, der Krankheit unterliegen müssen.
Vielleicht ist indeß der Sinn, mehr buchstäblich, als
metaphorisch, dieser: Gold kann machen, daß der Er-
be den Tod des Sterbenden zu beschleunigen sucht.
**) Im Englischen: the wappen'd widow. Nach
Stevens's Erläuterung aus ähnlichen Stellen hieße
dieß: die Witwe, deren Neugier und Leidenschaften
schon befriedigt waren.

würde, wieder zum Mittag[*]) einbalsamirt wird.
Komm, du verdammte Erde, du gemeine Hure
des menschlichen Geschlechts, die so viel Ungleichheit unter den Völkern erregt, ich will dich wieder an die Stelle legen, wohin dich die Natur
begrub (Ein Marsch in der Ferne) Ha! eine Trommel! — Du bist sehr lebendig; aber ich will dich
doch begraben. Du wirst davon laufen, starker
Dieb, wenn deine gichtbrüchigen Hüter nicht
mehr stehen können — Doch nein, bleib noch
ein wenig da; ich will dich zum Trinkgelde brauchen. (Er nimmt etwas Gold zu sich.)

Alcibiades kömmt, mit Trommeln und Pfei-
fen, im kriegrischen Zuge; auch Phrynia und Timandra.

Alcibiades. Was bist du da? Rede!

Timon. Ein Thier, wie du bist. Daß der
Krebs dafür an deinem Herzen nage, daß du mir
wieder Menschengesichter zu sehen giebst!

Alcibiades. Wie ist dein Name? — Ist der
Mensch dir so verhaßt, und bist doch selbst ein
Mensch?

---

*) d. i. zum Hochzeitstage.

**Timon.** Ich bin Misanthropos! und hasse das menschliche Geschlecht. Was dich betrift, so wünscht' ich, du wärst ein Hund, damit ich dich ein wenig lieb haben könnte.

**Alcibiades.** Ich kenne dich recht gut. Aber was für Unfälle dir begegnet sind, davon weiß ich nicht das geringste.

**Timon.** Ich kenne dich auch, und verlange nichts mehr von dir zu wissen, als was ich weiß. Folge deiner Trommel; färbe den Erdboden mit Menschenblut; roth, roth! Religionsgebräuche, bürgerliche Rechte sind grausam; was soll denn der Krieg anders seyn. Deine gottlose Metze da hat mehr Zerstörung in sich, als dein Schwert, bey allen ihren Engelsblicken.

**Phrynia.** Daß dir die Lippen abfaulten!

**Timon.** Ich will dich nicht küssen; also behältst du die Fäulniß an deinen eignen Lippen. *)

---

*) Man glaubte sonst durchgehends, daß einer, der die venerische Ansteckung einem andern mittheilte, selbst davon befreyt würde. Ich will dich nicht küssen, sagt Timon, und dadurch die Fäulniß von deinen Lippen nehmen. Johnson.

Alcibiades. Wie kam der edle Timon zu dieser Veränderung?

Timon. Wie der Mond, wenn er kein Licht mehr zu geben hat. Aber ich konnte mich nicht wieder erneuern, wie der Mond; denn es waren keine Sonnen da, um Licht davon zu borgen.

Alcibiades. Edler Timon, was für Freundschaft kann ich dir erweisen?

Timon. Keine, als mich in meiner Meynung bestärken.

Alcibiades. Und worin besteht die?

Timon. Versprich mir Freundschaft, aber halte sie mir nicht. Wenn du mir keine versprechen willst, so verderben dich die Götter! denn du bist ein Mensch; willst du mir sie erweisen, so verderben sie dich gleichfalls! denn du bist ein Mensch.

Alcibiades. Ich habe so etwas von deinen Unglücksfällen gehört.

Timon. Du sahst sie, als ich im Wohlstande war.

Alcibiades. Ich sehe sie itzt; damals war eine glückliche Zeit.

**Timon.** Wie die deinige itzt ist, in der Mitte zwischen einem Paar Metzen.

**Timandra.** Ist das der allgemeine Liebling von Athen, von dem die Welt so viel rühmliches sagte?

**Timon.** Bist du Timandra?

**Timandra.** Ja.

**Timon.** Bleib immer eine Hure! Die mit dir umgehen, lieben dich nicht; sie lassen dich und ihre Lust hinter sich zurück. *) Häng' ihnen Krankheiten an; mache guten Gebrauch von deinen wollüstigen Stunden; bringe die Niederträchtigen zu Schwitzkasten und Bädern; bringe die rosenwangige Jugend zur Hungerkur, **) und zur strengen Enthaltsamkeit hinunter.

**Timandra.** An den Galgen, du Ungeheuer!

**Alcibiades.** Vergieb ihm, liebste Timandra;

---

*) Nach der Versetzung einer Zeile des Originals, die Dr. Johnson vorschlägt.

**) Im Englischen: *the tub-fast*, eine Heilungsart der Lustseuche, wobey der Kranke sich sehr warm halten mußte, und sich in der Absicht in eine Tonne zu setzen pflegte; zugleich wurde ihm die strengste Diät vorgeschrieben. Dr. Warburton hat darüber eine lange Note gemacht.

sein Unglück hat seinen Verstand angegriffen und überwältigt — Ich habe nur wenig Geld übrig, wackrer Timon; und der Mangel daran verursacht täglichen Aufruhr in meinem abgezehrten Heere. Ich hab' es gehört, und es kränkte mich, daß das verwünschte Athen, deiner Verdienste uneingedenk, deiner vormaligen grossen Thaten vergaß, als die benachbarten Staaten sie unter den Fuß zertreten hätten, wenn dein Schwert und dein Glück nicht gewesen wäre.

**Timon.** Ich bitte dich, schlag deine Trommel, und geh deiner Wege.

**Alcibiades.** Ich bin dein Freund und bedaure dich, theurer Timon.

**Timon.** Wie kannst du den bedauren, dem du beschwerlich bist? Ich wäre lieber allein geblieben.

**Alcibiades.** Nun, so lebe denn wohl. Hier hast du etwas Gold.

**Timon.** Behalt es, ich kann es nicht essen.

**Alcibiades.** Wenn ich das stolze Athen in einen Steinhaufen verwandelt habe —

**Timon.** Ziehst du gegen Athen zu Felde?

Alcibiades. Ja, Timon, und dazu hab' ich
Ursache.

Timon. Die Götter verderben sie alle durch
deine Hand, und wenn du sie vernichtet hast,
dich auch!

Alcibiades. Warum mich, Timon?

Timon. Weil du geboren wurdest, durch Er-
mordung von Bösewichtern mein Vaterland zu
erobern. Stecke dein Gold wieder ein! Nur
zu — hier ist Gold — nur zu! sey wie die Seuche eines Planeten, wenn Jupiter über irgend
eine lastervolle Stadt sein Gift in der siechen Luft
aushängt. Laß dein Schwert keinen einzigen
überspringen; schone des ehrwürdigen Greises
nicht um seines weissen Bartes willen, er ist ein
Wucherer. Schlage mir ja die heuchlerische Ma-
trone, bloß ihr Kleid ist ehrlich, sie selbst ist eine
Kupplerinn. Laß nicht die jungfräuliche Wange
dein schneidendes Schwert besänftigen. Jene
milcherfüllte Brüste, welche durch die Fenstergit-
ter nach den Augen der Männer bohren, schreibe
nicht auf das Blat der Verschonung; zeichne sie
als schreckliche Verräther auf. Schone nicht des
Säuglings, dessen lächelnde Wangengrübchen

selbst bey Wahnwizigen Mitleid erregen; halt'
ihn für einen Bastard, von dem ein dunkles Orackel vorhergesagt hat, daß er dir die Kehle ab-
schneiden soll, *) und zerstück' ihn ohne Veden-
ken. Schwöre, daß das, was da ist, nicht da
sey; leg' eine Rüstung an deine Ohren und an
deine Augen, deren Stählung weder das Heulen
der Mütter, noch das Geschrey der Jungfrauen,
und Kinder, noch der Anblick in heiligem Gewande blutender Priester, nur um eine Nadel-
spize durchdringen kann. Dort ist Gold, deine
Soldaten zu bezahlen, verbreite Verderben um
dich her; und wenn du deine Wuth ausgelassen
hast, so verdirb selbst! antworte nicht; geh nur!

Alcibiades. Hast du noch Gold? Ich will
das Gold annehmen, das du mir giebst, aber
nicht deinen Rath.

Timon. Du magst ihn annehmen, oder
nicht, so treffe dich der Fluch des Himmels!

Timandra und Phrynia. Gieb uns auch
etwas Gold, lieber Timon. Hast du noch mehr?

---

*) Eine Anspielung auf die Geschichte des Oedi-
pus. Johnson.

**Timon.** Genug, um zu machen, daß eine Hure ihr Handwerk verschwöre, und eine Kupplerinn aufhöre, Huren zu machen. Haltet eure Schürzen her, ihr Metzen ihr! Ihr seyd nicht eidesfähig; ob ich gleich weiß, daß ihr schwören, so schrecklich schwören würdet, daß die unsterblichen Götter, die euch anhörten, starke Schauder und himmlische Fieberanfälle davon bekommen könnten. Spart eure Schwüre; ich verlasse mich schon auf eure Gemüthsart. Bleibt immer Huren; und dem, dessen frommes Zureden euch zu bekehren sucht, dem setzt erst recht zu, lockt ihn an, setzt ihn in Brand, laßt nicht eher ab, biß euer Feuer über seinen Rauch Meister wird; und seyd keine Abtrünnige. Doch müssen euch sechs Monat im Jahr ganz entgegenstehende Leiden treffen! Deckt eure armseligen dünnen Schädel mit Aufsätzen von den Todten — *) es schadet nicht,

---

*) Ungefehr um das Jahr 1595, als die Mode zuerst in England aufkam, mehr Haar zu tragen, als je auf einem Menschenkopfe wachsen, war es gefährlich, Kinder aus dem Hause zu lassen, weil es ganz gewöhnlich war, daß schlechte Weibspersonen diejenigen, die

nicht, wenn auch einige davon gehangen waren —
trägt sie, betriegt damit, bleibt immer Huren;
schminkt euch so lange, bis ein Pferd in eurem
Gesichte stecken bleiben kann. Der Henker hole
die Runzeln!

Beyde. Gut, gut; nur noch mehr Gold —
O! glaub uns, um Gold thun wir alles.

Timon. Säet Auszehrungen in die marklo-
sen Knochen der Männer, lähmt ihre dünnen
Beine; und bringt sie um allen männlichen Muth.
Brecht die Stimme des Sachwalters, damit er
untüchtig werde, unrechtmässige Fodrungen zu
behaupten, und Zungendreschereyen mit lautem
Geschrey nicht mehr ertönen lasse. Gebt dem
Priester den weissen Aussatz, der wider die Triebe
des Fleisches eifert, und selbst nicht glaubt. Herab
mit der Nase! platt ab damit, nehmt ihm den
Nasenknorpel ganz weg, ihm, der um seinen Pri-
vatvortheil wahrzunehmen, das gemeine Beste aus
den Augen verliert. Macht krausköpfige Spitzbuben kahl, und laßt die unversehrten, kriegri-

_____

schönes Haar hatten, nach abgelegnen Strassen hin-
lockten, und sie ihnen abschnitten. Steevens.

X

schen Eisenfresser selbst nicht leer ausgehn. Verpestet die ganze Welt, und ruht nicht eher, bis eure Thätigkeit die Quelle der Vermehrung selbst gänzlich verstopft und ausgetrocknet hat — Da ist noch mehr Gold — Bringt andre ins Verderben, und stürzt dann selbst hinein; und werdet dann alle in Mistgruben begraben!

**Beyde.** Mehr Rath, und mehr Geld, wohlthätiger Timon!

**Timon.** Erst mehr Liederlichkeit, mehr Unheil! Ihr habt nun euer Handgeld.

**Alcibiades.** Rührt die Trommel, und auf Athen zu! Lebe wohl Timon; wenn mir die Unternehmung gelingt, will ich dich wieder besuchen.

**Timon.** Und wenn mir meine Hoffnung gelingt, seh ich dich niemals wieder.

**Alcibiades.** Ich that dir doch nie was zu Leide.

**Timon.** O! ja, du redtest gut von mir.

**Alcibiades.** Nennst du das beleidigen?

**Timon.** Das erfährt man alle Tage. Geh deiner Wege, und nimm deine Dachshunde mit.

**Alicbiades.** Wir ſind ihm nur beſchwerlich; rührt die Trommel!

(Trommeln. Alcibiades, Phrynia und Timandra gehn ab.)

**Timon.** (Indem er gräbt) Daß die Natur, die ſchon vom Undank der Menſchen ſo viel leidet, noch dazu hungern muß! — Allgemeine Mutter, du, deren unermäßliche Schoos und unbegränzte Bruſt alles gebiert und ernährt; o! du, die aus demſelben Stofe, woraus dein ſtolzes Kind, der übermüthige Menſch, hervorgeht, auch die ſchwarze Kröte zeugt, und die blaue Otter, die goldfleckige Eider, und die blinde, vergiftete Schlange, mit allem andern abſcheulichen Ungeziefer unter dem wolkichten Himmel, an welchem Hyperions belebendes Feuer ſcheint! gieb dem, der alle deine menſchlichen Söhne haßt, gieb ihm aus deinem unerſchöpflichen Buſen eine einzige arme Wurzel. Verſtopfe deine fruchtbare, gern empfangende Schoos; laß ſie keine undankbare Menſchen mehr hervorbringen. Geh nur mit Drachen, Tigern, Wölfen, und Bären, ſchwanger; trage neue Ungeheuer, die dein emporgerichtetes Antlitz dem umwölbenden Himmel noch nie gezeigt hat! — O! eine Wurzel — Habt Dank, ihr Götter! Laß dein Mark, deinen Wein, und die vom Pfluge zerrissene Erdschollen vertrocknen, aus denen der undankbare Mensch jene geistigen Getränke, und jene fette Bissen zieht, die sein reines Gemüth mit einem Fett umgeben, daß alle Ueberlegung davon abgleitet! — ( Apemanthus kömmt. ) Wieder ein Mensch! O! Pest! Pest!

Apemanthus. Man hat mich hieher gewiesen. Man sagt ja, du massest dich an, meine Lebensart nachzuahmen.

Timon. So muß es deßwegen seyn, weil du keinen Hund hältst, dem ich lieber nachahmen möchte. Daß dich die Auszehrung ergreife.

Apemanthus. Bey dir ist das bloß eine erzwungene Denkungsart, eine armselige, muthlose Schwermuth, die aus dem Wechsel deines Glücks entstand. Wozu dieß Grabscheid? Warum in diesem Walde? Was soll diese sklavenmässige Kleidung? Wozu diese kummervollen Blicke? Deine Schmeichler tragen noch immer Seide, trinken Wein, liegen weich, schwimmen in vergifteten Wohlgerüchen, und haben

vergeſſen, daß je ein Timon war. Entehre dieſe
Wälder nicht dadurch, daß du die Geſtalt ei-
nes Menſchenfeindes annimmſt. Werd' itzt ein
Schmeichler, und ſuche durch eben das glücklich
zu werden, was dich unglücklich gemacht hat.
Beuge dein Knie, und laß ſchon den bloſſen Athem
deſſen, dem du aufwarteſt, dir die Mütze vom
Kopf wehen; erhebe ſeine noch ſo laſterhaften
Neigungen, und nenne ſie vortreflich. So redte
man mit dir; und du gabſt deine Ohren Schelmen und allen, die ſich dir nahten, Preis, gleich
Bierwirthen, die Jedermann willkommen heiſſen.
Es iſt ſehr billig, daß du ein Böſewicht werdeſt;
hätteſt du noch Vermögen, ſo würden Böſewich-
ter es haben. Stelle dich mir nicht gleich.

**Timon.** Wär' ich dir gleich, ſo wollt' ich
mich ſelbſt wegwerfen.

**Apemanthus.** Du haſt dich ſelbſt wegge-
worfen, da du dir ſelbſt gleich warſt; ſo lang ein
Unſinniger, itzt ein Narr! Wie? glaubſt du, der
kalte Wind, dein ungeſtümer Kammerdiener, wer-
dé dir ein warmes Hemde reichen? Meynſt du,
dieſe bemoosten Bäume, die den Adler überlebt
haben, werden wie Edelknaben hinter dir hertre-

ten, und dir auf den kleinsten Wink zulaufen?
Wird der kalte, mit Eis überdeckte Bach dir eine
Herzstärkung zum Frühstück geben, um die Un-
verdaulichkeit des gestrigen Abendessens zu vertreiben? Rufe den Geschöpfen, die der rauhen
Witterung Trotz bieten, deren nackte, von Häu-
sern entblößte Leiber den kämpfenden Elementen
ausgesetzt sind, und die lauter Natur sind; be-
siehl ihnen, dir zu schmeicheln; o! du wirst finden — —

Timon. Daß du ein Narr bist — — Geh
fort!

Apemanthus. Du bist mir itzt lieber, als
jemals.

Timon. Und du mir desto verhaßter.

Apemanthus. Warum?

Timon. Du schmeichelst der Dürftigkeit.

Apemanthus. Ich schmeichle nicht; ich sage
nur, daß du ein elender Sklav bist.

Timon. Warum suchst du mich auf?

Apemanthus. Um dich zu quälen.

Timon. Das ist allemal das Amt eines Bö-
sewichts oder eines Narren. Findest du dein Vergnügen daran?

**Apemanthus.** Ja.

**Timon.** Wie? so bist du auch ein Schurke?

**Apemanthus.** Wenn du dieses unfreundliche kalte Betragen angenommen hättest, um deinen Stolz zu züchtigen, so wär' es gut; aber du thust es aus Noth; du möchtest gern wieder ein Höfling seyn, wenn du kein Bettler wärest. Freywillige Armuth überlebt ungewisses Wohlleben, und erreicht eher ihren Zweck. Dieses wird immer gefüllt, und nie voll; jene gelangt zum höchsten Ziel ihrer Wünsche. Der glücklichste Stand ist mißvergnügt, unruhig und elend; er ist schlimmer, als der schlimmste, der doch dabey zufrieden ist. Du solltest zu sterben wünschen! weil du dich in einem so armseligen Zustande befindest.

**Timon.** Nicht weil mirs einer sagt, der noch armseliger ist. Du bist ein Sklave, den das Glück nie mit zärtlichen Armen umfieng, sondern wie ein Hund groß geworden. Wärst du, gleich mir, von unsern ersten Windeln an, durch alle die angenehmen Grade von Glückseligkeit fortgeschritten, welche diese kurze Welt denen gewährt, die sich nur besinnen dürfen, was sie von allen ihren Waaren haben wollen; so hättest du dich

X 4

in die äusserste Schwelgerey versenkt, hätteſt deine Jugend auf den vielfachen Lagern der Wolluſt zerschmelzen laſſen, und nimmermehr die kalten Vorschriften der Mäſſigung und des Wohlſtandes beobachten gelernt, sondern wärſt immer dem überzuckerten Wildpret vor dir her blindlings nachgelaufen. Ich hingegen, für deſſen Vergnügen die ganze Welt arbeitete, dem die Zungen, die Augen, die Herzen der Menschen zu Gebote ſtanden, so daß ich ihnen kaum genug zu thun geben konnte, an dem unzählige Leute hiengen, wie die Blätter an einer Eiche, die aber alle durch einen einzigen Winterſturm von ihren Zweigen abgefallen ſind, und mich entblößt und unbedeckt jedem ſtürmenden Ungewitter Preis gegeben haben, daß ich dieß ertragen ſoll, der von jeher nichts, als beſſeres Schickſal erlebte, iſt etwas ſchwer. Dein Daseyn fieng mit Elend an, und die Zeit hat dich dazu abgehärtet. Warum ſollteſt du die Menschen haſſen? Sie haben dir nie geſchmeichelt. Was haſt du ihnen gegeben? Wenn du fluchen willſt, so muß dein Vater, der arme Schlucker, der Gegenſtand deines Fluches ſeyn, der kein Bedenken trug, ſich mit irgend einer Bettlerinn

gemein zu machen, und so dich armseligen Erb=
bettler zusammenflickte. Hinweg! packe dich! —
Wärst du nicht als der schlechteste unter allen Men=
schen geboren, so wärst du ein Schurke und ein
Schmeichler geworden. *)

Apemanthus. Bist du noch stolz?

Timon. Ja, stolz darauf, daß ich nicht
du bin.

Apemanthus. Und ich darauf, daß ich kein
Verschwender gewesen bin.

Timon. Und ich, daß ich itzt noch einer bin.
Wär' aller Reichthum, den ich habe, in dir al=
lein enthalten, so wollt' ich dir Erlaubniß geben,

---

*) Dryden führt zwey Verse aus dem Virgil an,
um zu zeigen, daß er ein Talent zur Satire gehabt
habe. Shakespeare giebt hier einen Beweis von eben
diesem Talent, in einer Zeile, die so bitter ist, als
sichs nur immer denken läßt, worin Timon dem Ape=
manthus sagt, er habe nicht einmal Tugend genug zu
den Lastern gehabt, auf die er schilt — Ich habe Herrn
Bourke die feine Absonderung loben hören, mit welcher
Shakespeare den gegenwärtigen Charakter Timon's
von dem Charakter des Apemanthus unterscheidet,
dem er in gemeinen Augen itzt gleich seyn würde.
Johnson.

ihn zu hången. Geh deiner Wege — O! daß
das ganze Leben von Athen in dieser Wurzel wåre! So wollt ichs essen. ( Er ißt eine Wurzel. )

**Apemanthus.** ( der ihm eine andre giebt ) Da.
Ich will deine Mahlzeit verbessern.

**Timon.** Verbeßre erst meine Gesellschaft, und
packe dich fort!

**Apemanthus.** So werb' ich meine eigne Gesellschaft verbessern, wenn ich der deinigen los bin.

**Timon.** Damit ist sie nicht gut ausgebessert,
sondern nur geflickt. Ist das nicht, so wollt' ich
doch, es wåre so.

**Apemanthus.** Was håttest du gern zu
Athen?

**Timon.** Dich in einem Wirbelwinde dahin!
Wenn du willst, so sag' ihnen, ich habe hier
Gold. Siehst du, daß ichs habe?

**Apemanthus.** Hier braucht man kein Gold.

**Timon.** Auf die beste und sicherste Art; denn
hier schläft es, und thut keinen verdungenen
Schaden.

**Apemanthus.** Wo liegst du des Nachts,
Timon?

Timon. Unter dem, was über mir ist. Wo fütterst du des Tages, Apemanthus?

Apemanthus. Wo mein Magen Speise findet, oder vielmehr, wo ich sie esse.

Timon. Ich wollte, das Gift müßte mir gehorchen, und wüßte meine Gedanken!

Apemanthus. Wo wolltest du es denn hinsenden?

Timon. Deine Speisen zu würzen.

Apemanthus. Das Mittel der Menschheit hast du nie gekannt, sondern nur das Aeusserste an beyden Enden. Als du von Gold und Wohlgeruch umgeben wärst, da spottete man über deine zu grosse Zärtlichkeit des Geschmacks; itzt, da du in Lumpen bist, hast du gar keine, sondern wirst des Gegentheils halber verabscheut. Da hast du eine Mispel, iß sie.

Timon. Ich esse von nichts, was ich nicht leiden kann.

Apemanthus. Kannst du die Mispeln nicht leiden?

Timon. Nein, ob sie schon dir gleich sehen.

**Apemanthus.** Hätteſt du nie Schmeichler[*] leiden können, ſo würdeſt du itzt mit dir ſelbſt beſſer zufrieden ſeyn. Haſt du jemals einen Verſchwender gekannt, den man noch geliebt hat, wenn er ſchon um ſeine Mittel gekommen iſt?

**Timon.** Wen haſt du jemals ohne dieſe Mittel, wovon du redeſt, beliebt geſehen?

**Apemanthus.** Mich ſelbſt.

**Timon.** Ich verſtehe dich; du hatteſt einige Mittel, einen Hund zu halten.

**Apemanthus.** Was für Dinge in der Welt findeſt du deinen Schmeichlern am ähnlichſten?

**Timon.** Die Weiber kommen ihnen am nächſten; aber Männer, Männer ſind die Dinge ſelbſt. Was würdeſt du mit der Welt machen, Apemanthus, wenn ſie in deiner Gewalt wäre?

**Apemanthus.** Sie den wilden Thieren vorwerfen, damit ich der Menſchen los würde.

**Timon.** Wollteſt du denn ſelbſt mit den übrigen Menſchen fallen, oder ein Thier unter den Thieren bleiben?

---

[*] Im Engliſchen iſt hier ein nicht zu überſetzendes Wortſpiel mit a medlar, eine Miſpel, und a Medler, ein Menſch, der ſich gern in alles miſcht.

**Apemanthus.** Ja, Timon.

**Timon.** Ein viehischer Wunsch, den die Götter dir gewähren wollen! Wenn du ein Löwe wärst, so würde dich der Fuchs betriegen; wärst du ein Lamm, so würde der Fuchs dich fressen; wärst du der Fuchs, so würdest du dem Löwen verdächtig werden, wenn dich etwa einmal der Esel verklagte. Wärst du der Esel, so würde dich deine Dummheit plagen, und du lebtest nur immer als ein Frühstück für den Wolf. Wärst du der Wolf, so würde dir deine Gefräßigkeit zur Quaal werden, und du würdest oft dein Leben für dein Mittagsessen wagen. Wärst du das Einhorn, so würde dich Stolz und Grimm zu Grunde richten, und vielleicht würdest du selbst dann deiner eignen Wuth zur Beute. *) Wärst du ein Bär, so würde dich das Roß tödten;

---

*) Geßner sagt in seiner Thiergeschichte von dem Einhorn es sey von Natur des Löwen Feind; sobald der Löwe das Einhorn sehe, nehme er seine Zuflucht zu einem Baum; das Einhorn laufe dann in voller Eile und Wuth auf ihn zu, und bleibe mit seinem Horn fest im Baume stecken; hernach werde es von dem Löwen angefallen und getödtet. Hanmer.

wärst du ein Roß, so würde dich der Leopard ergreifen; wärst du ein Leopard, so wärst du des Löwen leiblicher Bruder *); und die Flecken deines Verwandten verschwüren sich wider dein Leben. Alle deine Sicherheit wär' Entfernung; und dein Schutz, Abwesenheit. Was für ein Thier könntest du seyn, das nicht einem andern Thier unterworfen wäre? Und was für ein Vieh bist du schon itzt, daß du nicht einstehst, wie viel du bey der Verwandlung verlieren würdest?

**Apemanthus.** Wenn du mir durch irgend ein Gespräch gefallen könntest, so hättest du es itzt getroffen. Der Staat von Athen ist ein Wald voll wilder Thiere geworden.

**Timon.** Wie ist denn der Esel durch die Mauern gebrochen, daß du ausser der Stadt bist?

**Apemanthus.** Dort kömmt ein Poet und ein Mahler. Die Pest der Gesellschaft falle auf dich! Ich will mich hüten, nicht davon ange-steckt zu werden, und rette mich mit der Flucht.

---

*) Dieß scheint eine Anspielung auf die Türkische Staatsklugheit zu seyn, nach welcher der Sultan keinen Bruder am Leben läßt. **Steevens.**

Wenn ich nichts anders zu thun weiß, will ich dich wieder besuchen.

Timon. Wenn sonst nichts mehr lebt, als du, dann sollst du mir willkommen seyn. Lieber wär' ich eines Bettlers Hund, als Apemanthus.

Apemanthus. Du bist das Oberhaupt aller ietlebenden Narren.

Timon. Ich wollte, du wärst rein genug, daß ich dich anspeyen könnte. Die Pest treffe dich!

Apemanthus. Du bist zu schlecht, um einem zu fluchen.

Timon. Alle Bösewichter werden rein, wenn sie neben dir stehen.

Apemanthus. Es giebt weiter keinen Aussatz, als was du redest.

Timon. Wenn ich dich nenne. Ich will dich schlagen — aber da würden meine Hände die Kräze bekommen.

Apemanthus. Ich wollte, meine Zunge könnte machen, daß sie abfaulten.

Timon. Hinweg, du Gezücht eines räudigen Hundes! Ich sterbe vor Zorn, daß du in der Welt bist; ich werde ohnmächtig, wenn ich dich ansehe.

**Apemanthus.** Daß du bersten möchtest!

**Timon.** Hinweg, du abscheulicher Schurke! Der Stein sollte mich dauren, mit dem ich dich würfe!

**Apemanthus.** Vieh!

**Timon.** Sklave!

**Apemanthus.** Kröte!

**Timon.** Schurke! Schurke! Schurke! —
( Apemanthus tritt zurück, als ob er gehen wollte.)
Ich bin dieser falschen Welt müde, und will nichts in ihr leiden, als was in ihr höchst nothwendig ist. Drum, Timon, bereite dir sogleich dein Grab; und liege dort, wo der leichte Meerschaum deinen Grabstein täglich schlagen kann. Mache deine Grabschrift, daß der Tod in dir über andrer Leben lachen könne. ( Er sieht das Gold an.)
O! du angenehmer Königsmörder! du werthe Scheidung zwischen dem leiblichen Sohn und seinem Vater! du schimmernder Schänder des keuschesten Ehebettes! du tapfrer Mars! du immer junger, frischer, beliebter, und reizender Buhler, dessen Röthe den geheiligten Schnee zerschmelzt, der auf Dianens Schooß liegt! Du sichtbarer Gott, der du machst, daß Unmöglich-

kei-

ketten sich vertragen, und einander küssen! der
du jede Sprache zu ieder Absicht sprichst! O! du
Probierstein der Herzen! denke, dein Sklave,
der Mensch, empöre sich wider dich, und setze
sie durch deine Macht in eine so zerrüttende Uneinigkeit, daß Thiere die Herrschaft über die Welt
erhalten!

**Apemanthus.** Ich wollt', es wäre so; aber
nicht eher, bis ich todt bin. Ich will sagen, du
habest Gold; sogleich wird alles sich zu dir
drängen.

**Timon.** Zu mir drängen?

**Apemanthus.** Ja.

**Timon.** Deinen Rücken her, ich bitte dich.

**Apemanthus.** Leb', und liebe dein Elend!

**Timon.** Lebe lange so, und stirb so! (Ape-
manthus geht ab.) Ich bin nun seiner los —
Was? Noch mehr menschenähnliche Geschöpfe?—
Iß, Timon, und verabscheue sie!
(Es kommen Diebe.)

1. **Dieb.** Wo mag er wohl sein Gold haben?
Es wird irgend ein armseliges Stückchen, irgend
ein kleines Ueberbleibsel seyn, das er noch gerettet hat. Nichts anders, als der Mangel an Gold,

Y

und der Abfall seiner Freunde, hat ihn zu dieser Grillenfängerey gebracht.

2. Dieb. Man sagt, er habe einen Schatz gefunden.

3. Dieb. Wir wollen einen Versuch machen. Wenn er nichts darnach fragt, wird ers uns gutwillig geben; aber wenn er so geitzig ist, daß ers für sich allein behalten will, was ist dann zu thun?

2. Dieb. Er wird freylich den Schatz nicht bey sich tragen; er wird ihn versteckt haben.

1. Dieb. Ist das nicht Timon?

Alle. Wo?

2. Dieb. Der Beschreibung nach ist ers.

3. Dieb. Er ists; ich kenn' ihn.

Alle. Guten Tag, Timon.

Timon. Was? Diebe?

Alle. Soldaten; keine Diebe.

Timon. Beydes; und von Weibern geboren.

Alle. Diebe sind wir nicht, sondern Leute, die sehr viel Bedürfnisse haben.

Timon. Euer grösstes Bedürfniß ist, daß ihr viel Essens bedürft. Was solltet ihr bedürfen? Seht, die Erde hat Wurzeln; innerhalb einer

Meile um uns her entspringen hundert Quellen;
die Eichen tragen Eicheln, die Sträuche Hanbut=
ten; die gutthätige Hausmutter Natur legt auf
jedem Busch ein reichliches Mahl vor euch aus —
Bedürfniß? — Warum Bedürfniß?

1. Dieb. Wir können nicht von Gras, von
Beeren und Wasser leben, wie Thiere, Vögel
und Fische.

Timon. Auch nicht von den Thieren, Vö=
geln und Fischen selbst; ihr müßt Menschen essen.
Doch muß ich euch Dank dafür sagen, daß ihr
offenbare Diebe seyd, und euch nicht in heiligere
Gestalten einhüllet; denn es herrscht gränzenlose
Dieberey auch in solchen Ständen, die der Wohl=
stand begränzt. Schelme, Diebe, hier ist Gold.
Geht, saugt das flüchtige Blut der Traube, bis
das heisse Fieber euer Blut zu Schaum kocht,
und so entgeht dem Galgen. Vertraut euch kei=
nem Arzt; seine Arzneyen sind Gift, und er tödtet
mehr Menschen, als ihr befehlt. Nehmt den Leu=
ten Geld und Leben zugleich; treibt eure Bübe=
rey, treibt sie, weil ihr euch dazu bekennt, wie
ein andres Handwerk; ich will euch Beyspiele
genug von Dieberepen anführen. Die Sonne

ift ein Dieb, und beftiehlt durch ihre ftarke Anzie-
hung das weite Weltmeer. Der Mond ift ein
ausgemachter Dieb, und ſchnappt ſein blaſſes Licht
der Sonne weg. Die See ift ein Dieb, weil ihre flüſſige Wellen die Salzberge in ſalzige Thränen auflöſen. Die Erde ift ein Dieb, die alles
aus einer Maſſe, die ſie von dem allgemeinen
Auswurf ſtiehlt, gebiert und ernährt. Jedes
Ding ift ein Dieb. Die Geſetze, euer Zaum
und eure Geiſſel, haben ungeſtraften Diebſtahl in
ihrer rauhen Gewalt. Liebt euch ſelbſt nicht;
geht hin, und beraubt einer den andern. Da
habt ihr mehr Gold; ſchneidet Gurgeln ab; alle,
die euch begegnen werden, ſind Diebe. Geht
nach Athen, brecht in Kaufläden ein; denn ihr
könnt nichts ſtehlen, was nicht von Dieben verloren wird. Stehlt dennoch, ob ich euch gleich
Gold gebe, und Gold ſtürz' euch ins Verderben! Amen.

(Er geht ab.)

3. Dieb. Er hat mir mein Handwerk faſt
zuwider gemacht, indem er mich dazu aufmunterte.

1. Dieb. Es ift bloſſe Feindſeligkeit gegen das
menſchliche Geſchlecht, daß er uns dieſen Rath

giebt; er will nur nicht gern, daß wir in unserm Beruf glücklich seyn sollen.

2. Dieb. Ich will ihm als einem Feinde glauben, und mein Handwerk aufgeben.

1. Dieb. Wir wollen erst warten, bis in Athen Friede seyn wird.

2. Dieb. Es ist kein so schlimmer Zustand, worin ein Mensch nicht nach gut werden kann.

(Sie gehn ab.)

---

# Fünfter Aufzug.

## Erster Auftritt.

### Der Wald, und Timon's Höhle.

**Flavius.** O! ihr Götter! ist jener verworfne, zerstörte Mann mein Herr? So abgezehrt! so eingefallen! O! ein Denkmal, ein Wunder von übel angewandten Gutthaten! Welch eine Veränderung der äussern Ehre hat der verzweiflungsvolle Mangel angerichtet! Was ist schändlichers auf der Erde, als Freunde, die das edelste Gemüth in einen solchen Verfall bringen können! Wie herrlich schickt sich das Gebot für

unsre Zeiten, daß man seine Feinde lieben
soll! *) Lieber will ich doch immer die lieben und
gegen sie freundlich seyn, die mir offenbar scha=
den, als solche, die es heimlich thun. Er hat
mich ins Auge gefaßt; ich will ihm meine redli=
che Betrübniß bezeigen, und ihm, als meinem
Herrn, noch immer mit Leib und Leben zu Dien=
ste seyn — Mein theuerster Herr! ....

(Timon kömmt aus seiner Höle hervor.)

**Timon.** Hinweg! Wer bist du?

**Flavius.** Hast du mich vergessen, edler Timon?

**Timon.** Warum fragst du darnach? Ich
habe alle Menschen vergessen. Wenn du also
gestehst, daß du ein Mensch bist, so hab' ich dich
vergessen.

**Flavius.** Ein armer, redlicher Diener von
dir — —

**Timon.** So kenn' ich dich nicht. Ich habe
niemals redliche Leute in meinen Diensten gehabt;
alle, die ich hatte, waren Spitzbuben, die Böse=
wichtern zu Tische dienten.

---

*) Der Dichter vergißt hier, daß seine Personen
keine Christen sind. Warburton.

**Flavius.** Die Götter sind meine Zeugen, daß niemals ein armer Verwalter einen aufrichtigern Kummer für seinen zu Grunde gerichteten Herrn gezeigt hat, als meine Augen für dich.

**Timon.** Wie? weinst du? Komm näher, so will ich dich denn lieben, weil du ein Weib bist, und ganz anders bist, als das kieselsteinerne Herz des Mannes, dessen Augen nie anders übergehen, als von Lust und Lachen. Das Mitleid schläft. Seltsame Zeiten, die vor Lachen weinen, und nicht vor Weinen.

**Flavius.** Ich bitte dich, mein theurer Herr, weise mich nicht ab, nimm meinen Kummer an, und laß mich, so lange dieser armselige Reichthum dauert, dein Verwalter bleiben.

**Timon.** Hatt' ich einen Verwalter, der so treu, so gerecht war, und nun so hülfreich ist? Das verwandelt meine Heftigkeit beynahe in Raserey — Laß mich dein Gesicht sehen. Wahrlich! dieser Mann ist von einem Weibe geboren. Vergebt meine allgemeine, ohne Ausnahme zufahrende Heftigkeit, ihr unsterblichen, weisen Götter! Ich bekenne nun, daß es Einen rechtschaffenen Mann giebt — Versteht mich nicht unrecht —

Nur Einen; ja nicht mehr; und dieser Einzige
ist ein Verwalter! — wie gern hätt' ich das
ganze Menschengeschlecht gehaßt; und du kaufst
dich los; aber alle, ausser dir, verwünsch' ich
mit Flüchen. Mich dünkt, du bist itzt mehr rechtschaffen, als klug; denn, hättest du mich betrogen und verrathen, so würdest du bald einen
andern Dienst erhalten haben; denn viele kommen
auf diese Art zu einem zweyten Herrn, auf dem
Nacken ihres ersten. Aber sage mir aufrichtig —
denn ich muß noch immer zweifeln, wiewohl ich nie
stärker überzeugt war — ist nicht deine Freundlichkeit arglistig, eigennützig, oder gar eines Wuchrers
Freundlichkeit, und gleich den Geschenken reicher
Leute, die zwanzig für Eins zurück erwarten?

Flavius. Nein, mein würdigster Gebieter,
in dessen Seele Zweifel und Argwohn leider! zu
spät kommen, du hättest falsche Freundschaftsver-
sichrungen vermuthen sollen, als du Gastmahle
gabst. Argwohn kömmt immer, wenn das Vermögen dahin ist. Was ich dir bezeuge, das ist —
der Himmel weiß es! — lauter Liebe, Pflicht
und Diensteifer gegen dein Herz, das seines Gleichen nicht hat, Sorge für deinen Unterhalt und

für dein Leben; und glaube mir, mein bester Herr,
um keinen izigen noch künftig zu hoffenden Vortheil möcht' ich den einzigen Wunsch vertauschen,
mich dadurch, daß ich dich reich machte, dir erkenntlich zu bezeugen.

Timon. Nun ja, ich glaube dir — Du einziger rechtschaffener Mann, da, nimm hin. (Er
giebt ihm Gold.) Die Götter haben dir aus meinem Elend einen Schatz zugeschickt. Geh, lebe
reich und glücklich; aber mit dieser Bedingung:
du sollst von den Menschen entfernt wohnen.
Haß' alle, fluch' allen, thu keinem Gutes; laß
einem Bettler eher sein verhungertes Fleisch von
den Knochen fallen, ehe du ihm aushilfst. Gieb
Hunden, was du Menschen versagst. Laß Ge-
fängnisse sie verschlingen, und Schulden sie bis
zum Nichts verzehren! Menschen müssen werden,
wie ausgedorrte Wälder, und Seuchen lecken ihr
falsches Blut auf! Und hiemit lebe wohl, und
gedeihe!

Flavius. O! laß mich bleiben, und dich unterstützen, mein Gebieter.

Timon. Hassest du Flüche, so bleib nicht,
sondern flieh, weil du noch gesegnet und frey bist.

Sieh du keinen Menschen mehr, und laß mich
dich nie wieder sehen.

(Sie gehn auf verschiedne Seiten ab.)

## Zweyter Auftritt.

### Der Poet, und der Mahler.

**Mahler.** So viel ich von dem Orte gehört
habe, kann es nicht weit von hier seyn, wo er
sich aufhält.

**Poet.** Was soll man von ihm denken? Bestätigt sich das Gerücht, daß er so viel Gold haben soll?

**Mahler.** Ganz gewiß. Alcibiades erzählt es;
Phrynia und Timandra haben Gold von ihm bekommen; er schenkte auch etlichen armen verlaufnen Soldaten eine grosse Menge davon. Man
sagt, er habe seinem Verwalter eine mächtige
Summe gegeben.

**Poet.** So hat er wohl blos deswegen gebrochen, um seine Freunde auf die Probe zu stellen?

**Mahler.** Nicht anders; du wirst ihn bald in
Athen wieder, gleich einem Palmbaum, unter
den Vornehmsten blühen sehen. Es wird also
nicht übel gethan seyn, wenn wir ihm in seinem

vorgegebnen Unglücke unsre Freundschaft bezeugen; wir werden uns dadurch ein ehrliches Ansehn geben, und es ist sehr wahrscheinlich, daß wir unsern Zweck erreichen werden, wenn es wirklich wahr ist, daß er so viel Gold hat.

Poet. Was hast du ihm denn dießmal zu überreichen?

Mahler. Vor der Hand nichts, als meinen Besuch; ich will ihm aber ein herrliches Gemählde versprechen.

Poet. Ich muß es auch so machen; ich werde ihm von einem Entwurf sagen, der auf ihn gerichtet ist.

Mahler. So ists am besten. Versprechen ist herrschende Mode; es öffnet das Auge der Erwartung. Halten ist allemal ein dummer Narr; und die einfältigen Leute ausgenommen, ist Thun gar nicht mehr Gebrauch. Versprechen ist Mode und Hofmanier; Halten ist eine Art von Vermächtniß oder Testament, welches bey dem, der es thut, eine grosse Schwäche des Verstandes verräth.

(Timon kömmt, ungesehen, aus seiner Höhle hervor.)

**Timon.** (für sich) Vortreflicher Künstler! du kannst keinen so schlechten Menschen mahlen, als du selbst bist.

**Poet.** Ich denke eben darauf, was ich sagen will, daß ich für ihn in der Arbeit habe. Es muß eine Schilderung seiner selbst seyn; eine Satire auf die Weichlichkeit im Wohlstande, mit einer Aufdeckung der unendlichen Schmeicheleyen, die das Gefolge von Jugend und Reichthum sind.

**Timon.** Mußt du dich denn in deinem eignen Werke als einen Nichtswürdigen schildern? Willst du deine eignen Laster an andern Leuten durchpeitschen? Thu das; ich habe Gold für dich.

**Poet.** Komm, wir wollen ihn aufsuchen.

Wer, einen Vortheil einzuholen,
Zu spät kömmt, hat sich selbst bestohlen.

**Mahler.** Du hast recht.

**Poet.** Such, was dir fehlt, bey Tag, der dir
freywillig scheint;
Die Nacht im schwarzen Flor ist Niemands Freund.

Komm nur.

Timon. Ich will euch beym Umkehren entgegen kommen — Was für ein Gott muß Gold seyn, daß es in Tempeln verehrt wird, die schlechter sind, als die Oerter, wo man Schweine füttert! Du bist es, welches das Schiff ausrüstet, und die schäumenden Wellen pflügt! Du verschafft einem Sklaven Bewundrung und Ehrfurcht. Niemals müsse dein Dienst eingehen! und verderbliche Plagen müssen deine Anbeter bekränzen, die dir allein gehorchen! — Itzt muß ich auf sie zugehn.

Poet. Heil dir, würdiger Timon!

Mahler. Einst unserm edeln Gebieter!

Timon. So hab' ich es endlich erlebt, zwey ehrliche Leute zu sehen?

Poet. Edler Timon, da wir so viel Gutes von dir genossen haben, und vernehmen mußten, du habest dich entfernt, und alle deine Freunde seyn von dir abgefallen, für deren undankbare Gemüther — o! der abscheulichen Seelen! — alle Ruthen des Himmels nicht hinreichend sind — Wie? von dir? dessen sternengleiche Großmuth Leben und Einfluß ihrem ganzen Wesen gab! Ich bin ganz außer mir, und kann keine Worte fin-

den, die groß genug wären, die ungeheure Grösse
dieses Undanks darin einzukleiden.

**Timon.** Laß sie nackend gehen, so sehn die
Leute sie desto besser. Ihr, die ihr ehrliche Leute
seyd, macht durch das, was ihr seyd, am besten das sichtbar, was sie sind.

**Mahler.** Er und ich haben in dem grossen
Regen deiner Freygebigkeit gewandelt, und ihn
auf die angenehmste Art empfunden.

**Timon.** Ja, ihr seyd ehrliche Leute.

**Mahler.** Wir sind hieher gekommen, dir
unsre Dienste anzubieten.

**Timon.** Ihr sehr ehrlichen Leute! wie kann
ichs euch vergelten? Könnt ihr Wurzeln essen,
und kaltes Wasser trinken? — Nein.

**Beyde.** Wir wollen thun, was wir nur immer können, um dir zu dienen.

**Timon.** Ihr seyd ehrliche Leute. Ihr habt
gehört, daß ich Geld habe; ganz gewiß habt ihrs
gehört. Sagt die Wahrheit; ihr seyd ehrliche
Leute.

**Mahler.** So sagt man, edler Timon; aber
deswegen kam weder mein Freund noch ich hieher.

**Timon.** Ihr guten, ehrlichen Leute! — Du mahlst das beste Bildniß in ganz Athen nach; du bist würklich der beste Mahler; du mahlst ganz nach dem Leben.

**Mahler.** So, so, edler Timon.

**Timon.** Freylich so, wie ich dir sage. — (zum Poeten.) Und was deine Gedichte betrift; deine Verse fliessen so schön und angenehm, daß du in deiner Kunst natürlich bist — Aber bey dem allen, meine redlich gesinnten Freunde, muß ich euch sagen, daß ihr einen kleinen Fehler habt, der aber euch wirklich so ganz übel nicht kleidet; auch wünscht' ich nicht, daß ihr euch grosse Mühe gäbet, ihn zu verbessern.

**Beyde.** Wir bitten dich, würdiger Mann, sag' ihn uns.

**Timon.** Ihr werdet es übel nehmen.

**Beyde.** Wir werden dir sehr dafür danken.

**Timon.** Ist das euer Ernst?

**Beyde.** Ganz gewiß.

**Timon.** Jeder von euch vertraut sich beständig einem Schurken an, der euch gewaltig betriegt.

**Beyde.** Wirklich? thun wir das?

**Timon.** Freylich; und ihr hört seine Schmei-cheleyen, seht, wie er sich verstellt, kennt seine groben Schelmstreiche; und doch liebt ihr ihn, füttert ihn, tragt ihn in eurem Busen. Aber seyd versichert, er ist ein heuchlerischer Bösewicht.

**Mahler.** So einen kenn' ich nicht, edler Timon.

**Poet.** Ich auch nicht.

**Timon.** Seht nur, ich bin euch gut; ich will euch Gold geben. Macht euch von der Ge-sellschaft dieser bösen Buben los; hängt sie, oder erstecht sie, ertränkt sie, oder schaft sie auf irgend eine andre Art aus der Welt; und dann kommt zu mir, so will ich euch Gold genug geben.

**Beyde.** Nenne sie, Timon, daß wir sie kennen.

**Timon.** Geh du dahin, und du dorthin — Aber es sind doch immer noch zwey beysammen; wenn jeder von euch ganz einzeln und allein ist, so leistet ihm doch allemal ein Erzbösewicht Ge-sellschaft. (Zu dem Mahler) Wenn da, wo du bist, nicht zwey Bösewichter seyn sollen, so komm ihm nie zu nahe — (Zum Poeten) Und wenn du nir-gend seyn willst, als wo nur Ein Bösewicht ist,

so

so verlaß ihn — Fort, packt euch, da ist Gold;
ihr kamt, um Gold zu bekommen, ihr Sklaven;
ihr habt Arbeit für mich; da ist eure Bezahlung.
(Er schlägt sie, und jagt sie fort) Hinweg! du bist ein
Goldmacher; mache da Gold draus. Fort, ihr
Lumpenhunde! (Sie gehn ab.)

## Dritter Auftritt.

### Flavius. Zwey Senatoren.

**Flavius.** Es ist umsonst, wenn ihr Timon
sprechen wollt; denn er ist so ganz auf sich allein
eingeschränkt, daß er, ausser sich, nichts um sich
leiden kann, was einem Menschen gleich sieht.

1. **Rathsherr.** Bring' uns zu seiner Höhle.
Wir haben von den Atheniensern den Auftrag,
und haben ihnen versprochen, mit Timon zu
reden.

2. **Rathsherr.** Die Menschen sind nicht zu
allen Zeiten sich selbst gleich; Umstände und Ver-
druß haben ihn so menschenfeindlich gemacht.
Die Zeit, die ihm nun mit gütigerer Hand das
Glück seiner vorigen Tage wieder anbietet, kann
ihn wieder zu dem vorigen Manne machen. Bring
uns zu ihm; es mag gehn, wie es will.

Z

Flavius. Hier ist seine Höhle. Fried! und Zufriedenheit wohne hier! — Edler Timon! Timon! sieh heraus, und rede mit Freunden. Die Athenienser begrüssen dich durch zwey Mitglieder ihres ehrwürdigen Senats. Rede mit ihnen, edler Timon.

(Timon kömmt aus seiner Höhle.)

Timon. Brenne, du Sonne! an statt zu erquicken! — Redet, und geht an den Galgen! Daß ihr für jedes wahre Wort eine Blatter auf der Zunge, und für jedes Falsche ein fressendes Maal bis auf ihre Wurzel bekämet! Daß sie vom Reden weggefressen würde!

1. Rathsherr. Würdiger Timon — —

Timon. Ja, solcher Leute würdig, wie ihr seyd; und ihr Timon's würdig.

2. Rathsherr. Die Rathsherren von Athen grüssen dich, Timon.

Timon. Ich dank' ihnen; und möcht' ihnen gern die Pest dafür zurückschicken, wenn ich sie nur für sie kriegen könnte.

1. Rathsherr. O! vergiß das, was uns selbst nahe geht; vergiß uns selbst in dir. Die Rathsherren rufen dich, mit einhelliger Freund-

schaft, nach Athen zurück, und sind darauf bedacht, dich mit den ansehnlichsten Ehrenstellen zu
bekleiden, die dich für offen gelassen sind.

2. **Rathsherr.** Sie bekennen, daß ihre Un-
achtsamkeit auf deine Verdienste zu allgemein, zu
übertrieben gewesen ist. Die ganze Republik, die
sonst selten ihr Wort wieder zurück nimmt, fühlt
es itzt, wie sehr ihr Timon's Beystand fehlt, und
empfindet zugleich ihren Verfall, indem sie dem
Timon ihren Beystand versagt. Sie sendet uns
daher, dir ihre Reue darüber zu bezeugen, und
dir zugleich einen Ersatz anzubieten, der grösser
seyn soll, als ihr Vergehen; so viele Haufen und
Summen von Habe und Reichthum, daß sie jede
Spur der vorigen Kränkungen in deinem Ge-
dächtniß auslöschen, und das Bild ihrer Liebe
deinem Herzen so tief einprägen sollen, daß es
auf ewig unauslöschlich bleibe.

**Timon.** Du bezauberst mich, du überraschest
mich mit deiner Beredsamkeit fast bis zu Thränen. Leiht mir eines Narren Herz, und eines
Weibes Augen, so will ich über diesen Zuspruch
weinen, würdigste Rathsherren.

Z 2

1. **Rathsherr.** Laß dir also gefallen, mit uns zurückzukehren, und die Stelle eines Oberhaupts über unser Athen — dein und unser Athen — anzunehmen. Man wird dich mit vielen Danksagungen einholen, wird dir unumschränkte Gewalt einräumen, und deinem Namen das gröste Ansehn geben — Dann werden wir bald die wilden Angriffe des Alcibiades zurück treiben, der, wie ein ergrimmter Eber, den Frieden seines Vaterlandes in der Wurzel aufwühlet.

2. **Rathsherr.** Und schwingt sein drohendes Schwert wider die Mauern von Athen.

1. **Rathsherr.** Darum, Timon — —.

**Timon.** Gut, Freund, ich will es. Darum will ichs, Freund; und zwar so — Wenn Alcibiades meine Landsleute umbringt, so mag Alcibiades von Timon wissen, daß — Timon nichts darnach fragt. Wenn er aber das schöne Athen zum Steinhaufen macht, wenn er unsre guten alten Männer beym Barte zupft, und unsre keuschen Jungfrauen der Entehrung des schamlosen, viehischen, wütenden Krieges Preis giebt, so laßt ihn wissen — und meldet ihm, Timon hab' es gesagt — aus Mitleid gegen unsre Alten und

gegen unſre Jugend kann ich nicht anders, als
ihm ſagen, daß — ich nichts darnach frage. Und
laßt ihn das ſo übel verſtehen, als er will. Denn
ihre Meſſer fragen auch nichts darnach, ſo lange
ihr noch Gurgeln zum abſchneiden habt. Ich für
mein Theil ſchätze und liebe das kleinſte Taſchen⸗
meſſer in ſeinem unordentlichen Lager weit höher,
als die ehrwürdigſte Gurgel in ganz Athen. Und
hiemit überlaß ich euch dem Schutze der ſegnen⸗
den Götter, wie Diebe ihren Kerkermeiſtern.

Flavius. Haltet euch nicht auf; alles iſt
umſonſt.

Timon. Ich war eben im Begrif, meine
Grabſchrift zu machen; morgen wird man ſie ſe⸗
hen können. Meine lange Krankheit an Geſund⸗
heit und Leben fängt an, ſich zu beſſern, und
Nichts bringt mir alles. Geht, lebt immerhin;
Alcibiades ſey eure Geiſel, ihr die ſeinige; und
ſo lebt ſo lange, als ihr wollt.

1. Rathsherr. Wir reden hier vergebens.

Timon. Und doch lieb' ich mein Vaterland
noch, und bin nicht einer, der an dem allgemei⸗
nen Schifbruch ſeine Freude hat, wie das allge⸗
meine Gerücht mir Schuld giebt.

**1. Rathsherr.** Das ist wohl gesprochen.

**Timon.** Empfehlt mich meinen werthesten Landsleuten.

**1. Rathsherr.** Das sind Worte, die deinem Munde Ehre machen.

**2. Rathsherr.** Und in unsre Ohren einziehen, wie grosse Sieger in ihre frolockenden Thore.

**Timon.** Empfehlt mich ihnen, und sagt, um ihnen ihren Kummer zu erleichtern, ihre Furcht vor feindlichen Hieben, ihre Drangsale, ihren grossen Verlust, ihre Liebesangst, und andre dergleichen zufällige Trübsale, die das zerbrechliche Gefäß der menschlichen Natur auf der ungewissen Reise des Lebens auszustehen hat, woll' ich ihnen einen Beweis meiner Gütigkeit geben, und ihnen ein Mittel sagen, wodurch sie dem Grimm des Alcibiades zuvorkommen können.

**2. Rathsherr.** (für sich) Das geht ganz gut; er wird nach Athen zurück kommen.

**Timon.** Ich habe einen Baum, der hier in meinem Zaune wächst, und den ich zu meinem eignen Gebrauch nächstens abhauen und fällen muß. Sagt meinen Freunden, sagt dem ganzen Athen, vom Höchsten bis zum Niedrigsten, daß

ein jeder, der Lust hat, allen seinen Leiden ein
Ende zu machen, unverzüglich hieher kommen,
und, ehe noch mein Baum die Art gefühlt hat,
sich daran aufhängen soll — Nun geht, und be-
stellt ja meinen Gruß.

Flavius. Beunruhigt ihn nicht länger; ihr
werdet ihn nie anders finden.

Timon. Kommt nicht wieder zu mir, sondern sagt den Bürgern von Athen, Timon habe
seine immerwährende Wohnung an dem äussersten Strande der Meersfluth genommen, wo die
ungestümen Wellen sie alle Tage einmal mit ihrem schwellenden Schaum bedecken werden. Dahin kommt, und laßt meinen Grabstein euer
Orackel werden — Schließt euch nun, meine
Lippen, und macht der harten Worte ein Ende!
Was nicht recht ist, das mache Pest und Anstek-
kung besser! Gräber seyn die einzige Arbeit der
Menschen, und Tod ihr Gewinn! Sonne verbirg
deine Stralen! Timon hat seinen Lauf vollbracht.

(Er geht ab.)

1. Rathsherr. Sein Unwille ist unzertrenn-
lich mit seiner Natur vereinigt.

Z 4

**2. Rathsherr.** Unser Vertrauen auf ihn ist gestorben. Laßt uns zurückkehren, und sehen, was für andre Mittel uns in dieser äussersten Gefahr noch übrig sind.

**1. Rathsherr.** Wir müssen eilen.

(Sie gehn ab.)

## Vierter Auftritt.

### Die Mauern von Athen.

**Zwey andre Rathsherren. Ein Bote.**

**1. Rathsherr.** Du hast grosse Mühe bey deiner Ausforschung gehabt. Ist denn sein Heer wirklich so zahlreich, wie man sagt?

**Bote.** Ich habe die geringste Zahl angegeben; zudem, so macht er Anstalten, sogleich vor die Stadt zu rücken.

**2. Rathsherr.** Wir sind in grosser Gefahr, wenn sie Timon nicht mitbringen.

**Bote.** Ich begegnete einem Boten, einem alten guten Freunde; wir sind zwar von verschiedenen Partheyen, aber unsre alte Freundschaft war doch so stark, daß wir als Freunde mit einander sprachen. Dieser Mann ritt von Alcibides nach Timon's Hôle, mit Briefen, worinn er ihn bat, seine Partey wider eure Stadt zu verstärken, da er zum Theil für seine Sache die Waffen ergriffen hätte.

(Es kommen die andern Rathsherren.)

1. Rathsherr. Da kommen unsre Brüder.

3. Rathsherr. Rechnet nicht mehr auf Timon, erwartet nichts von ihm — Man hört schon die Trommeln der Feinde, und das fürchterliche Wallen ihrer Tritte füllt die Luft mit Staub. Hinein, und macht euch gefaßt; ich fürchte, wir fallen in die Schlinge unsers Feindes.

(Sie gehn ab.)

## Fünfter Auftritt.

### Der Wald.

### Ein Soldat, der Timon aufsucht.

Soldat. Der Beschreibung nach muß es wohl hier seyn. Ist Niemand da? Antworte! Holla! — Keine Antwort? — Was ist das? Timon ist todt; er hat seinen Lauf vollendet — (indem er die Grabschrift sieht.) Das hat ein wildes Thier aufgewühlt; hier wohnt kein Mensch —

Ganz gewiß ist er todt; dieß hier ist sein Grab —
Was steht auf diesem Steine? Ich kann nicht le
sen; Ich will die Schrift in Wachs abdrucken;
unser Feldherr kann allerley Schrift lesen; er ist
alt an Wissenschaft, obgleich jung an Jahren.
Vor dem stolzen Athen liegt nun der begraben,
dessen Fall der Beweis seines Ehrgeitzes ist.

(Er geht ab.)

## Sechster Auftritt.

### Vor den Mauern von Athen.

Trompeten. Alcibiades mit seinem Heer.

Alcibiades. Verkündigt dieser feigen und
schwelgrischen Stadt unsre furchtbare Ankunft.
(Man bläßt Chamade; Die Rathsherren lassen sich auf den
Mauern sehen.) Bis itzt habt ihr ohne Scheu
eurem ausschweifenden Uebermuth die Zügel ge
lassen, und euren Willen zum Zweck der Gesetze
gemacht. Lange gnug sind ich und andre, die
im Schatten eurer Gewalt schliefen, mit ver-
schränkten Armen wie Nachtwandrer, umher
geirrt, und haben umsonst unsre Beschwerden
vorgebracht. Nun ist die Zeit reif worden, da

das überladne Mark in dem starken Lastträger
ruft: es ist genug! \*) Nun soll das athemlose,
leidende Elend sich in eure grossen Lehnstühle werfen, um wieder zu Athem zu kommen; nun soll
der aufgeschwollene Uebermuth vor Furcht, und
vor angstvoller Flucht keichen.

1. Rathsherr. Edler Jüngling! als deine
ersten Beschwerden nur noch ein blosser Gedanke
waren, ehe du Macht hattest, oder wir Ursache
hatten, dich zu fürchten, sandten wir zu dir, um
deinen Zorn zu besänftigen, und versprachen, unsre Undankbarkeit durch weit grössere Freundschaft
auszulöschen.

2. Rathsherr. Auch hielten wir durch eine
demüthige Gesandschaft und mit dem Versprechen ihn zu belohnen, bey dem verwandelten Timon an, unsrer Stadt seine Freundschaft wieder
zu schenken. Wir waren nicht alle unfreundlich

---

\*) Das Mark wurde für die Quelle der Stärke ge-
halten. Das Bild ist von einem Kameel hergenom-
men, welches auf den Knien liegt, um seine Last aufzunehmen, und gleich auffteht, wenn man ihm mehr
auflegen will, als es tragen kann. Warburton.

gegen dich, und verdienen nicht alle die allgemeine Züchtigung des Krieges.

1. **Rathsherr.** Diese unsre Mauren sind nicht von den Händen derer aufgeführt, die dich beleidigt haben; auch sind diese Beleidigungen nicht so groß, daß diese grossen Thüren, Trophäen und Schulen wegen des Vergehens einzelner Leute fallen müßten.

2. **Rathsherr.** Auch leben die nicht mehr, die dich zuerst bewegten, gegen uns Krieg zu führen. Die Schaam, nicht listig genug gewesen zu seyn, brach ihnen das Herz. *) Zieh nur, edler Alcibiades, mit fliegenden Fahnen in unsre Stadt ein. Laß, wenn deine Rache nach einer Nahrung hungert, wovor der Natur grauet, laß durch ein verderbliches Loos den zehnten Mann sterben **), und schone der übrigen.

---

*) Johnson. liest im Original *coming* für *cunning* in eccels.

** ) Im Englischen ist hier mit den Wörtern die, welches sterben, und auch einen Würfel bedeutet, und mit spotted, welches bunt, und auch befleckt, schuldig, heissen kann, ganz unübersetzlich gespielt.

1. **Rathsherr.** Nicht alle haben gesündigt; es ist nicht billig, an den Unschuldigen die Rache zu üben, die nur die Schuldigen verdient haben. Verbrechen sind nicht erblich, wie Ländereyen. Darum, theurer Mitbürger, führe deine Schaaren herein; aber deinen Zorn laß draussen; schone deiner Atheniensischen Wiege, und jener Verwandten, die in dem Ungestüm deines Grimmes mit denen, die gesündigt haben, fallen müßten. Komm, gleich einem Schäfer, in die Hürden, um die angesteckten auszusondern; aber tödte nicht alle mit einander.

2. **Rathsherr.** Was du verlangst, wirst du uns leichter mit deinem Lächeln abnöthigen, als es mit dem Schwerte heraus hauen.

1. **Rathsherr.** Setze nur deinen Fuß gegen unsre verriegelten Thore; so werden sie sich öffnen, wenn du dein liebreiches Herz vorausschicken willst, uns zu sagen, daß du als Freund einziehen werdest.

2. **Rathsherr.** Wirf deinen Handschuh hin, oder gieb uns sonst irgend ein Pfand deiner Ehre, daß du deine Macht nur zu deiner Schad-

loshaltung, nicht zu unsrer Zerstörung, brauchen
willst. Dein ganzes Heer soll so lange in unsern
Mauern liegen, bis wir deine Fodrungen völlig
befriedigt haben.

Alcibiades. Nun, hier ist mein Handschuh.
Steigt herab, und öffnet eure wehrlosen Thore.
Jene Feinde Timon's und meiner, die ihr selbst
zur Bestrafung ausnehmen sollt, sie allein sollen
fallen; und um euch zu zeigen, daß ihr von meiner edeln Denkungsart nichts zu fürchten habt;
so soll keiner von meinen Leuten seinen Posten verlassen, oder den Lauf der bürgerlichen Ordnung
in dem Bezirk eurer Stadt stören, ohne dafür
von den öffentlichen Gesetzen zur schärfsten Ver-
antwortung gezogen zu werden.

Beyde. Das ist sehr edel gesprochen.

Alcibiades. Kommt herab, und haltet euer
Wort.                    (Es kömmt ein Soldat.)

Soldat. Mein edler Feldherr, Timon ist
todt; an dem äussersten Ufer des Meers ist sein
Grab, und auf seinem Leichenstein diese Aufschrift,
die ich in Wachs mitgenommen habe, damit
dieser Abdruck der Dolmetscher meiner armen Un-
wissenheit sey.

**Alcibiades.** (liest die Grabschrift: *)

Hier ruht ein müder Leib; sein Loos war
Noth und Qual;
Forscht meinen Namen nicht — Fluch treff'
euch allzumahl!

---

Hier lieg' ich Timon; fort, du menschliches
Gesicht,
Dich haßt' ich immer; fort! fluch'; nur
verweile nicht!

---

*) Beyde Grabschriften stehen beym Plutarch, im
Leben des M. Antonius, und sind im Englischen, wie
Steevens bemerkt, aus Th. North's alter Ueberse-
tzung jenes Geschichtschreibers genommen. Hieron.
Boner hat sie in seiner alten Verdeutschung desselben
(Straßb. 1550. fol.) so übersetzt:

An dem end lige ich begraben,
Als ich ein arm ellend leben gehaben,
Darumb frag nit dem namen nach,
Die Götter senden dir leser schand vnd rach.

---

Hie lieg ich Tymon genannt,
Deß gebein die Leut gehaßt hond,
Das ich jr beywonung gescheühet hab.
Wiewol bößlich du jetzt fürtrab.

Diese Worte drücken deine letzten Gedanken sehr
gut aus. Ob du gleich an uns unser menschliches Elend verabscheutest, und die milden Thränen verschmähtest, die der kargen Natur entfallen;
so lehrte dich doch dein edler Stolz, den ungeheu-
ren Neptun auf deinem niedrigen Grabe immerfort weinen zu lassen — Wohlan — die Fehler seyn
vergeben! — Der edle Timon ist todt; für sein
Andenken wollen wir nachher Sorge tragen —
Führt mich in eure Stadt; ich will mein Schwert
mit dem Oelzweig umwinden; will machen, daß
der Krieg den Frieden erzeuge; einer soll dem andern, gleich einem Arzte, guten Rath geben —
Rührt die Trommeln!

(Sie gehn ab.)

Anhang

# Anhang
## zum
## Sechsten Bande.

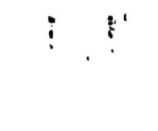

# I.

## Ueber

# Antonius und Kleopatra.

Ein ähnlicher Zusammenhang, wie unter den historischen Schauspielen aus der Englischen Geschichte, findet sich auch zwischen diesem Trauerspiele und dem vorhergehenden. Nach der Schlacht bey Philippi gieng Antonius mit einem zahlreichen Heere nach Griechenland, wo er sich jedoch mehr friedlich, als kriegrisch, betrug. Bald darnach gieng er nach Asien, wo ihn die viele Ehre, deren er genoß, berauschte, und der Reichthum des Landes und die Ueppigkeit seiner Bewohner zu Wollüsten und Schwelgerey hinriß. Um desto leichter ward er von der Aegyptischen Königinn, Kleopatra, bezaubert, die ihn durch ihre Reitze, und durch die Pracht ihres Hofes dergestalt fesselte, daß er mit ihr in Alexandrien lebte, und alle andern Zwecke, alle Angelegenheiten seines Vaterlandes darüber vergaß.

Ihre Liebe und deren traurige Folgen machen den Inhalt dieses Trauerspiels aus, wozu Sha-

kespeare abermals den Stof aus der Lebensbeschreibung des Antonius beym Plutarch entlehnt
hat \*). Hier sind kürzlich die wesentlichsten Umstände, welche dieser Geschichtschreiber dem Dichter darbot:

Mitten im Genuß seiner Freuden und Lustbarkeiten erhielt Antonius zwey unangenehme Nachrichten aus Rom: daß sein Bruder Lucius und
seine Gemahlinn Fulvia sich veruneinigt, sich
kriegrisch wider Cäsar verbunden hätten, aber geschlagen, und nach Italien geflohen wären; und
dann, daß Labienus mit dem Kriegsheer der Parther sich ganz Asien unterworfen hätte \*\*).

Diese Nachrichten erweckten ihn aus seinem
langen Schlummer, und er machte sich gefaßt,
wider die Parther zu Felde zu ziehen. Als er bis
Phönizien gekommen war, ließ er sich durch Briefe von seiner Gemahlinn, Fulvia, bewegen, mit
einer Flotte von zweyhundert Schiffen, den Weg
nach Italien zu nehmen. Fulvia gieng selbst zu

---

\*) PLUTARCHI Vitæ Parallelæ, ed. Bryan.
Vol. V. P. 65.

\*\*) Shakesp. Act. I. Sc. 1.

Schiffe, um ihm entgegen zu kommen, starb aber unterwegs zu Sicyon *).

Durch diesen Tod wurde die Aussöhnung zwischen Oktavius Cäsar und Antonius ungemein erleichtert. So bald der letztere nach Italien kam, und man sah, daß Cäsar im Grunde nichts wider ihn hatte, und er, seiner Seits, die Schuld alles Vorgefallnen auf Fulvia schob, traten ihre gemeinschaftlichen Freunde ins Mittel, und bewirkten ihre Aussöhnung **). Das Römische Reich ward unter ihnen beyden, und dem Lepidus, getheilt. Antonius erhielt die morgenländischen, Cäsar die abendländischen Provinzen, und Lepidus erhielt Afrika.

Man suchte dieses Bündniß auf alle Weise zu befestigen. Cäsar hatte eine Stiefschwester, Oktavia, eine Wittwe des neulich erst verstorbnen Kajus Marcellus, die er ungemein liebte. Ihre Verheyrathung mit dem Antonius schien allen das beste Mittel zu seyn, die zwischen ihm und Cäsarn geschloßne Freundschaft unverletzt zu er-

*) Akt. I. Sc. 2.   **) Akt. II. Sc. 2.

halten; sie wurde verabredet, und zu Rom vollzogen *).

Der junge Pompejus hatte unterdeß Sicilien
eingenommen, verheerte ganz Italien, und machte
jedes Meer durch seine Schiffe unsicher, die von
dem Seeräuber Menas und Menekrates angeführt
wurden. Sein ehemaliges gutes Betragen gegen
Antonius und seine Mutter, denen er mit der
Fulvia auf ihrer Flucht nach Sicilien aufs beste
begegnet war, machte es rathsam, auch ihn in
jenes Bündniß mit aufzunehmen. Sie unterre-
deten sich in dieser Absicht auf dem Misenischen
Vorgebirge, wo die Flotte des Pompejus gleich
in der Nähe vor Anker lag, und die Heere des
Antonius und Cäsar, zu Lande, in Schlachtord-
nung gegen über standen. Sie verabredeten hier
gewisse Bedingungen, die Pompejus eingieng, und
luden hernach einen jeden gegenseitig zum Gastmahl ein. Es wurde geloset, wer das erste Gastmahl geben sollte; und das Loos fiel auf Pompejus, der sie auf seinem Kriegsschiffe ansehnlich
bewirthete **).

*) Akt. II. Sc. 2. **) Akt. 2. Sc. 6.

Bey diesem Gastmahl, mitten im Taumel der
fröhlichen und halb berauschten Gäste that Me=
nas dem Pompejus den Vorschlag, die Ankertaue
loszuschneiden, und ihn durch einen Meuchelmord
der drey im Triumvirat vereinigten Römer zum
Herrn des ganzen Römischen Reichs zu machen;
allein Pompejus untersagte ihm die Ausführung
dieses Vorsatzes, weil er ihm vorher die Entdek=
kung davon gemacht hatte *).

Gleich nach dem bey dieser Gelegenheit errich=
teten Bündnisse sandte Antonius den Ventidius
nach Asien voraus, um die Parther zu bezwin=
gen **).

Antonius hatte einen Wahrsager aus Aegypten
bey sich, der ihn in der Eifersucht bestärkte, die
sein Herz noch immer gegen Cäsar hegte, und ihn
endlich überredete, Italien wieder zu verlassen.
Seine neue Gemahlinn, Oktavia, nahm er bis
nach Griechenland mit sich ***). Er brachte den
Winter zu Athen zu, wo er die erwünschtesten
Nachrichten von den Siegen des Ventidius über

---

*) Akt. 2. Sc. 7.   **) Akt. III. Sc. 1.
***) Akt. I. Sc. 3. Akt. III. Sc. 2.

die Parther erhielt *). Er wurde dadurch immer berühmter, immer mehr von den Völkern verehrt und gefürchtet, die er sich und der Römischen Herrschaft unterwarf.

Verschiedne Nachrichten, die er von dem Betragen Cäsars erhielt; welches ihm und seinem Ansehen äusserst nachtheilig zu seyn schien, erregten seinen Unwillen, und er entschloß sich, mit dreyhundert Schiffen nach Italien zu gehen. Zu Tarent hat ihn Oktavia, er sollte sie voraus zu ihrem Bruder schicken, um alles Mißverständniß unter ihnen zu heben, und Antonius gab es zu **). Sie traf den Cäsar unterwegs an, und rührte ihn durch ihre Bitten und Vorstellungen dergestalt, daß er mit den friedsamsten Gesinnungen nach Tarent gieng. Hier söhnten sich Antonius und Cäsar mit einander aus, und verabredeten, daß Cäsar dem Antonius zwey Legionen zum Kriege wider die Parther, und dieser jenem hundert ausgerüstete Kriegsschiffe geben sollte; und diese Bedingungen wurden auf beyden Seiten durch Oktaviens Fürbitte noch erweitert. Sie giengen dar-

*) Akt. III. Sc. 1.    **) Akt. III. Sc. 4.

auf wieder aus einander; Cäsar in den Feldzug wider Pompejus, um Sicilien wieder zu erobern, und Antonius nach Asien.

Sobald er nach Syrien kam, erwachte seine bisher eingeschläferte Liebe gegen Kleopatra aufs neue. Er schickte den Fontejus Kapito ab, um sie zu ihm zu holen; und sobald sie ankam, machte er ihr die reichsten Geschenke, gab ihr den untern Theil von Syrien, die Insel Cyprus, einen grössen Theil von Phönizien, und andre Länder. Er schickte sie hernach nach Aegypten zurück, und nahm seinen Weg durch Arabien und Armenien. Hier führte er den Krieg mit den Parthern weiter fort, die ihm durch Kriegslist und Ueberlegenheit den Sieg schwer machten. Nach Endigung dieses Kriegs hielt er sich wieder bey Kleopatra auf, die ihn durch ihre Reitze [immer mehr zu fesseln, und seinen Aufenthalt bey ihr von Zeit zu Zeit zu verlängern wußte.

Cäsar unterließ es nicht, dem Römischen Senat einmal über das andre Vorstellungen über das unrechtmässige und unanständige Betragen des Antonius zu thun; und dieser brachte, seiner Seits, mancherley Beschwerden über Cäsar

vor *). Er gieng so weit, daß er seine Gemahlinn, Oktavia, verstieß, und erregte dadurch noch
mehr den Haß der Römer wider sich. Indeß
machte er die größten Kriegsrüstungen wider Cäsar, der dadurch genöthigt wurde, sich zur Ge-
genwehr anzuschicken. Antonius hatte wenigstens
fünfhundert Kriegsschiffe, und ein Kriegsheer von
zweymal hundert tausend Mann zu Fuß, und
zwölftausend Mann Reuterey. Ausserdem waren die Könige von Lybien, Kappadozien, Thra-
zien, u. a. m. seine Bundsgenossen, und unter
seinem Kriegsheer. Cäsar hingegen hatte nur zweyhundert fünfzig Schiffe, achtzig tausend Mann
zu Fuß, und ungefehr eben so viel Reuterey, wie
Antonius. Dieser war zu Lande offenbar am
stärksten; indeß bestand er darauf, um Kleopatra zu befriedigen, durchaus ein Seetreffen zu
liefern, so sehr man ihm es auch widerrieth **).
Cäsars Flotte war minder prächtig und ansehnlich, aber weit behender, und besser versehen.
Unterdeß, daß Antonius bey dem Vorgebirge Aktium vor Anker lag, eilte Cäsar über das Joni-

---

*) Akt. III. Sc. 6.    **) Akt. III. Sc. 7.

sche Meer, und machte dort verschiedene Eroberungen. Die Seeschlacht wurde geliefert, und
Antonius war darinn äusserst unglücklich, verlor
allen Muth, und nahm die Flucht*).

Voller Beschämung und Verzweiflung über seine Niederlage warf sich Antonius aufs neue in die
Arme seiner Kleopatra, die seinen Unmuth auf
allerley Art zu zerstreuen, und durch neue Lustbarkeiten zu vertreiben suchte **). Beyde entschlossen sich, Gesandte an Cäsar nach Asien zu
schicken, um ihn zum Vergleich zu bewegen, und
zu bitten, daß er der Kleopatra und ihren Kindern
Aegypten versichern, und dem Antonius, wenn er
nicht dort bleiben dürfte, einen Aufenthalt zu
Athen verstatten möchte, wo er als Privatmann
zu leben wünschte ***). Cäsar verwarf das Ge-
such des Antonius, und ließ der Kleopatra die
vortheilhaftesten Anträge thun, wenn sie ihn aus
dem Wege schaffen, oder aus ihrem Gebiete ver-
jagen wollte. In dieser Absicht sandte er einen
seiner Freygelassenen, Thyreus, an sie, der sie

---

*) Akt. III. Sc. 8.    **) Akt. III. Sc. 9.
***) Akt. III. Sc. 10.

zur Annahme seines Auftrags zu überreden suchte. Antonius ließ diesen Freygelassenen ergreifen
und mit Ruthen peitschen, und schickte ihn mit
einem Briefe an Cäsar zurück \*).

Nach Endigung des Winters that Cäsar einen
neuen Feldzug wider Antonius. Er schlug sein
Lager vor Alexandria auf, und Antonius that
einen Ausfall, worinn er glücklich war, und die
Oberhand behielt. Stolz auf diesen Sieg gieng
er zur Kleopatra zurück, und stellte ihr einen Krieger vor, der sich vorzüglich tapfer gehalten hatte,
und den sie mit einem goldnen Panzer und Helm
beschenkte \*\*).

Antonius, durch diesen Sieg ermuntert, rü-
stete sich zu einer neuen Schlacht, wozu er den
Cäsar auffodern ließ. Den Abend vorher brachte er mit lauter Fröhlichkeit zu. Man soll mitten in der Nacht eine Musik in der Luft und das
Getümmel eines Bachusfestes gehört haben. Die
Aegypter glaubten, dieß sey ein Zeichen, daß ihn
der Gott, den er nachahmte, und dem er vorzüglich gedient hatte, nunmehr verließe \*\*\*).

---

\*) Aкt. III. Sc. 11.    \*\*) Aкt. IV. Sc. 1. 2. 7. 8.
\*\*\*) Aкt. 4. Sc. 3.

Den folgenden Tag fieng die Schlacht an,
die beydes zu Lande und zu See geliefert werden
sollte. Allein die Kriegsschiffe des Antonius wur=
den ihm ungetreu, und schlugen sich zu Cäsars
Flotte. Auch seine Reuterey verließ ihn, und
sein Heer zu Fuß wurde geschlagen. Voller Ver=
zweiflung floh er in die Stadt zurück, und glaub=
te, Kleopatra habe ihn verrathen *).

Um seinem Unwillen auszuweichen, verbarg sich
Kleopatra in dem Grabmal, welches sie erbauet
hatte, und ließ dem Antonius melden, sie sey ge=
storben. Er glaubte es, und seine Verzweiflung
ward dadurch noch heftiger. Einer seiner treu=
sten Sklaven, Eros, hatte ihm lange schon ver=
sprechen müssen, ihn zu tödten, so bald er es
von ihm verlangen würde. Itzt erinnerte er ihn
an sein Versprechen, und foderte dessen Vollzie=
hung. Eros zog den Degen, und, indem Anto=
nius glaubte, er werde ihn damit tödten, erstach
er sich selbst. Beschämt und ermuntert durch die=
se muthige That stieß sich Antonius selbst den De=
gen in die Brust **).

---

*) Akt. IV. Sc. 10.    **) Akt. IV. Sc. 11. 12.

Die Wunde war indeß nicht tief genug, um auf der Stelle tödlich zu seyn; und Niemand wollte sich von ihm zur Vollendung dieses Mordes erbitten lassen. Kleopatra schickte darauf den Diomed zu ihm, und ließ ihn zu ihr ins Grabmal bringen. Sie bezeugte ihm die heftigste Betrübniß über seinen Tod; und seine letzte Anrede an sie war die Bitte, auf ihre Rettung zu denken *).

Cäsar hatte indeß das Schicksal seines Feindes durch den Dercetus erfahren, der ihm den noch blutigen Degen überbrachte, womit sich Antonius entleibt hatte **). Er ward über diese Nachricht ungemein gerührt, berief seine Freunde zusammen, und rechtfertigte sich über sein Verfahren gegen Antonius durch Ablesung ihres gegenseitigen Briefwechsels. Hernach schickte er den Prokulejus mit dem Auftrag ab, sich der Kleopatra zu bemächtigen. Sie weigerte sich, mit ihm zu gehen; er brachte sie aber durch List aus dem Grabmal, und seine Gewalt. In der ersten Heftigkeit wollte sie sich mit einem Dolche das Leben nehmen,

---

*) Akt. IV. Sc. 13.    **) Akt. IV. Sc. 13.

ward aber vom Prokulejus daran verhindert.
Cäsar kam hernach selbst nach Alexandria, und
machte als Eroberer alle willkührliche Verfügun-
gen. Kleopatra wurde von Unmuth und Gram
bis zur Krankheit abgezehrt, und wollte durch
Enthaltung von allen Nahrungsmitteln ihren Tod
befördern; aber Cäsar schreckte sie durch Drohungen von diesem Vorhaben ab. Er gieng zu ihr,
und fand sie in dem trostlosesten Zustande. Sie
warf sich ihm zu Füssen, versuchte anfänglich,
sich zu rechtfertigen, und, als dieß keinen Eingang fand, legte sie sich aufs Bitten. Sie über-
gab dem Cäsar ein Verzeichniß aller ihrer Reichthümer; und als Seleukus, einer von ihren Schatz-
meistern, sie einer Untreue in dieser Angabe be-
schuldigte, wußte sie durch die Art, wie sie sich
darüber verantwortete, den Cäsar noch mehr zu
gewinnen und sichrer zu machen.

Einer von Cäsars Freunden, Dolabella, ver-
rieth der Kleopatra, gegen die er eine zärtliche
Zuneigung hegte, Cäsars Absichten mit ihr. Sie
faßte ihren Entschluß; bat sich die Erlaubniß aus,
dem Antonius eine Leichenfeyer zu halten, voll-
zog dieselbe mit vieler Zärtlichkeit, nahm darauf

ein Bad, und nach dem Babe setzte sie sich zu Ti=
sche. Gegen das Ende der Mahlzeit kam ein Bauer
mit einem Korbe, worin er Feigen hatte; und
die Wache, die nichts dabey argwohnte, ließ ihn
zur Kleopatra. Unter diesen Feigen war eine
Schlange verborgen, die sie sich an den Arm setz=
te, und sich dadurch auf der Stelle den Tod gab.
Cäsar, dem sie vorher geschrieben hatte, schickte
einige von seinen Leuten, um sie an ihrem Tode
zu verhindern; sie kamen aber zu spät, und fan=
den sie schon todt. Auch ihre beyden Kammer=
frauen, Iras und Charmian, fand man todt zu
ihren Füssen — *) —

Dem Leser, der diesen Anhang nach Durchle=
sung des Shakespearischen Antonius und Kleo=
patra liest, darf ich es nicht erst sagen, daß die=
ses Trauerspiel grosse und mannichfaltige Schön=
heiten enthält. Sind gleich die Charaktere nicht
so stark gezeichnet, als es sonst die Meisterhand
unsers Dichters vermag, so ist doch keiner ver=
fehlt, keiner unbestimmt oder zweydeutig angege=
ben. Die Mischung der Grösse und Schwäche
im

---

*) Alt. V. Sc. 2.

im Antonius, für den man sich, bey allen seinen
Fehlern, interessiren muß, ist ungemein glücklich
getroffen; und wir sehen ihn in jeder verschiednen
Lage, worein er gesetzt wird, so groß, so nach-
giebig und schwach handeln, wie es diese Lage
fodert. Auch Kleopatra behauptet durchgehends
den Charakter einer üppigen, schlauen Buhlerinn,
den ihr die Geschichte beylegt. Aber wie verschie-
den von der gemeinen Schildrung solch eines Charakters, wie tief aus der Quelle inniger Men-
schenkunde geschöpft sind die Züge, mit welchen
ihn Shakespeare schildert! Ausserdem hat dieß
Schauspiel einen grossen Reichthum an Handlung und beschäftigt ununterbrochen die Auf-
merksamkeit und Theilnehmung des Lesers. Noch
itzt wird es auf der Englischen Bühne mit vielem
Beyfall aufgeführt. Verbindung und Zusammenhang der Scenen findet man zwar in einigen andern Schauspielen unsers Dichters mehr, als in
dem gegenwärtigen; aber seine grosse Kunst, alles zu einem gemeinschaftlichen Zwecke wirken zu
lassen, das Auge des Lesers und Zuschauers beständig auf einen Hauptgegenstand zu richten —
diese wahre und von vielen Kunstrichtern und

B b

Nachahmern Shakespeare's überfehene und ver-
kannte Einheit — wird man auch hier nicht
vermiffen.

Die Schicklichkeit diefes Subjekts zur dramatifchen Behandlung fällt in die Augen; fie hat
mehrere Dichter veranlaßt, es für die Bühne zu
bearbeiten. Unter den Englifchen Stücken diefes Inhalts ift, nächft dem Shakefpearifchen,
keins fo merkwürdig, als des berühmten Dryden's Trauerfpiel: *All for Love, or the World
well loft* \*) Es hat weit mehr Regelmäffigkeit,
als jenes, auch mehr Gleichheit und Feinheit der
Diktion, einzelne vortrefliche Scenen, und fehr
poetifche Stellen; aber bey weiten nicht das Leben der Handlung, das Charakteriftifche der Per-
fonen und ihres Ausdrucks, bey weiten nicht die
eigenthümlichen groffen Schönheiten eines hohen
dramatifchen Genies. Dryden gefteht felbft,
daß er den göttlichen Shakefpeare in der
Schreibart nachgeahmt, und daher auch feine gewöhnliche Manier, in gereimten Verfen zu fchrei-

---

\*) S. *John Dryden's* Comedies, Tragedies, and
Operas, (Lond. 1701. Fol.) Vol. 2. p. 53. ff.

ben, bey diesem Trauerspiele verlassen habe. Man
trift auch auf mehr als eine Stelle, wo diese
Nachahmung so gleich in die Augen fällt, und
bey denen sich der Leser, der nur einigermassen
mit Shakespeare vertraut ist, sogleich der nach=
geahmten Stellen, aus verschiednen seiner Schau=
spiele, erinnern wird. Und durch diese Nachah=
mung schmeichelt sich Dryden, in diesem Trauer=
spiele sich selbst übertroffen zu haben; auch erken=
nen es die Englischen Kunstrichter, im Ganzen
genommen, für sein bestes Stück.

Der Anfang der Handlung ist nach der Schlacht
bey Aktium, die für Antonius so unglücklich aus=
fiel. Kleopatra sucht ihn durch Pracht und Lust=
barkeiten zu zerstreuen, die sie zur Feyer seines
Geburtstages angestellt hat. Eine der schönsten
Scenen des ersten Akts, der Dryden selbst vor
allen, die er sonst geschrieben hat, den Vorzug
giebt, ist die zwischen dem muthlosen, fast ver=
zweifelnden Antonius und seinem Freunde, dem
rechtschaffnen und beherzten Ventidius, der ihm
seine Ueppigkeit und entkräftenden Wollüste vor=
hält, und dadurch anfänglich den Unwillen des
Antonius wider sich erregt, der aber allmählig

in Gefühl der Erkenntlichkeit gegen die redlichen Ab=
sichten seines Freundes übergeht, und in den
Vorsatz, männlicher und heldenmüthiger zu han=
deln, und gegen den Feind einen neuen Versuch
zu wagen.

Kleopatra ist zu Anfange des zweyten Aufzugs
äusserst unruhig und mißvergnügt darüber, daß
Antonius sie verlassen will. Sie veranstaltet noch
eine Zusammenkunft mit ihm, um ihn in seinem
Vorsatze wankend zu machen. Umsonst sucht Ven=
tidius diese gefährliche Unterredung zu verhindern.
Antonius thut sich anfänglich Gewalt, und macht
ihr Vorwürfe wegen alles dessen, was er durch
ihre Schuld versäumt und verloren hat. Sie
rechtfertigt sich dagegen, und zeigt ihm die vor=
theilhaften Anerbietungen, die sie vom Cäsar er=
halten, und seinetwegen ausgeschlagen hat. Der
weichherzige Römer wird dadurch so sehr wieder
eingenommen und gefesselt, daß er alle seine
Vorsätze wieder aufgiebt, und bey ihr zurückbleibt.

Antonius überläßt sich nun aufs neue der Uep=
pigkeit und den wollüstigen Freuden, die ihm
Kleopatra bereitet. Ventidius bemüht sich aufs
neue, ihn davon abzuziehen; und sein Freund, Dola=

bella, der aus Rom zurückkömmt, meldet ihm die
vortheilhaftesten Bedingungen eines Vergleichs mit
Cäsar, von denen er glaubt, er habe sie seiner
Vermittelung und Freundschaft zu danken. Dolabella lehnt dieß von sich ab, und sagt, er wolle
ihm seine Fürsprecher herbey führen. Es ist Oktavia, seine Gattinn, mit ihren beyden Kindern.
Antonius thut anfangs fremd und kaltsinnig gegen sie; ihre Großmuth aber nimmt ihn bald
aufs neue für sie ein, und erweckt seine vorige
Zärtlichkeit wieder. Kleopatra wird über die
Nachricht von Oktavia's Ankunft unruhig, und
bezeugt ihr in einer kurzen Scene, die den dritten
Akt schließt, ihren Unwillen und Uebermuth.

Antonius fühlt sich zu schwach, von Kleopatra
Abschied zu nehmen, und trägt seinem Freunde,
Dolabella, auf, es in seinem Namen zu thun.
Dolabella ist selbst von ihren Reitzen eingenom-
men, und erhält durch diesen Auftrag Gelegen-
heit, ihr eine Erklärung seiner Liebe zu thun.
Kleopatra nützt diesen Umstand, auf Anstiften des
Alexas, um beym Antonius Eifersucht und durch
dieselbe eine stärkere Liebe zu erregen. Ventidius
und Oktavia haben ihre Unterredung mit Dola-

bella belauscht, und erzählen sie dem Antonius,
der dadurch gegen beyde äusserst aufgebracht wird,
und ihnen die bittersten Vorwürfe macht. Beyde
rechtfertigen sich, und Kleopatra schiebt alle Schuld
auf Alexas, der ihn durch Eifersucht habe zurückhalten wollen. Sie scheiden von einander.

In dem Zwischenraume des vierten und fünf-
ten Akts wird das Seetreffen gehalten, welches
das Unglück des Antonius aufs äusserste brachte,
und worin ihm die ganze Aegyptische Flotte un-
treu wurde, und sich zu Cäsars Schiffen schlug.
Er ist über diesen Verlust beschämt, aufgebracht,
und der Verzweiflung nahe. Kleopatra hat sich,
um seinem Unwillen auszuweichen, in ihr Grabmal begeben, und läßt ihm durch Alexas eine er-
dichtete Nachricht von ihrem Tode bringen. Diese
Nachricht vollendet die Verzweiflung des Antonius; Er bittet den Ventidius, ihm das Leben zu
nehmen, und da dieser sich selbst ersticht, so fällt
auch er in sein eignes Schwert. Kleopatra eilt
herbey, und findet ihn sterbend; auch sie giebt
sich freywillig, auf die bekannte Art, den Tod.

Man darf nur diesen kurzen Plan des Dry-
denschen Trauerspiels mit dem Shakespearischen

vergleichen, um zu sehen, daß jener weit mehr
Anlage und überdachten Zusammenhang hat; und
wer das Stück selbst liest, wird überall den
Fleiß des Dichters durchscheinen sehen, der mit
Absicht und Vorbedacht arbeitete, und sich, eh er
an die Ausarbeitung gieng, von seinem Subjekt
und den kleinsten dazu gehörigen Nebenumständen,
durch Lesung der Quellen selbst, des Plutarch,
Appian, und Dio Kassius, sorgfältig unterrichtet hatte. Beym Shakespeare wird man das
alles zwar nicht antreffen, aber auch nicht ver-
missen; er wird sich des Lesers zu sehr bemächtigen, sein Herz zu sehr hinreissen und beschäffti-
gen, um jenen kältern Betrachtungen der Kritik
Raum zu geben.

Weit unter Dryden's Trauerspiele soll der Antonius und Kleopatra von Sir Karl Sedley
seyn, ein Trauerspiel, welches im Jahr 1677.
zuerst gedruckt wurde. Ich kenne es nur histo-
risch; aus eigner Lesung aber ein andres Trauerspiel eben dieses Verfassers, unter der Aufschrift:
*Beauty the Conqueror, or the Death of Marc An-
thony, a Tragedy in imitation of the Roman way
of writing,* welches einer vom Capt. Ayloffe zu

London, 1702. in einem Oktavbande herausge-
gebnen Sammlung einiger Werke Sedley's bey-
gedruckt ist. Es ist in gereimten Versen, und in
einer sehr ungleichen, oft schwülstigen, oft gezier-
ten, oft wirklich edeln, oft matten Schreibart.
Den vornehmsten Inhalt machen Cäsars Bemü-
hungen aus, die Kleopatra vom Antonius abwendig zu machen; sie wird auch wirklich dahin gebracht, an ihm zur Verrätherinn zu werden.
Ueberhaupt ist der Dichter verschiedentlich von der
Geschichte abgewichen; seine eignen Zusätze und
Dichtungen haben aber keinen grossen Werth.
So läßt er z. E. einen sehr argen Bösewicht,
Achillas, geheime Entwürfe auf den Besitz des
Aegyptischen Throns richten, den er mit der Iras,
seiner Geliebten, zu theilen denkt. Die Nachahmung der Römischen Schreibart, von der die
Aufschrift sagt, ist wohl nirgend anders, als in
den Chören zu den ersten vier Akten zu finden,
denen jedoch ein wahrer lyrischer Schwung völlig
fehlt.

# II.

## Ueber
# Timon von Athen.

Nach der Schlacht bey Aktium, in welcher Antonius so sehr unglücklich gewesen war, verließ er, voll verzweifelnder Unruhe, die Stadt Alexandria, entsagte allem Umgange seiner Freunde, und wählte sich einen einsamen Aufenthalt an der Meersküste, unweit des Pharus. Plutarch setzt zu dieser Nachricht, in seiner Lebensbeschreibung des Antonius, hinzu, er habe sich vorgenommen, die Lebensart Timons nachzuahmen, weil er eben, wie dieser, lauter Undank und Verrath von seinen Freunden, denen er wohlthat, erfahren hatte. Und nun macht Plutarch folgende kurze Abschweifung *):

„Dieser Timon war ein Athenienser, und lebte um die Zeit des Peloponnesischen Krieges, wie man aus den Lustspielen des Aristophanes und Plato sieht, worinn er als ein verdrießlicher

---

*) PLUTARCH. vit. parall. Vol. V. p. 237. ſſ.

Murrkopf und als ein Menschenfeind belacht wird.
Er floh und verabscheute allen menschlichen Umgang; nur den jungen, entschloßnen Alcibiades
liebte er ungemein, und bezeugte ihm seine Zärtlichkeit. Apemanthus wunderte sich darüber,
und fragte ihn, woher das käme? Ich liebe,
sprach er, diesen Jüngling, weil ich weiß, daß
er einmal der Urheber vieles Unheils für die Athenienser seyn wird. Dieser Apemanthus war
sonst noch der einzige, mit dem er zuweilen um-
gieng, weil er ihm in seiner Denkungsart und Aufführung ähnlich war. Einsmals bey dem Feste,
Choes genannt, speisten diese beyden ganz allein
mit einander. Apemanthus sagte: Wie vortreflich ist doch diese Mahlzeit! Ja freylich, sagte Timon, wenn du nur nicht dabey wärest! „

„ Man erzählt, Timon habe einmal bey einer
Versammlung der Athenienser den Rednerplatz
betreten, und da über die Neuheit dieser Sache
eine grosse Verwundrung und Stille entstand,
habe er gesagt: Ich habe einen kleinen Platz, ihr
Athenienser, auf welchem ein grosser Feigenbaum
steht, an welchem sich schon viele von euren Mitbürgern erhenkt haben. Ich bin Willens, auf

diesem Platze zu bauen; und habe daher nicht un-
terlassen wollen, es vorher öffentlich bekannt zu
machen, damit derjenige, der etwa von euch noch
Lust hätte, sich daran zu hängen, fortmache, ehe
der Feigenbaum niedergehauen wird. Nach seinem Tode wurde er bey der Stadt Hales an der
Seeküste begraben. Das Erdreich um sein Grabmal wurde durch die Fluth weggespühlt; und so
stand es mitten im Wasser, ohne daß jemand
dazu kommen konnte *). „ —

Unter Lucian's Gesprächen befindet sich bekann-
termassen eines, welches Timon, oder der
Menschenfeind überschrieben ist **). Es fängt
mit den heftigsten Klagen und Vorwürfen an,
die Timon in seinem Unmuthe wider den Jupiter
ausstößt, nachdem er, von seinen falschen Freunden verlassen, aus Athen gegangen ist, und sich
mit Umgraben der Erde beschäftigt. Jupiter
fragt den Merkur, wer der sey, der am Fuß des
Berges Hymettus, so zerlumpt und armselig,

---

*) Plutarch fügt hier noch die beyden Grabschriften
bey, die man gegen den Schluß des Schauspiels findet.

**) S. *Luciani* Opera, ed. *Reitz,* T. I. p. 98. ff.

seine Stimme wider ihn erhebe? Ganz gewiß,
sagt er, ist es ein Philosoph, sonst würd' er nicht
so heillos auf mich lästern. Merkur macht ihn
mit Timon und seinen Schicksalen bekannt. Jupiter hält es für billig, sich eines Elenden anzunehmen, der ihm so viele Ziegen und Rinder ge-
opfert hat, wovon noch der süsse Geruch in seiner Nase ist. Er befiehlt dem Merkur, den Gott
des Reichthums zum Timon zu führen, um wieder bey ihm zu wohnen, und behält sich vor, die
Schmeichler und falschen Freunde Timons zu be-
strafen, so bald sein Donnerkeil umgeschmiedet
seyn wird. Plutus weigert sich, zum Timon zu
gehen, weil er ihn ehedem aus seinem Hause ver-
stossen, und den Werth des Reichthums nicht zu
schätzen gewußt hätte. Jupiter nimmt diese Entschuldigung nicht an; er muß gehen. Plutus
und Merkur kommen zum Timon, und finden
die Armuth, die Arbeit, die Geduld, die Weisheit, die Entschlossenheit, und das ganze Gefolge
des Hungers, in seiner Gesellschaft. Die Armuth
läßt sich mit ihnen in eine Unterredung ein, und
billigt diese Gesandschaft gar nicht. Aber es ist
nun einmal Jupiters Wille, und sie muß, mit

ihrem ganzen Gefolge, abziehen. Timon fährt die beyden Götterboten sehr heftig an, und droht, mit Erde und Steinen nach ihnen zu werfen. Merkur entdeckt ihm, wer sie sind; aber er achtet es nicht; Götter und Menschen sind ihm gleich verhaßt. Besonders ist er gegen den Plutus aufgebracht, weil er ihn für den Urheber alles seines Unglücks hält, der ihn den Schmeichlern verrathen, ihm Feinde und Neider erweckt, ihn durch Schwelgerey zu Grunde gerichtet, und am Ende verräthrisch verlassen hatte. Er ist mit seiner ißigen Lebensart weit besser zufrieden, und verlangt Jupiters Wohlthaten nicht. Plutus vertheidigt sich, und klagt vielmehr über den Mißbrauch, den Timon von seinen Reichthümern gemacht hat. Um indeß den Befehlen Jupiters zu gehorchen, läßt Plutus den Timon beym Graben eine grosse Menge Goldes finden. Er beschließt, den Acker, worauf er gräbt, zu kaufen, das Gold in einem Thurm zu verwahren, und denselben zu seiner völlig einsamen Wohnung, und in der Folge auch zu seinem Grabe zu machen; übrigens aber, noch wie vor, alle Menschen zu hassen und zu verabscheuen. Er sieht eine Menge Leute, durch das Gerücht von seinen Schätzen herbeygelockt, zu ihm kommen, und entschließt sich, mit ihnen zu reden, um sie mit Spott und Verachtung zurückzuweisen. Der erste darunter ist Gnathonides, einer seiner vormaligen falschen Freunde, der ihm ein dithyrambisches Lied überreicht, den aber Timon mit derben Schlägen seines Spatens zurückweist. Darauf kömmt Philiades, dem er ehedem ein Landgut und zwey Talente zur Aussteuer seiner Tochter geschenkt, der ihn aber gleichfalls in seinem Unglücke verlassen hat. Er wird auf gleiche Art mit Schlägen bewillkommt. Der dritte ist der Rhetor Demea, der ihm ein Dekret vorliest, worinn ihm die größten erdichteten Lobsprüche ertheilt, und die ausserordentlichsten Ehrenbezeugungen zuerkannt werden. Er kömmt nicht besser, wie die vorigen, davon. Ihm folgt der Philosoph Thrasykles, der Tugend und Enthaltsamkeit predigt, dessen Aufführung aber das Widerspiel seiner Lehren ist. Er giebt vor, daß er bloß in der Absicht komme, ihn vor dem Mißbrauch seiner Schätze zu warnen, und räth ihm sie alle wegzuwerfen, ihm aber vorher zur Belohnung seines guten Raths eine Tasche voll Gol-

des zu geben, weil er mit wenigem zufrieden sey.
Auch dieser Antrag wird mit Schlägen beantwortet. Es kömmt noch eine ganze Menge ähnlicher
Leute herbey; Timon stellt sich auf einen Felsen,
und wirft mit Steinen auf sie herab.

Plutarch und Lucian sind also die vornehmsten Quellen der Geschichte Timons. Es fragt
sich nun, woher Shakespeare eigentlich den Stof
seines Schauspiels genommen habe? Die episo-
dische Erzählung beym Plutarch scheint nicht hinreichend gewesen zu seyn, ihm die vielen einzelnen
Umstände seiner Fabel an die Hand zu geben, die
doch nicht alle das Ansehen seiner eignen Dichtung
haben. Beym Lucian finden sich freylich einige
dieser Umstände; aber bey weitem nicht alle; und
ausserdem war zu des Dichters Zeit noch keine
Englische Uebersetzung des ganzen Lucian, noch
dieses einzelnen Gesprächs vorhanden *). Und
Shakespeares Griechische Gelehrsamkeit aus
diesem Umstande zu erweisen, möchte wohl ein
sehr unsichres Unternehmen seyn. Ohne Zweifel

---

*) Nur die Nekromantie und Toxaris waren da-
mals schon übersetzt.

nahm er seinen Stof aus irgend einer populären Erzählung von Timon dem Menschenfeinde, die in irgend einem der Historienbücher, deren er sich sonst bediente, enthalten war. Und Farmer bemerkt,\*), daß diese Geschichte fast in jeder damaligen Sammlung dieser Art erzählt wird, auch in dem *Place of Pleasure*, woraus unser Dichter manchen andern Inhalt seiner Schauspiele nahm. Vielleicht brachte ihm der Englische Plutarch, während der Ausarbeitung des vorhergehenden Trauerspiels, zuerst auf die Idee, auch diese Geschichte zu dramatisiren. Farmer setzt hinzu, es sey aus einer Stelle des alten Schauspiels, *Jack Drum's Entertainment*, wahrscheinlich, daß man schon vorher ein Schauspiel dieses Inhalts auf die Bühne gebracht habe.

Timon von Athen gehört unstreitig unter die besten Shakespearischen Stücke, und ist, im Ganzen genommen, eins der lehrreichsten von allen. Die traurigen Folgen einer übel verstandnen und prahlerischen Freygebigkeit, die Unzuverlässig-

---

\*) Essay on Sh. Learning, p. 23.

läßigkeit schmeichlerischer Freunde bey vorzüglich günstigem Glücke, die Ungerechtigkeit des allgemeinen Menschenhasses, sind durchgehends in diesem Schauspiele lebendig und anschauend dargestellt. Schon der einzige, äusserst originale Charakter des Apemanthus, verräth die Meisterhand seines Zeichners, und Timon selbst, und sein redlicher Hausverwalter, Flavius sind nicht minder treffend und wahr charakterisirt.

Thomas Shadwell, gekrönter Dichter K. Wilhelms III, und Dryden's eifersüchtiger Nebenbuhler *), gab im Jahr 1678. eine Veränderung dieses Schauspiels unter folgendem Titel heraus: The History of Timon of Athens, the Man-Hater, as it is acted at the Dukes Theatre, made into a Play. In der Zueignungsschrift an den Herzog von Buckingham läßt

---

*) Er entriß Dryden den poetischen Lorbeer, und dieser schrieb bey der Gelegenheit die bittre Satire, Mac-Flecnoe, wider ihn — Man hat Shadwell's dramatische Werke im Jahr 1720. in vier Oktavbände gesammelt. Ich habe die einzelne und erste Ausgabe seines Timons vor mir, die zu London 1678. in Quart gedruckt ist.

er dem Shakespearischen Stücke alle Gerechtigkeit wiederfahren; nur glaubt er mit Wahrheit
sagen zu können, er habe es erst, wie auch auf
dem Titel steht, zu einem Schauspiel gemacht.
Vermuthlich soll das so viel heissen, er habe die
Regelmässigkeit dieses Stücks vermehrt, und die
Vorstellung desselben erleichtert. Und im Epilog
nennt er es ein Pfropfreis, auf Shakespeare's
Stamm geimpft, und erwartet wegen des An-
theils, den dieser Dichter daran hat, Verzeihung
für das Uebrige. Unstreitig stechen auch die darinn
vorkommenden Stellen des ältern Dichters gar
sehr vor den Zusätzen und Veränderungen des
neuern hervor. Diese Veränderungen findet man
fast in jeder Scene; ich will nur einige der vornehmsten anführen: Gleich in der ersten Scene läßt
er den Poeten, der Timons Lob besungen hat,
verschiedne Proben seines Gedichts in heroischer
und schwülstiger Schreibart ablesen; vermuthlich
sollen diese Stellen den Geschmack einiger damaligen Dichter lächerlich machen — Timon ist —
eben nicht zum Vortheil der nachherigen Aeus-
serungen seines Charakters — verliebt; und seine
Liebe ist zwischen Evandra und Melissa getheilt.

Die letztre will er heyrathen, und giebt ihr zu
Ehren ein ansehnliches Gastmahl. Bey dieser
Gelegenheit erscheint Evandra, mit einem Gefolge verlarvter Frauenzimmer, und der Dichter
schaltet ein Zwischenspiel, eine Maske von Schä-
fern und Nymphen ein, die das Lob der Liebe
singen, und von Mänaden und Aegipanen, die
den Weingott und seine Gaben erheben, und mit
jenen im Gesang abwechseln. Zuletzt erscheinen
Bacchus und Kupido selbst, entscheiden den Rang-
streit, und erklären sich für vereinte Beherrscher
des menschlichen Geschlechts — Evandra findet
hernach Gelegenheit, sich dem Timon zu entde-
cken, macht ihm Vorwürfe über seine Untreue,
und thut, als wolle sie sich vor Verzweiflung er-
morden. Timon wird dadurch aufs neue für sie
eingenommen, und giebt ihr Versicherungen von der
Fortdauer seiner Liebe — Im dritten Akt redet
Apemanthus in strafenden und scheltenden Ausdrücken zu den Senatoren und dem Volke, und
da Timons Bediente in seiner Gegenwart die ver-
meynten Freunde ihres Herrn vergebens um Geld
und Beystand für ihn ansprechen, so bestraft Apemanthus jedesmal ihren Undank — Melissa ver-

lissa verläßt itzt auch den unglücklich gewordnen Timon, erneuert ihr Liebesverständniß mit dem Alcibiades, und schwört ihm ewige Treue — Timons ehemalige Freunde treten nach der Reihe auf, und thun kaltsinnig und fremd gegen ihn — Nur Evandra allein bleibt ihm noch getreu, richtet ihn in seiner Niedergeschlagenheit auf, bietet ihm ihr Vermögen zur Tilgung seiner Schulden, und ihre Gesellschaft in seinem künftigen einsamen Leben an. Timon wird von ihrer Großmuth gerührt; weigert sich aber, ihr Anerbieten anzunehmen. Sie folgt ihm dem ungeachtet in die Wildniß, droht abermals, sich das Leben zu nehmen, wenn er sie nicht bey sich behalten will, wohnt bey ihm in der Höhle, und ißt Wurzeln mit ihm. Melissa kömmt, durch das Gerücht von Timons ausgegrabenen Schätzen herbeygelockt, wieder zu ihm, um ihn nach Athen zurückzuführen; er weist sie aber mit den bittersten Vorwürfen von sich — Timon unterliegt endlich der Last seines Ungemachs, und stirbt mit dem zärtlichsten Abschiede von seiner Evandra, die ihn auch in den Tod begleitet, und sich ersticht — Melissa wird vom Alcibiades, ihrer entdeckten Falschheit wegen, verstoßen.

Man sieht, die vornehmste Veränderung, die Shadwell mit diesem Trauerspiele vornahm, war die Einmischung der Liebe. Vermuthlich hielt er diese Leidenschaft für die nothwendige Ingredienz eines Schauspiels, er glaubte dadurch dem Ganzen mehr Interesse zu geben, und den Hauptcharakter zu erhöhen. Allein dieses letztern Zwecks hat er, dünkt mich, gar sehr verfehlt, und das Mittel, das er wählte, war gewiß nicht das dienlichste, ihn zu erreichen. Timons Charakter erhält dadurch eine Milderung, die er nicht erhalten mußte, wenn es die Absicht des Dichters wär, uns einen Mann darzustellen, der durch so gehäufte Erfahrungen von der Falschheit der Menschen sich berechtigt glaubte, das ganze menschliche Geschlecht zu hassen. Shakespeare läßt ihn freylich auch eine Ausnahme machen, läßt den Flavius ihm treu bleiben, und in die Einöde folgen, und den Timon von der Redlichkeit seiner Gesinnungen überführen; aber selbst indem er diese Redlichkeit anerkennt, indem er dem Flavius Gerechtigkeit wiederfahren läßt, und ihn mit Golde belohnt, selbst da noch bleibt Timon Menschenfeind. Bey ihm bleiben darf Flavius nicht;

schon die Bitte, es zu dürfen, reizt Timons Unwillen: „Haſſeſt du Flüche, ſagt er, ſo verweile
„nicht, ſondern flieh, weil du noch geſegnet und
„frey biſt. Sieh du keinen Menſchen mehr,
„und laß mich dich nie wieder ſehen!„ *)

Die neueſte Veränderung dieſes Schauſpiels,
nach welchem es gegenwärtig in London geſpielt
wird, hat den aus eignen dramatiſchen Werken
auch unter uns bekannten Hrn. Cumberland
zum Verfaſſer. **) Er wünſcht in dem Vorbe-
richte, daß er dieß Stück mit wenigerer Gewalt-
thätigkeit gegen deſſen Verfaſſer hätte auf die Bühne bringen können, und mit minderer Verant-
wortlichkeit auf ſeiner Seite. Indeß iſt jene Ge-
waltthätigkeit wirklich ſo ſehr groß nicht; das
meiſte iſt aus dem Original beybehlten, und die
hinzugeſetzten Zeilen ſind beſonders bezeichnet, ſo
daß der Antheil eines jeden Dichters ſogleich ins
Auge fällt. Ueberhaupt iſt dieſe Umarbeitung

---

*) Act. V. Sc. 1.

*) Timon of Athens, altered from Shakeſpear; a
Tragedy. As it is acted at the theatre royal in
Drury - Lane. Lond. 1771. 8.

der ältern von Shadwell weit vorzuziehen. Cumberland versteht mehr die Kunst, sich in den Geist seines Originals hineinzudenken, und seine Schreibart, einige wenige Auswüchse der Phantasie und Deklamation abgerechnet, sticht nicht so sehr von der Shakespearischen ab. Der vornehmste Zusatz, den er gemacht hat, ist die Rolle der Evanthe, einer Tochter Timons, die vom Alcibiades geliebt wird, wiewohl sich auch Lucius um sie bewirbt, der aber nach Timons unglücklicher Katastrophe, gleich seinen übrigen falschen Freunden, abtrünnig wird. Evanthe geräth durch das Unglück ihres Vaters in die äusserste Bekümmerniß, sie versucht alles, um ihm zu helfen, giebt alle ihre Kostbarkeiten dahin, und zuletzt noch selbst ein Bildniß ihres Vaters, so schön, wie vom Apelles gemahlt. Sie will ihrem aus Athen entwichnen Vater nachfolgen, und wird von den Senatoren zurückgehalten, die sie bey ihrer Verlegenheit, worein sie die Furcht vor dem Alcibiades setzt, um ihren Fürspruch anstehen. Sie läßt sich auch dazu erbitten, nachdem sie ihnen vorher gewisse Bedingungen zum Besten ihres Vaters gemacht hat. Das Geld, das Timon

beym Umgraben der Erde findet, ist der Schatz,
den Lukullus, einer seiner ehemaligen Schmeichler und Klienten zur Sicherheit vor den Feinden
eingescharrt hat. Auch die Schätze des Lucius
werden den plündernden Kriegern zur Beute,
denen Alcibiades dazu Befehl gegeben hat. Der
Schluß des Schauspiels ist ganz verändert, und
wirklich verschönert; ich will ihn, zur Probe dieser Umarbeitung ganz hieher setzen. Der Schauplatz zeigt die weite Aussicht einer unbebauten,
wilden Gegend, mit den Trümmern eines Fau-
nentempels. Timon wird im Hintergrunde der
Bühne vom Flavius hereingeführt; zu gleicher
Zeit tritt vorne Evanthe auf, betrachtet ihn eine
Zeitlang, und, indeß er langsam vorwärts
kömmt, sagt sie:

„Evanthe. Welch ein trauriger Anblick! —
Allmächtige Götter! ist das mein Vater? — Ist
dieser klägliche Ruin, dieser kahle und versengte
Stamm jener ausgespreitete Weinstock, unter
dessen Schatten jüngst noch ein ganzes Volk saß,
und sich an seinen Trauben labte? — Halt, mein
Herz! Sinkt nicht, meine Knie, unter der
Bürde des Jammers, sondern tragt mich zu

seinen Füssen hin — (Sie kniet) Mein theurer
Vater!

**Timon.** Steh auf, steh auf, meine Tochter —
So schließ' ich dich noch Einmal in meine Arme? —
Ach! mein Kind! ich bin alt und schwach, und
vom Kummer wund geschlagen. Götter! wie
der Undank eure Werke zerstört! Hartherzigkeit
trift, gleich einer tödtlichen Seuche, alles unter
dem Monde; die Schöpfung ächzt, die Natur
bringt mit mehr als mütterlichen Wehen ihre
undankbare Geburt, den Menschen, aus Licht.

**Evanthe.** Es wird noch alles gut werden.

**Timon.** Alles, alles ist schon gut; denn ich
sehe dich vor mir. Stumm, wie diese Gegend,
und still, wie das Meer im Sommer, wollen
wir hier sitzen, und eine Weile nachdenken, dann
sterben, und ruhig seyn.

**Evanthe.** O! sprich nicht so.

**Timon.** Vergieb mir; ich habe viel gelitten,
und ich fürchte, der Gram hat meinen Verstand
sehr erschüttert; aber selbst in den herbesten Augen-
blicken der Trübsal hab ich immer daran gedacht,
mein Kind zu segnen.

Evanthe. O! segne mich ganz; mache meine Freude vollkommen; kehre zu mir, zu deinen Mitbürgern, zu dir selbst zurück, und wirf diese niedrigen Merkzeichen deines Mißvergnügens, gleich dem Gewande des Nessus, von dir, und mache Frieden mit einer reuigen Welt.

Timon. Kann ich, der ich aus den Tiefen der Hölle böse Geister hervorgerufen habe, das menschliche Geschlecht zu verderben, der ich alle Nacht am einsamen Strande, an der Seeküste, oder in dieser stillen Einöde gestanden, und Flüche gegen den Mond geschleudert habe, bis die graue Morgendämmerung hervorbrach, kann ich itzt die Stimme, welche von Verwünschungen heiser worden ist, die sanften Töne des Friedens lehren? Wird mir die Natur verzeihen, diese allgemeine Mutter, in deren geduldige Brust ich eiserne Stachel gestoßen habe? — Es ist nicht möglich!

Flavius. Setz' ihm nicht weiter zu; es ist vergebens.

Timon. Indeß hätt' ich Ursache dazu — Rede, Flavius; du bist rechtschaffen, und schmeichelst nicht; hatte ich nicht Ursache genug?

**Flavius.** Mögen die gerechten Götter, die deine Leiden kennen, Rache dafür üben!

**Timon.** Still! still! nicht mehr davon — Wir müssen ruhig seyn. Von Stürmen ganz zerschellt, seh' ich endlich einmal meinen Hafen, und segle dem stillen Ufer des Todes entgegen — Freue dich, Kind; deines Vaters Leiden eilen zu Ende, und Leben und Sorge werden zu gleicher Zeit aufhören.

**Evanthe.** Ach! mein Vater, rede nicht in diesem Ton; heitre Jahre voller Ruhm nähern sich, deine Hoffnungen zu krönen; der grosse Alcibiades vertheidigt deine Sache; der bittende Senat kömmt, um deine Füsse zu küssen, mit Schätzen beladen; indeß das reuvolle Athen aus allen seinen Thoren unzählige Mengen hervorschickt, um deine frohe Wiederkehr zu bewillkommen.

**Timon.** Nun, laß sie kommen! — Sollte Alcibiades, dem alten Timon zu gefallen, Athen in einen Aschenhaufen verwandeln, den stolzen Senat zur Erde beugen, und jenen schändlichen Schwarm von Sommerfreunden verschlingen, die ihn ein Raub der Schmach werden liessen; und Timon sollts dann sagen: Ich danke dir, Freund, für diese grosse Gefälligkeit? Sollte Ein Mensch dieß zu einem andern Menschen sagen, der in reiner Liebe und aus unverfälschtem Herzen niemals die Hand regt, seinem leidenden Bruder zu helfen?

**Evanthe.** Freylich, das ist hart.

**Timon.** Vielmehr laß Timon sagen: Ich habe eine Tochter, die reizend und jung ist, und schön, wie ungesonnte Lilien; dein Auge hat ihre Reitze getrunken, und dein Herz pocht von starker Sehnsucht nach ihr; darum laß Athen in Rauch aufgehen; schone keines einzigen, der je Timons Namen anders, als mit Ehrerbietung, aussprach — O! es ist grosse, es ist glorreiche Freundschaft in den Armen seiner Tochter!

**Evanthe.** Diese Tochter ist kein so leichtfertiges Mädchen, mein Vater, daß sie sich gleich in einen Jeden verlieben sollte, der ihr Anträge macht. Hat gleich die Natur dem Alcibiades allen den Reiz ertheilt, welchen ihm die vereinte Wohlthätigkeit aller Götter nur immer hätte geben können; so würde er doch mit Lucius und Lukullus, und dem ganzen Schwarm gemeiner Schmeichler, von mir unbemerkt geblieben seyn;

wenn

wenn er so niederträchtig wäre, wie du ihn da geschildert hast.

Timon. Stille nur; er ist ein Mensch; und Flavius ist gleichfalls nichts mehr; doch er ist rechtschaffen; und du wirst sagen, ein zweyter kann das auch seyn — Zwey rechtschaffne Menschen, ihr Götter! — Kann es ihrer zwey geben? Ich weiß, ihr könnt viel thun, ihr grossen Gottheiten! Darum sag' ich, es ist möglich; aber verstehe mich wohl, meine Tochter, ich behaupte es nicht; das wäre wahrlich zu viel.

Evanthe. Kleidet denn der Himmel die Falschheit in himmlisches Gewand? Sieh, da kömmt er. Wer kann diese Bildung anschauen, und noch zweifeln, ob Ehre in solch einem Heiligthume wohnt? Nein, sie zeigt sich in jedem Blick, in jeder Gebehrde, lebt auf seiner Zunge, leuchtet in seinem Auge, durchdringt, beseelt und erfüllt seine ganze Seele.

(Alcibiades kömmt.)

Alcibiades. Heil dir, edler Timon, Ruhm und Gesundheit, Friede und lachendes Glück! Der Senat zu Athen, von Reue und Beschämung

D d

durchbrungen, kömmt selbst zu dir, und bittet dich, mit ihm nach Athen zurückzukehren.

Timon. Sage dem Senat, du habest mich sterben sehen; Timon ist nun nicht mehr; hier liegt ihr Raub. (Er sinkt an den Stufen des Tempels nieder, und wird im Fallen von Evanthe und Flavius gehalten.) Den muntern alten Hirsch, den sie so lange vor sich hin gehetzt haben, siehst du itzt todt, und zu Boden gejagt.

Ulcibiades. Sehr beleidigter Timon, sie sehen itzt ihr Vergehen ein; sie haben ihre vormalige Kargheit abgelegt, und itzt stehen dir ihre Geldkasten, wie ihre Herzen, zum freyen Gebrauch offen.

Timon. Ha! die gutherzigen Leute! — Oh! sie sind schlaue Mörder! Die Wunde ist fein, und schwer auszufinden, die bittrer Undank geschlagen hat; darum sagen sie, ich sey gar nicht verwundet. Aber der Himmel verwirft ihre Ausflüchte, und sieht in meinem Herzen den tödtlichen Pfeil, von dem es eitert.

Ulcibiades. Leb', o! lebe! Wirf die Verzweiflung von dir, und lebe, würdigster Timon; sieh, von allen Seiten beschirmen dich meine

Krieger; Athen hab' ich gebeugt, und dir unter-
würfig gemacht, und jenen verhaßten Schwarm
in die Flucht gejagt, deſſen ſchwarzer Undank dir
am Herzen nagt.

Timon. Und was kann Timon dem Alcibiades zur Vergeltung geben?

Alcibiades. Mehr, als die Götter thaten,
als ſie ihm das Leben gaben; du kannſt mir
Evanthe ſchenken.

Evanthe. O! Alcibiades, denk' in dieſer
traurigen Stunde nicht an deine Unglück weiſſa-
gende Bewerbung um mich!—Soll dieß der Anfang unſrer Vermählung ſeyn? Iſt dieß eine Zeit,
uns Segen zu erbitten? Kann dieſer furchtbare
Augenblick, der bloß zur Trauer, zum Gefühl
des Unglücks geſchickt iſt, kann dieſer glücklich
ſeyn, wenn in ihm ein Vater ſtirbt?

Timon. Nichts weiter; gebt mir eure Hände; tretet neben mir an jeder Seite hin — Der
beſchattende Himmel ſchütte auf euch unendliche
Segnungen herab, mache aus euch Eins an Herz,
an Gemüth, an Treue, Redlichkeit, und Freude! vermeidet das menſchliche Geſchlecht! lebt
bloß euch ſelbſt und den Göttern!

**Evanthe.** Brich, brich, mein Herz!

**Timon.** Weine nicht über mich, mein Kind; Tod ist meine Genesung, Leben meine Krankheit. Sohn, Tochter, Freund, lebt wohl! Bringt meinen Leichnam nicht in die Mauren von Athen, sondern begrabt mich dicht am Rande des Meers, wo der grosse Neptun immerfort auf mein niedriges Grab weinen kann — Vergeßt es nicht — Oh! es ist vorbey. ( Er stirbt. )

**Evanthe.** Dort enteilte seine Seele — nehmt sie, ihr unsterblichen Götter in eure himmlische Wohnung auf! — Ja, mein Vater, wir wollen dich am Ufer des Weltmeers dicht an der Fluth begraben; und wenn die sich drängenden Wellen mit jedem Morgen ihr krauses Haupt beugen werden, um dein Grab zu küssen, dann werden sie, gleich den schmeichlerischen Freunden dieser nichtswürdigen Welt, wieder abfallen, und dich entblößt da stehen lassen. Dann will ich auf den trocknen Strand hinabsteigen, und dein Grab mit unaufhörlichen Thränen waschen, bis es wieder Fluth wird.

**Alcibiades.** O! wende dein Auge, Evanthe, wend' es von diesem traurigen Anblick hinweg, und sieh mich an. Schwäche nicht den Segen, den sein sterbender Mund über uns ausſprach, und beklag ihn nicht, ihn, der, von dieſer ſchlech-ten Welt befreyt, von ſeinen Sorgen ausruht. Laß uns ihn an das nächſte Geſtade tragen, und mit kriegriſcher Leichenfeyer unter der gewölbten Klippe, wie ſein Wille war, begraben. Von der äuſſerſten Liebe ward er dem äuſſerſten Haſſe entgegen geworfen, und in dieſem harten Kampfe ward er überwältigt und zu Grunde gerichtet. „ —

In einer ganz verſchiednen Manier hat Delisle dieſes Subjekt für das Italiäniſche Theater zu Paris bearbeitet, und ein Luſtſpiel mit Prolog, Geſang, Tänzen, allegoriſchen Perſonen und Har-lekin, daraus gemacht. *) In ſeiner Gattung hat dieß Stück unſtreitig viel Verdienſt, viel glück-

---

*) *Timon le Miſantrope*, Comedie en trois actes, precedée d'un prologue, par le Sieur D***. à la Haye, 1723. 8. Eine deutſche Ueberſetzung findet man in der Deutſchen Geſellſchaft in Leipzig eignen Schrif-ten und Ueberſetzungen. Th. III. S. 663. Auch ins Engliſche iſt dieß Stück, mit einigen Veränderungen, unter folgendem Titel überſetzt. Timon in Love, or the innocent Theft, by *J. Kelly*, Lond. 1733. 8.

liche Erfindung, und komischen Witz; aber eben
der Verschiedenheit seiner Gattung wegen verträgt
es keine Zusammenhaltung mit dem Shakespearischen Trauerspiele. Nur ein paar Worte von
dem Inhalte. Timon eröffnet den Prolog mit
unzufriednem Murren wider die Götter. Merkur
erscheint, und vernimmt den Grund seiner Klagen. Timon kann kein Geschöpf mehr um sich
leiden, als seinen Esel, und wünscht diesem nur
menschliche Stimme und Gestalt. Er wird seiner Bitte gewährt, und der Esel erscheint in der
Gestalt Harlekins. Merkur selbst nimmt die
Larve eines Frauenzimmers, Aspasia, an, und
unterrichtet die Eucharis, Timons Geliebte, in
der besten Art, ihn zu gewinnen, nämlich durch
Annehmung seiner feindseligen Laune. Es gelingt ihr durch dieß Mittel, den Timon aufs
neue in sich verliebt zu machen. Harlekin wird
von der verkleideten Aspasia überredet, seinen
Herrn zu bestehlen, und die personisirten Leidenschaften, die den ersten Akt mit Tanz und Gesang beschliessen, ermuntern ihn noch mehr dazu.
Im zweyten Akt wird Timon bestohlen; der übrige Theil desselben besteht meistens aus einer lan-

gen epifobifchen Scene zwifchen Harlekin und So-
krates, und fchließt fich mit einem Ballet von
Schmeichlern.    Im dritten Akt hat Afpafia dem
Harlekin feinen ganzen geftohlnen Schatz wieder
geraubt, fie erfcheint bald darauf unter ihrer
wahren Geftalt, als Merkur, um den Timon von
der Thorheit feines Menfchenhaffes zu belehren,
ihn wieder glücklich zu machen, und ihn mit der
Eucharis im Namen der Götter zu verbinden.
Ein Tanz der Wahrheiten, und ein Selbftgefpräch
Harlekins fchliefſen das ganze Schaufpiel.

## Frankenthal,

gedruckt bey Ludwig Bernhard Friedrich Gegel,
kuhrpfälz. privilegirten Buchdruckern.